하버드 열정은
잠들지 않는다

"하버드에는 밤이 없다"

처음 하버드 유학을 갔을 때 들었던 말이다.
하버드는 꺼지지 않는 지성의 용광로인 동시에
인생의 학습장이고 글로벌 마인드의 단련장이다.
지식 탐구의 열정과 진리 탐구를 위한
불굴의 정신을 원하는 이들이라면
당당히 하버드에 도전하라.

— 하버드대 총동문회장 **박진**

하버드 열정은 잠들지 않는다

싱한 지음 | **장윤철** 옮김

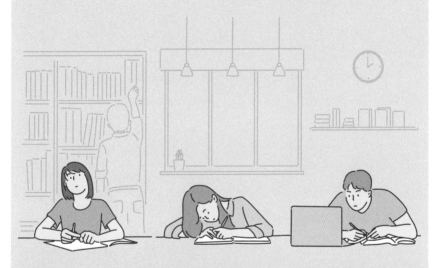

하버드 공붓벌레들의 잠들지 않는 열정과 근성

"꿈꾸는 자만이 도전할 수 있고 행동하는 자만이 배울 수 있다!"

스타북스

세계를 변화시킬 영향력은 어디에서 나오는가

하버드라는 말을 들으면 당신은 무엇이 떠오르는가?

세계 최고의 학부? 세계적인 학술의 전당? 아니면 대통령과 각계의 걸출한 인물을 길러 낸 요람?

그렇다! 세계 일류 대학 중 하나인 하버드는 세계적으로 영향력을 지닌 지도자나 걸출한 인물을 수없이 배출했다. 그 가운데에는 37명의 노벨상 수상자, 33명의 퓰리처상 수상자, 7명의 대통령, 12명의 부통령, 수백 명의 세계적인 부호가 있다. 심지어는 미국 500대 기업의 리더 중 3분의 2가 하버드 대학교 출신이다.

하버드 사람들이 미국, 심지어 전 세계를 변화시킬 영향력을 가지고 있다는 말은 결코 과장이 아니다.

하버드는 과연 어떻게 이러한 성과를 얻을 수 있었을까? 혹시 하버드의 교육에 외부 사람들에게 알려지지 않은 비밀이라도 있는 것일까? 만약 하버드가 이런 비밀을 가지고 있다면, 그리고 그 비밀이 우리에게 도움이 된다면 우리는 세계적인 인재가 될 수는 없어도 최소한 자신의 운명을 변화시킬 수는 있을 것이다.

틀림없이 하버드는 비밀을 가지고 있다.

하버드가 성공한 이유는 그곳에 대단한 인재가 충분하기 때문이 아니다. 하버드에 들어섰을 때, 우리의 눈앞에 펼쳐지는 광경은 높은 빌딩이 아니라 뉴잉글랜드식의 붉은 벽돌 건물뿐이다. 어쩌면 당신은 과연 이곳이 세계 최고의 학부가 맞는지 의문이 들기까지 할 것이다. 그러나 그곳은 분명 하버드다.

하버드가 성공한 이유는 유구한 역사 때문도 아니다. 하버드 대학교와 비슷한 역사를 가진 대학은 너무나도 많다. 하지만 그 가운데 하버드처럼 세계를 뒤흔든 대학은 없었다. 하버드를 따라 하는 대학은 수없이 많았지만 하버드는 결코 추월당하지 않았다.

그렇다면 하버드는 도대체 어떤 특별한 점을 가지고 있기에 세계 최고의 학부로 우뚝 설 수 있었던 것일까?

과거에 하버드를 방문했던 사람들은 하버드 교정에서 화려한 복장이나 화장을 한 사람, 한가하게 잡담을 나누는 사람들을 볼 수 없었다는 점에 큰 감명을 받았다. 하버드 교정에서는 그저 총총걸음으로 걸어 다니거나 조용히 책을 읽는 학생들의 모습만 눈에 들어올 뿐이다. 심지어 새벽 두세 시에도 식당이나 도서관 곳곳에서 공부를 하는 학생들을 볼 수 있다.

누구나 다 알고 있듯이 하버드 학생은 세계에서 가장 고생스런 학생들이다. 그러나 그들은 이를 고생으로 생각하지 않는다. 오히려 그들의 마음속에는 미래를 짊어질 중책을 맡고 있다는 사명감이 충만하다. 그래서 그들은 기꺼이 고생을 감수한다. 당신은 그들이 삶의 에너지를 하버드에서 폭발시키고 있다는 사실을 분명하게 느낄 수 있을 것이다.

세계의 다른 지역에서 사람과 사람 사이에 불평등이 존재한다고 하더라도 하버드에서는 이를 느낄 수 없다.

예를 들어 중국의 교수와 학생들에게 로버트 배로Robert Barro, 드루 푸덴버그Drew Fudenberg, 그레고리 맨큐Gregory Mankiw 등 명성 높은 교수는 그야말로 신처럼 감히 다가갈 수 없는 존재다. 그러나 하버드에서 당신은 언제 어디서나 이러한 '실력자'들을 만날 수 있다. 혹시 경칭을 생략하고 이름을 부르면 그들이 화를 내지는 않을까 하는 걱정은 하지 않아도 된다.

하버드의 수많은 대단한 인물들은 일반적으로 허세를 부리지 않는다. 또한 특권 의식을 가지고 있지도 않다. 그들은 보통 사람들처럼 밥을 먹고, 생활하고, 외출할 때는 본인이 차를 운전하고, 회의가 있을 때는 직접 가방을 들고 회의에 참석한다.

설령 노벨상 수상자라 하더라도 학교는 그들을 위해 전용 주차장을 마련해 주지 않는다. 게다가 만약 제때 연구비를 신청하지 않으면 학생을 모집할 수 없고, 실험실은 문을 닫을 상황에 이를 것이다.

그리고 하버드 사람은 은혜에 보답할 줄 안다. 하버드 대학교 졸업생들에게는 한 가지 전통이 있다. 바로 하버드 대학교에 기부를 하는 일이다. 많은 학생들의 학부모, 잇달아 사회에 진출한 하버드 사람들은 조금도 인색함 없이 자발적으로 개인의 재산을 학교에 기부한다. 하버드의 운영 기금 중 3분의 1은 기부금에서 나온 것이다.

이것이 바로 하버드이자 하버드 사람들이다!

하버드는 결코 신화가 아니다. 하버드를 대표하는 것은 일종의 정신이자 근성이다. 이러한 근성을 가진 사람 앞에는 특별한 인생이 펼쳐진다.

하버드의 교육이 성공할 수 있었던 까닭은 하버드 사람들의 정신적 근성 덕분이다. 하버드 사람들은 모두 하버드만의 독특한 정신과 근성을 계승하고 있다. 그렇기 때문에 하버드는 결코 무너지지 않고 오랫동안 명성을 이어올 수 있었던 것이다.

그렇다면 하버드 대학교가 담고 있는 정신과 근성이란 도대체 무엇일까? 그리고 어떻게 하면 이를 가질 수 있을까? 우리 같은 보통 사람, 즉 하버드 대학교의 외부인도 하버드의 정신과 근성을 배우면, 자기 자신을 크게 향상시킬 수 있을까? 만약 그렇다면 구체적인 방법은 무엇일까?

이 책이 여러분의 모든 질문에 답을 제시해 줄 것이다.

근성이란 무엇인가? 하버드에서는 근성이란 사람이 가지고 있는, 상대적으로 잘 변하지 않는 특성이자 소양이라고 이야기한다. 침착하고 사고에 능한 사람이 있는 반면, 어떤 사람은 소심해서 다른 사람에게 자신의 의견을 내세우지 못한다.

협력에 능하고 넓은 도량으로 남을 받아들이는 사람이 있는 반면, 어떤 사람은 일일이 계산을 하고 자기가 손해를 볼까 두려워한다. 이러한 것이 모두 사람의 근성이다.

근성은 사람이 행동하고 자신의 생각을 실천하는 데 명확한 영향을 끼친다. 긍정적인 근성을 가진 사람은 그 사람의 인간관계 안에서 중요한 인물이 되고, 마치 자석처럼 끊임없이 우수한 인맥 자원을 끌어들인다. 이는 사람이 성공하는 데 필요한 기본 요소다. 반면 부정적인 근성은 한 사람의 이미지에 손상을 입히고 인간관계를 엉망으로 만든다. 이런 사람의 인생은 점점 뜻대로 풀리지 않게 된다.

근성은 상대적으로 잘 변하지 않는 특성이자 소양이지만 이는 후천적으로 배양하고 훈련할 수 있다. 근성을 갖추기를 원하는 사람들에게 하버드 근성 훈련 과정은 실용적이고 효과적인 교재임에 틀림없다. 때문에 많은 사람이 하버드에 들어가 공부를 하고 자신을 향상시키기를 원하는 것이다.

결론적으로 말해서 하버드 대학교와 하버드 사람들의 정신적인 핵심에 대해 직관적이고 깊이 있는 연구를 한 책은 없었다. 또한 하버드 근성에 대해 구체적으로 이야기한 책도, 하버드 근성을 우리 개개인이 운용하도록 해서 큰 향상을 이룰 수 있게 한 책은 더더욱 없었다.

하버드 정신을 정복하고 하버드 근성을 확실히 배우면 당신의 인생은 지금부터라도 특별해질 것이다!

Chapter 2. 담대한 생각

Chapter 3. 당당한 자신감

CHAPTER 4. 배움의 열정

CHAPTER 5. 대담한 행동

CHAPTER 6. 유연한 리더십

CHAPTER 1
결단의 비밀

결단의 비밀

하버드의 교정에서는 화려한 복장이나 짙은 화장을 한 사람, 한가하게 노니는 사람을 찾아볼 수 없다. 단지 지식을 탐구하느라 바쁘게 걷는 사람들과 지식과 진리 앞에서 겸손한 사람들의 모습을 볼 수 있을 뿐이다.

하버드에는 높은 빌딩이 존재하지 않는다. 설령 노벨상을 받은 대단한 사람이라 할지라도 하버드 교정에서는 눈에 띄지 않는 주차 공간을 배정받을 뿐이다. 하버드에서 가장 주목을 끄는 것은 100동의 도서관과 그곳을 드나드는 풍부한 학식을 가진 사람들이다. 하버드 대학과 그곳에 속한 사람들은 결코 흔들리지 않는 강인함을 지녔기에 외면을 꾸밀 필요가 없다.

진정으로 강인한 사람은 그 강인함이 결코 겉으로 드러나지 않는다. 마음속 깊이 자리하는 침착함, 겸손함, 확고하게 내재된 역량이야말로 진정한 강인함이라 할 수 있다. 우리는 감정을 억제하고, 몸과 마음의 평온을 유지하고, 충격을 감내할 수 있어야 한다.

간사한 입을
단속하라

하버드 대학교의 심리학과 교수는 학생들에게 다음과 같이 이야기한다.

"두뇌의 반응을 효과적으로 컨트롤하기 위해서는 자신의 마음가짐에 시시각각 주의를 기울여야 합니다. 긍정적인 마음을 가지면 굉장한 잠재 능력이 발휘될 수 있지만, 부정적인 마음을 가지면 잠재능력이 발휘될 날은 영원히 오지 않는다고 봐야 합니다."

주위를 둘러보면 약한 사람일수록 불평불만을 늘어놓기 좋아한다는 사실을 발견할 수 있다. 이러한 행동이 장기간 지속되면 늘 부정적인 마음을 갖게 되어 잠재 능력을 발휘하지 못할 뿐만 아니라 그 근성도 심각한 손상을 받는다.

약한 사람에게는 불평불만이 꼬리표처럼 따라다닌다. 이러한 사람에게는 종종 고통과 실의가 끊이지 않는다. 그 원인은 매우 간단하다. 꽃향기가 풍겨 오는 꽃밭에는 벌과 나비가 무수히 몰려들고, 악취가 진동하는 하수구에는 해로운 벌레들이 꼬이는 것과 같은 이치다.

강자의 근성을 갖춰라

유럽 챔피언스리그UEFA Champions League에서 바르셀로나에 패한 아스널은 슈팅 수 제로로 유럽 챔피언스리그 역사상 최악의 기록을 세우고 말았다. 시합이 끝난 뒤 불합리한 판정으로 아스널이 레드카드를 받았다는 사실이 증명되었지만, 영국의 일간지 《더 선The Sun》은 아스널이 시합에 패하게 된 근본적인 원인은 바로 강자의 근성이 부족했기 때문이라고 꼬집었다.

그렇다면 강자의 근성이란 무엇인가? 이는 언제 어디서든지 압도적으로 강한 포부와 기개를 드러내는 것을 가리킨다. 강자의 근성을 가진 사람은 불평하거나 사소한 일을 지나치게 따지지 않는다. 사사건건 불평을 늘어놓고 진보하려 하지 않는 팀은 영원히 승리를 얻을 수 없다. 마찬가지로 사사건건 불평하고 실질적인 노력을 하지 않는 사람은 인정받지 못한다.

만약 중국의 공산군이 거듭되는 곤경을 극복하려는 의지가 없었다면, 열악한 환경이나 조건, 장비 등을 불평하기만 했다면 과연 8년 동안의 항전에서 승리를 거둘 수 있었을까? 만약 마윈馬云이 알리바바를 세우겠다는 의지를 이를 악물고 견지하지 않았다면 지금의 성공을 거둘 수 있었을까?

이것이 강자의 태도다. 강자에게 가장 중요한 소양은 바로 불평하지 않는 것이다. 험난한 환경과 열악한 조건 속에서도 자신의 임무를 끝까지 완수하는 사람만이 강자의 근성을 갖춘 사람이다.

많은 사람이 하늘은 불공평하다는 불평을 매일같이 하지만 다른 한편으로는 현실에 안주하며 자신을 향상시키려 노력하지 않는다. 그러나 이는 하버드 사람들이 매우 배척하는 행동이다. 대부분의 하버드 사람은 행동으로써 자신의 강인함을 증명한다. 예를 들어 빌 게이츠는 그만의 독자적인 방법과 박애 정신으로 거듭된 시련과 불공평을 극복했고, 결국에는 자신의 회사를 세웠다. 그의 사업은 전 인류에게 지대한 공헌을 했다. 모든 사람들은 창업하기가 어렵다고 말했지만 그는 세계의 정상에 우뚝 섰다. 이러한 사람이야말로 진정한 강자이자 강자의 근성을 가진 사람이라 할 수 있다.

불평불만을 다스리면 자연스레 강자의 근성이 드러나기 마련이다

안데르센의 동화 『할아버지가 하는 일은 언제나 옳아요』에는 다음과 같은 이야기가 나온다.

어느 노부부가 키우던 말을 장터에 데리고 가서 유용한 물건과 바꿔야겠다고 생각했다. 그리하여 할아버지가 말을 끌고 장터에 갔다. 할아버지는 우선 말을 소 한 마리와 바꿨다. 그런 다음 소를 양 한 마리와 바꾸고, 그 양을 거위 한 마리와 바꾸고, 그 거위를 암탉 한 마리와 바꾸었다. 마지막으로 사과를 파는 사람을 본 할아버지는 암탉을 썩어 가는 사과 한 보따리와 맞바꾸었다.

할아버지가 사과를 한 보따리 들고 집으로 돌아오자 할머니는 매우 기뻐했다. 피곤하지는 않냐, 목이 타지는 않냐 쉴 새 없이 물어보며 장터에서 생긴 일을 이야기해 달라고 졸랐다. 할아버지는 자초지종을 전부 이야기해 주었다. 할아버지가 물건을 바꾼 이야기를 할 때마다 할머니는 매우 기뻐하며 맞장구를 쳤다.

"와, 우리 그럼 우유를 먹을 수 있었겠네요."

"양의 젖도 참 맛있지요."

"거위 털이 얼마나 좋은데요."

"그럼 달걀을 먹을 수 있었겠네요."

마지막으로 암탉을 썩어 가는 사과로 바꾸어 온 이야기를 하자 할머니는 말했다.

"우리 오늘 저녁에는 사과파이를 먹을 수 있겠어요."

이야기에 등장하는 노부부를 보고 참 어리석다고 생각하는 사람이 있을지도 모르겠다. 특히 할머니는 할아버지가 말 한 마리 대신 썩은 사과 한 보따리를 가져왔는데도 불평이나 책망은커녕 오히려 맞장구를 쳤다. 아마 일반적인 사람이라면 절대 할머니 같은 반응을 보이지 못했을 것이다.

사실 이 노부부의 행동에는 배워야 할 점이 많이 있다. 그중에서도 불평하지 않고 화를 내지 않는 태도를 배워야 한다. 살다 보면 우리는 괴로운 일을 수없이 겪기 마련이고, 때로는 불평불만을 토로하지 않고는 도저히 넘어갈 수 없는 일이 생기기도 한다. 이때 불평불만을 털어놓는 것은 당연한 일이지만 그 방법과 정도에 주의해야 한다. 만약 잘 풀리지 않는 일에 대해 줄곧 불평만 늘어놓고, 더 좋은 해결 방법을 생각하지 않는다면 당신의 불평은 공염불에 불과하다. 안 그래도 좋지 않은 상황을 더욱 엉망으로 만들 뿐이다.

미국 역사상 가장 위대한 세 명의 대통령 가운데서도 특별히 남다른 사람이 한 명 있었다. 휠체어에 앉아 미국을 이끌어 대공황과 2차 세계 대전이라는 큰 시련을 극복해 낸 인물, 그는 바로 하버드 대학교를 졸업한 프랭클린 루스벨트 대통령이다. 또한 그는 미국 역사상 유일하게 4선에 성공한 대통령이었다.

정치가로서 승승장구하고 있을 때, 루스벨트는 소아마비에 걸렸다. 39세의 건강한 남자가 하루아침에 신변의 일을 스스로 처리할 수 없는 장애인이 된 것이다. 이는 그의 정치 생애와 삶에 있어서 죽음과도 같은 재난이었다. 그러나 그는 자신이 처한 상황을 확실히 알고 있었다.

이대로 정계에서 물러날 것인가, 아니면 현실을 직시하고 비록 이길 확률이 거의 없다고 하더라도 지금의 곤경과 맞서 싸울 것인가 둘 중 하나였다.

루스벨트는 후자를 선택했다. 그는 자신의 처지를 불평하지 않고 오히려 매우 낙관적인 태도로 친구에게 말했다.

"몇 주 후면 지팡이를 짚고 걸을 수 있게 될 걸세. 의사도 내년에는 다리를 절지 않고 걸을 수 있을 거라고 했네."

말은 그렇게 했지만 사실 그는 자신의 몸 상태에 대해 정확하게 알고 있었다. 그는 수많은 의학 서적을 열심히 공부했고, 여가 시간에는 재활 훈련을 계속했다. 이 기간 동안 그의 성격에는 커다란 변화가 일어났다. 그는 온화하고 겸손한 사람으로 거듭났다. 자기와 다른 관점을 가진 사람을 이해하고 존중하기 시작했고, 가난한 사람들에게 동정과 사랑을 느끼게 되었다. 또한 지금껏 관심을 가지고 생각해 본 적이 없는 여러 일들을 생각하게 되었다. 그는 경박한 젊은 귀족에서 하층민의 고통을 마음 깊이 이해하는 인도주의자로 변화되었다. 덕분에 루스벨트는 대통령 선거에서 절대적인 우세로 승리를 거두고 다시 백악관에 입성할 수 있었다. 또한 미국인들을 이끌어 대공황을 극복하고 2차 세계대전에서는 승리를 거두었다.

엉망진창인 현재 상황에 대해 불평하지 않고, 곤경을 직시하며 가장 좋은 결과를 얻기 위해 최선을 다하는 것, 이것이 바로 진정한 강자의 태도다. 불평은 약자에게서만 볼 수 있다. 마치 루쉰의 소설에 나오는 샹린 아주머니[소설 『축복』의 등장인물로, 남편과 아들을 잃은 슬픔에 정신이 나가서 만나는 사람마다 자신의 이야기를 끊임없이 늘어놓는 인물-역주] 같다. 그녀는 만나는 사람에게 자신의 고통을 하소연하고, 다른 사람이 동정을 하면 이로써 위안을 얻을 뿐, 어떻게 하면 고난에서 벗어날 수 있을지 전혀 생각하지 않았다. 그렇기 때문에 그녀는 평생 약자로, 실패자로 살아갈 수밖에 없었다.

💡 하버드 근성 배우기

과학적인 통계에 따르면 세상에서 잔소리와 불평하기를 가장 좋아하는 직업은 '가정주부'라고 한다. 일반적으로 대부분의 집안일을 혼자 도맡아 하는 가정주부는 집안일을 하면서 생기는 사소한 일을 전부 남편에게 반복해서 이야기하고, 남편의 위로와 이해를 얻고 싶어 한다.

그러나 대부분의 남편은 아내의 잔소리와 불평불만을 이해하지 못한다. 예를 들어 남편에게 버림받은 친구의 이야기를 자기 남편에게 끊임없이 이야기하는 아내가 있다고 치자. 남편은 친구 이야기를 질릴 정도로 늘어놓는 아내가 귀찮을 뿐이다. 친구의 남편처럼 자기를 버리지 않을 거라 약속하고 이를 행동으로 보여 주길 원하는 아내의 진정어린 마음을 남편은 절대로 알아차리지 못한다. 반면 아내는 남편이 자기를 이해하지 못하고, 소중하게 생각하지 않는다고 느낀다. 이에 두 사람 사이의 갈등은 날이 갈수록 깊어진다.

잔소리와 불평은 약자가 지니는 근성이다. 약자는 결국 힘들고 어려운 상황에 빠지게 되고, 이에 그들은 불행해지거나 심지어는 엉망진창인 삶을 살아가게 된다. 대다수의 여성이 자신을 불행하다고 생각하는 이유가 여기에 있다. 약자의 심리는 현실 생활의 질적 수준을 크게 떨어뜨린다.

엉망진창인 삶을 변화시키려면 우선 잔소리와 불평을 멈추는 일부터 시작해야 한다.

STEP 1 현재 상황을 정확히 인식한 다음 대화를 나눈다

부부 관계를 예로 들어 보자. 각자 하루 종일 열심히 일하다 겨우 만나게 된 두 사람, 이때 남편은 매우 피곤할 것이다. 어쩌면 어떤 일로 걱정을 하고 있을 수도 있고, 조용히 신문을 읽거나 축구 시합을 보면서 저녁 시간을 느긋하게 보내고 싶을지도 모른다. 이때 아내는 남편에게 조용한 공간을 마련해 주거나 남편의 기분이 안정되기를 기다렸다가 대화를 나누는 편이 좋다. 또한 자신의 표현 방식에 주의해서 완곡하고 유머러스하게 이야기하는 것이 가장 좋다. 가능한 한 반복적인 명령은 피하도록 한다.

대부분의 경우, 우리는 상대방과 함께 있으면서도 사실 상대방이 어떤 상황에 처해 있는지 알 수 없다. 어쩌면 그는 업무 중에 만난 사람이나 일 때문에 마음이 답답하고 괴로울 수도 있고, 지금 그 순간이 하루

중에서 가장 침체된 시간일 수도 있다. 그런데 하필이면 이런 순간에 상대방의 기분은 아랑곳하지 않고 자신의 느낌이나 어떤 일에 대한 견해를 이야기하는 것이다. 우리는 누구나 자신을 표현하고자 하는 욕구를 가지고 있다. 하지만 우리는 자기 이야기를 하는 동시에 상대방의 상황에도 주의를 기울이고, 상대방이 어떤 기분일지도 고려해야 한다. 이것이 성숙한 사람의 태도다.

STEP 2 좋지 않은 감정을 발산시킬 다른 출구를 찾는다

뜻대로 풀리지 않는 일이 생겼을 때, 상대방의 상황은 아랑곳하지 않고 자신의 불쾌함과 답답한 마음을 거리낌 없이 하소연하는 사람이 있다. 그러나 우리는 상대방이 우리의 불평불만을 더 이상 견딜 수 없을 정도인데도 단지 체면 때문에 이야기하지 못하는 것뿐일 수도 있다는 사실을 알아야 한다. 그러므로 우리는 때로 눈치 있게 행동할 필요가 있다.

감정이 격앙되었을 때 이를 컨트롤할 방법을 찾고, 그 감정을 다른 경로를 통해 발산하고, 불평을 쉴 새 없이 늘어놓지 말아야 한다. 예를 들어 환경적 조건을 이용하는 법(환경 속의 유쾌하고 즐거운 요소로 기분을 개선하는 것), 주의력을 전환시키는 법(자신의 주의력을 부정적인 방면에서 적극적이고 긍정적인 방면으로 전환하는 것), 에너지를 발산하는 법(운동이나 속마음을 털어놓는 등의 형식으로 부정적인 기분을 발산하는 것) 등이 있다. 이를 통해 좋지 않은 감정을 컨트롤하고 기분 전환을 하는 것이다.

다른 사람과 대화를 나눌 때 의식적 혹은 무의식적으로 자신의 불평불만을 확대시키는 사람이 있다. 이로써 타인의 동정을 받고 동의를 구하려 하지만 사실 이는 불필요한 일이다. 당신이 책임에서 벗어나기 위해 어떻게 해석을 하든지 사실은 사실이다. 이는 객관적으로 존재하고, 당신이 실질적인 개선책을 찾지 않는 이상 영원히 변하지 않는다. 이 역시 부부 관계를 예로 들어보자. 더러워진 옷을 아무렇게나 던져 놓는 남편을 보고 아내가 잔소리를 하기 시작했다. 아내는 이에 그치지 않고 침대가 지저분하다, 위생 관념이 없다고 잔소리를 늘어놓다가 결국에는 남편이 제대로 하는 일이 하나도 없다고까지 이야기한다. 이러한 잔소리를 들은 남편은 정신이 멍해지고, 도대체 어떻게 해야 좋을지 알 수 없게 되어 버린다. 그러므로 당신은 현재 직면한 문제에 대해서만 이야기해야 한다. 더러워진 옷은 제대로 세탁기에 집어넣으라는 것만 확실하게 주의를 주도록 한다.

감정을 있는 그대로
드러내지 마라

어느 날 하버드 대학의 한 교수가 학생들에게 말했다.

"이 과목을 수강하게 되면 여러분은 하루에 두 시간밖에 잘 수 없을 겁니다."

이는 물론 어느 정도 과장된 말이기는 하지만 사실 하버드 학생들의 고초는 세계적으로 유명하다. 하버드 대학의 본과생들은 학기마다 최소한 4과목, 매년 8과목을 이수해야 한다. 4년 동안 반드시 32과목을 이수하고 시험에 통과해야 비로소 졸업이 가능하다. 또한 하버드 박사 과정을 공부하는 학생들은 사흘에 백 장이 넘는 책 한 권을 읽고 리포트를 제출해야 한다. 그래서 많은 학생들은 심지어 몇 년 동안 보스턴 관광을 즐겨 본 적이 없다. 보스턴은 하버드에서 다리 하나만 건너면 되는 거리에 있는데도 말이다.

하버드를 취재하러 온 사람들이 깊은 감명을 받는 점에는 두 가지가 있다. 하나는 하버드 학생들이 정말 고생스럽게 공부한다는 점이고, 다른 하나는 그들이 결코 그것을 고생으로 여기지 않는다는 점이다. 오히려 그 과정을 즐기므로, 그들의 얼굴에서는 과중한 학업으로 인한 어두운 표정을 결코 찾아볼 수 없다.

역경을 고생으로 여기지 않고 오히려 즐거움으로 여기는 태도, 이것이 바로 하버드 근성이다.

쓸데없는 감정을 버려라

'세계 제일의 여기자' 오리아나 팔라치는 일곱 살 때, 그녀의 일생에 영향을 끼친 한 가지 사건을 경험했다.

이날 팔라치의 아버지는 어떤 일 때문에 그녀를 호되게 때렸다. 팔라치는 담벼락 구석에서 숨을 헐떡이며 서럽게 울었다. 다른 사람들이 아무리 달래도 울음을 그치지 않았다.

그 순간, 그녀의 아버지가 다가와 말했다.

"애야, 만약 내가 너를 때린 것이 올바른 행동이라면, 너는 네가 맞은 이유를 제대로 생각해 보고 앞으로는 그런 행동을 하면 안 된다. 우는 게 무슨 소용이니? 억울함을 호소하는 것이니? 만약 아빠가 너를 때린 게 잘못된 행동이라면 우는 일은 더욱 의미가 없단다. 그럴 때는 아빠에게 너를 때린 일이 잘못된 행동이라고 확실하게 이야기하렴. 그래야 앞으로 다시는 그런 일이 생기지 않지."

팔라치는 아버지의 말을 듣고 울음을 뚝 그쳤다.

그때부터 팔라치는 눈물이 쓸데없이 감정을 드러내는 행동이라는 사실을 알게 되었다. 눈물은 어떠한 문제도 해결해 주지 않으며, 아무런 의미 없는 악순환에 빠져들게 할 뿐이라는 사실을 말이다.

그녀는 '앞으로 어떤 일이 생겨도 절대 울지 않겠다'고 결심했다. 이는 그녀만의 품위와 매력적인 근성을 형성했다.

감정은 '내면에서 생겨나 겉으로 드러나는' 일종의 에너지로, 이는 긍정적인 감정과 부정적인 감정으로 나눌 수 있다. 긍정적인 감정은 사람을 늘 자신감 넘치고 열정적이게 만든다. 이는 당사자뿐만 아니라 주위 사람들도 모두 분발할 수 있도록 이끌고, 널리 퍼져 나간다. 긍정적인 감정은 발양할 가치가 있다.

반대로 부정적인 감정은 불평불만, 상심, 우울, 의기소침, 실망 등이라고 할 수 있다. 이러한 감정은 우리의 활기를 한꺼번에 삼켜 버리고, 소중한 시간을 아무런 의미 없는 일에 소모하게 만든다. 또한 내면이 성장하는 데 심각한 영향을 끼친다.

그러나 실제로 많은 사람들은 위와 같이 생각하지 않는다. 예컨대 성질을 부리고 잘 울고 응석 부리는 사람을 만났을 때, 사람들은 그들이 매우 자연스럽고 솔직하다고 이야기한다. 그리고 인생이란 모름지기 '화가 날 때는 화를 내고, 울고 싶을 때는 울어야 하는 것'이라고 생각한다. 어느 누구도 이러한 생각이 과도하게 감싸 주거나 방임하는 것이라는 사실을 알지 못한다.

사람과 동물의 차이는 감정이 아닌 이성과 지성에 있다. 좌절을 당했을 때 위축되어 앞으로 나아가지 못하고 의기소침해지거나, 소중한 물건을 잃어버렸을 때 즉각 상심해서 큰소리로 우는 행동은 결코 필요치 않다. 팔라치가 인식한 것처럼 울음은 쓸데없는 행동이다. 또한 무리하게 감정적으로 소란을 피우는 행동으로도 볼 수 있다.

중국의 옛말에 '천둥이 쳐도 놀라지 않고, 태산이 무너지기 전에는 꿈쩍도 하지 않는다'라는 말이 있다. 우리는 통상적으로 이를 지킬 수 있는 사람을 특별한 근성이 있는 사람이라고 생각한다. 어떤 일이 발생했을 때 그들은 당황하지 않고 침착한 근성을 발휘한다.

미국의 유명한 석유왕 존 록펠러가 고소를 당해 법정에 선 적이 있었다. 상대편 변호사는 매우 분개하며 편지를 한 통 내밀고는 록펠러에게 물었다.

"록펠러 씨, 당신은 우리가 보낸 편지를 받았습니까? 그리고 이에 답장을 했습니까?"

록펠러는 매우 침착하게 대답했다.

"받았습니다. 그리고 답장은 하지 않았습니다."

상대방 변호사는 벼락같이 화를 내며 몇십 통의 편지를 꺼내 일일이 록펠러에게 질문했다. 록펠러는 조금도 화를 내지 않고 시종일관 침착하게 대응했다. 법정은 록펠러의 무죄를 선고했고, 이성을 잃어 일을 제대로 처리하지 못한 상대방 변호사는 결국 소송에서 지고 말았다.

크게 화를 내는 변호사를 보면서 록펠러도 당연히 매우 화가 났을 것이다. 하지만 그는 감정을 드러내지 않았고, 반대로 '천둥이 쳐도 놀라지 않고, 태산이 무너지기 전에는 꿈쩍도 하지 않는' 태도를 유지했다. 그는 오히려 태연자약하게 반박하고 증거를 제시했다. 감정적인 면에서 상대방을 압도한 그는 결국 상대방에게 승소할 수 있었다.

이것이 하버드 근성이다. 하버드 근성을 가진 사람은 결코 쉽게 감정적이 되지 않는다. 살아가다 보면 우리는 자신을 극도로 분노하게 만들고, 감정을 엉망진창으로 만드는 일이나 사람을 만나게 된다. 이로 인해 나쁘게 변해 버린 감정은 성공의 길을 가로막는 장애물이다. 만약 당신이 부정적인 감정을 제멋대로 발산하면 수많은 기회를 놓치게 될 것이고, 이는 당신의 몸과 마음에 좋지 않은 영향을 끼치게 된다.

수많은 하버드 사람들은 실제 사례를 통해 우리에게 이야기한다. 감정을 컨트롤하는 것은 영혼의 건강을 지키는 최고의 비결이라고.

한번은 육군 부대장이 잔뜩 화를 내며 링컨 대통령의 집무실을 찾아와서는 대통령에게 말했다.

"소장 한 사람이 제가 다른 사람들 편을 든다고 꽤나 모욕적인 말투로 저를 비난했습니다."

이에 링컨 대통령은 침착하고 온화한 말투로 대답했다.

"사정없이 그를 질책하는 편지를 한 통 쓰도록 하시오."

육군 부대장은 즉시 신랄하기 그지없는 편지를 썼다. 링컨은 편지를 살펴보면서 줄곧 잘 썼다고 칭찬하며 고개를 끄덕였다.

그런데 육군 부대장이 편지를 봉투에 집어넣고 부칠 준비를 하고 있자, 링컨 대통령이 갑자기 소리를 질렀다.

"뭐하는 거요?"

육군 부대장은 의문이 가득한 말투로 대답했다.

"편지를 부치려는 겁니다."

그러자 링컨 대통령이 말했다.

"그 편지는 절대 부쳐서는 안 되오. 나는 보통 화가 났을 때 쓴 편지는 부치지 않고 난로 속에 던져 버린다오. 편지를 쓰는 동안 당신의 화는 이미 풀렸을 텐데 왜 좋지 않은 감정의 영향을 계속 받으려고 하는 거요?"

여기서 볼 수 있듯이 감정의 컨트롤은 사람에게 있어서 중요한 능력이다. 존 밀턴이 "만약 자신의 격정, 욕망과 공포를 컨트롤할 수 있는 사람이 있다면, 그는 한 나라의 왕보다 더 뛰어난 사람이다"라고 한 것처럼 말이다. 우리 같은 보통 사람은 자신의 감정을 컨트롤하는 방법을 알아야 하고, 감정을 얼굴에 명확하게 드러내서는 안 된다. 가령 당신이 가족과 말다툼을 했는데 회사 동료가 당신의 안색을 보고 그 사실을 알아챘다든지, 친구가 당신에게 정곡을 찌르는 건의를 하자 바로 크게 화를 낸다든지…… 하는 일은 절대 없어야 한다.

하버드 근성 배우기

선거에 입후보한 후보자가 어떻게 하면 더 많은 표를 얻을 수 있을지 참모들에게 조언을 구했다. 한 참모가 말했다.

"저에게 한 가지 좋은 방법이 있습니다. 그렇지만 한 가지 규칙을 정해야 합니다. 만약 규칙을 어기면 벌금으로 10달러를 내야 한다는 것입니다."

참모는 말을 이었다.

"제가 생각한 방법은 어떤 일이 일어나도 절대 선생님께서 화를 내지 않는 것입니다. 설령 다른 사람이 선생님을 질책하거나, 욕설을 퍼붓거나, 누명을 씌우거나, 심지어 중상모략을 한다 해도 말입니다."

후보자가 대답했다.

"문제없네."

참모는 계속해서 말했다.

"이는 더 많은 표를 획득하기 위해 가장 중요한 방법이므로 선생님께서는 확실히 기억하셔야 합니다. 그러나 선생님처럼 미련한 사람이 정말 그 약속을 지킬 수 있을지 걱정될 따름입니다."

후보자는 화가 치밀어 즉시 소리쳤다.

"당신 도대체 뭐야? 감히 나를 모욕하다니!"

참모는 손을 내밀며 말했다.

"10달러 주십시오."

후보자의 얼굴에는 노기가 채 가시지 않았지만 그는 자신의 문제점을 깨달았다. 후보자가 참모에게 벌금 10달러를 건네주려고 할 때 참모가 또다시 말했다.

"제가 꼭 돈을 받기 위해 이러는 건 아닙니다. 선생님 댁은 찢어지게 가난하고, 빚진 돈을 갚지 않기로 유명한 집안이지 않습니까. 그래서 저는 10달러의 벌금을 받게 되리라고는 기대하지 않았습니다."

후보자는 다시 한 번 자신을 컨트롤하지 못하고 말했다.

"이 나쁜 놈, 어떻게 우리 가족을 모욕할 수 있지?"

그러자 참모가 거듭 손을 내밀며 말했다.

"20달러 주십시오."

후보자는 괴로운 듯 고개를 숙였다.

위의 이야기를 통해 감정을 컨트롤하는 것은 매우 어려운 일이라는 사실을 알 수 있다. 많은 사람이 자기가 쉽게 성질을 부리고 화를 낸다는 사실을 잘 알고 있지만, 막상 일이 눈앞에 닥치면 자신을 컨트롤하는 법을 잊고 만다. 그들은 감정적이 되면 앞뒤 가리지 않고 험한 말을 아무렇지 않게 내뱉거나 고상하지 못한 행동을 한다. 그렇게 되면 분명 심각한 결과를 가져올 거라는 사실을 뻔히 알면서도 자신의 감정을 있는 대로 발산해 버린다. 결국 그들은 자신이 저지른 일의 대가를 톡톡히 치르게 된다.

이것이 바로 감정적인 반응이 불러오는 나쁜 결과다. 부정적인 감정을 컨트롤하지 못하는 사람은 영원히 자라지 않는 어린아이나 마찬가지다. 영원히 성숙해지지 못하고 안정되지 못해서, 사회의 중요한 역할을 담당할 수 없다.

그러므로 우리는 자신의 감정을 제대로 컨트롤해야 한다. 일단 감정적인 상태가 되면 스스로 억제해서 냉정하고 이성적으로 문제를 해결해 내도록 해야 한다.

STEP 1 끊임없이 '결과'를 생각하고 자신을 일깨운다

'일의 결과'를 끊임없이 생각하며 자신을 일깨우자. 자신이 감정을 제대로 컨트롤하지 못하면 어떤 결과가 도래할지, 이러한 결과가 과연 자신에게 좋은지 나쁜지 여러 번 생각해 보고 판단하도록 한다. 만약 자신에게 매우 불리한 결과가 나타날 가능성이 있다면 강제로라도 자신을 단속해야 한다.

당나라 태종 이세민이 집권했을 때 위징이라는 신하가 있었다. 위징은 왕에게 직접적인 간언을 하는 신하였고 때로는 이세민을 매우 화나

게 만들기도 했다.

그러나 이세민은 덕이 높고 현명한 황제였기에 위징의 간언을 듣고 화가 날 때면 꽃밭을 산책하며 기분을 풀었다. 이로써 일시적인 감정의 영향으로 위징에게 해를 끼치는 것을 피하고자 하였다.

우리를 감정적으로 만드는 일이나 사람을 만났을 때는 우선 3분 동안 참도록 하자. 스스로 냉정해질 때까지 기다렸다가 주위의 사물을 이성적인 사고로 판단한 다음 다시 결정을 내리는 것이다. 일시적으로 부정적인 감정에 사로잡혀 나중에 후회할 만한 일을 저지르는 것만은 가능한 한 피해야 한다.

STEP 2 경험과 도량을 넓혀야 한다

감정을 컨트롤하는 것은 그 사람의 경험과 관련이 있다. 사람에게 드러나는 모든 감정은 경험과 성격이 체현된 것이자 그 사람의 인격이라 할 수 있다. 그러므로 더욱 다양한 사람과 교제하고, 세상일을 많이 경험하고, 책을 많이 읽어 지식을 쌓으며 끊임없이 자신을 단련하도록 하자. 그래야만 무슨 일이 생겼을 때 상황을 완벽하게 고려할 수 있다. 성숙한 안목과 마음가짐으로 다른 사람이나 일을 대하면 자신의 교양을 높이는 데 도움이 된다.

STEP 3 역경을 고통이 아닌 즐거움으로 생각하라

하버드 근성의 정수는 역경을 고통이 아닌 즐거움으로 생각하는 데

있다. '하늘이 사람에게 큰일을 맡기고자 할 때는 반드시 그 마음과 뜻을 시험하고, 뼈마디가 꺾이는 고통을 느끼게 하고, 굶주리게 만든다天將降大任於斯人也 必先勞其心志 苦其筋骨 餓其體膚'는 말이 있다. 좌절을 여러 차례 겪을수록 사람은 더욱 성숙하고 침착해진다.

항상 원대한 포부를 품고, 일시적인 좌절과 고생은 당신을 더욱 뛰어난 사람으로 만들기 위한 일에 불과하다고 생각해야 한다. 따라서 성공을 갈망하는 젊은이들은 사서라도 고생을 한다는 정신을 반드시 갖추어야 한다. 많은 사람이 '인생은 즐기는 것'이라는 기치를 내걸고 더 나아지려는 생각은 하지 않은 채 되는 대로 살아가고, 심지어는 일하지 않고도 이익을 얻을 수 있기를 바란다. 이는 하버드에서 경멸과 조소를 받는 태도다. 무언가를 얻기 위해서는 반드시 대가를 치러야하는 법이다. 아무런 대가도 치르지 않으면 수확의 그날은 결코 오지 않는다.

힘든 일은 절대 입 밖에
내지 마라

하버드의 MBA 수업에서는 절대 다른 사람에게서 감정적인 동정이나 위안을 얻으려 하지도, 타인에게 힘든 일을 하소연하지도 말라고 이야기한다. 이는 다른 사람에게 힘든 일을 이겨 내지 못하는 사람이라는 인상을 주기 때문이다.

분명 일리 있는 말이다. 만약 어떤 단체의 리더가 어려움에 부딪힐 때마다 다른 사람에게 하소연하며 심리적인 위로를 얻으려 한다고 생각해 보자. 이러한 사람은 근본적으로 단체를 이끄는 리더 자리에 맞지 않다. 오히려 구걸하는 비렁뱅이에 더 잘 어울린다. 이러한 리더에게 구성원들이 어떻게 안심하고 자신의 운명을 맡길 수 있겠는가? 문제가 생기면 책임도 지지 못할 사람에게 누가 도움을 청하겠는가?

'침묵하는 이'의 폭발

스미스 씨가 경영하는 회사는 금융 위기로 심각한 타격을 받아 파산할 위기에 놓여 있었다. 직원들도 거의 다 떠나갔고 회사는 빈껍데기만 남았다. 비록 회사에 맡겨진 일은 하나도 없었지만 스미스 씨는 여전히 매일 출근해 회사를 경영하면서 여기저기 자금을 구하러 다녔다. 그의 아내는 남편에 대해 이렇게 이야기했다.

"회사에 일거리도 없고 주머니에는 한 푼도 없었지만 남편은 매일같이 양복을 입고, 넥타이를 매고, 서류 가방을 들고, 차를 운전해 출근을 했어요. 회사의 진정한 주인처럼 일이 뜻대로 풀리지 않아도 결코 무너지지 않았지요."

사람들은 그가 충격을 받은 나머지 정신이 이상해져서 바보 같은 짓을 한다고 생각했다. 비록 사람들의 이해를 받지는 못했지만 스미스 씨는 드디어 좋은 기회를 잡게 되었다. 그는 자금을 빌리는 데 성공했고, 빠른 속도로 재기했다. 게다가 회사의 매출은 날이 갈수록 늘어났다.

사람은 정말 신기한 동물이다. 당신이 회사의 대표처럼, 주인처럼 열심히 노력하면 기회가 찾아온다. 파산하는 날이 올지라도 만나는 사람마다 붙잡고 당신의 고통과 힘든 상황을 하소연해서는 안 된다. 설령 회사에 직원이 달랑 두 사람─한 사람은 당신이고 다른 한 사람은 청소부─이라 할지라도 스미스 씨처럼 반듯한 정장을 갖추어 입고,

스스로 커피를 끓이고, 회장님 같은 자세로 업무에 임해 보면 어떨까? 때로 성공의 기회는 자신의 자리를 지키는 사람에게 찾아오기도 한다.

성공한 사람들은 대부분 침묵할 줄 아는 사람들이다. 그들은 좋은 기회와 해결 방법을 찾아내기 위해 몰두할 뿐, 다른 사람에게 하소연해 동정을 사려 하지 않는다. 오랜 기간 침묵하며 자신의 일에 몰두하다 결국 성공해 우뚝 일어선다. 퀴리 부인도 이러한 사람 중 하나였다.

과학을 너무나도 사랑한 퀴리 부인은 고생스런 생활을 전혀 두려워하지 않았다. 그녀는 낡아서 다 쓰러져 가는 오두막집에서 과학 실험과 각종 연구에 매달렸다. 한 가지 실험에만 자그마치 4년이라는 시간이 걸렸고, 그동안 같은 업계에 종사하는 사람들은 퀴리 부인의 실험에 회의를 품었다. 친구들도 그녀를 이해하지 못했다.

그러나 라듐을 추출하고 말겠다는 퀴리 부인의 결심은 조금도 흔들리지 않았다. 오랜 기간 그녀는 자신의 겉모습에 신경을 쓴 적이 없었다. 시종일관 먼지와 화학약품 냄새가 뒤덮인 오래된 작업복을 입고 있었고, 머리카락은 빗질할 시간이 없어서 바람이 불면 아무렇게나 헝클어졌다. 그녀의 입술은 과로로 인해 혈색이 없었다. 같은 연령대의 여자들과 비교했을 때 그녀는 훨씬 나이 들어 보였지만 퀴리 부인은 이런 모든 것을 개의치 않았다. 불평을 한 적도 없었다.

그러던 1906년 4월 19일, 이슬비가 흩뿌리는 이른 새벽에 퀴리 부인에게 심각한 충격을 준 사건이 일어났다. 그녀의 좋은 동료이자 남편인 피에르 퀴리가 자동차 사고로 목숨을 잃은 것이다. 퀴리 부인은 한 순간에 삶의 정신적 지주를 잃었다. 그렇지만 신의 심한 장난 같은 현실을 마주하고도 그녀는 평정을 유지했다. 그녀는 남편이 완성하지 못한 일들을 자신이 완성시켜야 한다는 사실을 잘 알고 있었다. 그녀에게는 상심에 젖어 힘들게 보낼 시간과 여유가 없었다. 그녀는 남편을 잃은 아픔을 묵묵히 받아들이고, 계속해서 라듐을 추출하는 실험에 매달렸다. 그리고 결국 성공을 거두었다.

퀴리 부인은 보통 사람의 한계를 뛰어넘어 누구나가 불가능하다고 생각한 일을 완성해 냈다. 가장 불행한 시기에도 의기소침해하지 않고 강자의 근성을 드러냈다. 그렇기 때문에 퀴리 부인을 위인이라 부를 수 있는 것이다.

퀴리 부인과 마찬가지로 하버드 사람들도 곤경을 두려워하지 않는다. 하버드 대학은 불평불만을 엄격히 금지하는 장소다. 만약 당신이 하버드 대학교 학생이 된다면 입학을 한 순간부터 치밀한 학습 계획표와 훈련 계획표를 얻게 될 것이다. 심지어 교내에서 무슨 문화 활동을 할지도 이미 배정되어 있다. 그러므로 하버드 학생들은 '하버드에서는 내가 선택하지 않은 속도로 분주히 돌아다녀야 한다'라고 생각한다. 하버드를 졸업하고 현재 모 다국적 기업의 회장을 맡고 있는 사람은 이처럼 말했다.

"당신이 그들의 속도를 따라잡을 수 없다면 당신은 도태되고 말 겁니다."

마찬가지로 하버드 대학을 졸업하고 세계은행에서 일하고 있는 위자디 于家娣는 다음과 같이 말했다.

"하버드 대학에서 공부하기 위해서는 첫 번째로 언어라는 관문을 통과해야 합니다. 강의 시간에는 교수님이 가르쳐 주는 것의 아주 적은 일부분만 알아들을 수 있을 뿐이죠. 교수님이 내 준 읽기 과제를 완성하는 데도 시간이 비교적 오래 걸립니다. 영어로 된 작문은 더 어렵지요. 과제가 많기 때문에 매일 새벽 두 시나 되어야 잠자리에 들 수 있고, 때로는 새벽 네다섯 시에 일어나 과제를 완성해야 합니다. 매주 여섯 개의 수업을 듣고, 조교도 해야 하고, 매일 정신없이 보내다 보면 밥 먹을 시간도 없어요. 그래서 냉동 만두로 끼니를 해결하다 질려 버려서 나중에는 냉동 만두 소리만 들어도 속이 울렁거리지요. 공부하기가 너무 힘들고 잠도 부족해서 마치 지옥에 있는 듯한 느낌이 들지만, 이는 우리 의지를 시험할 수 있는 매우 큰 도전입니다. 열심히 분발해서 지금의 힘든 상황을 극복하면 앞으로 다가올 더 큰 곤경을 극복할 수 있게 되지요."

이렇게 하버드 학생들은 막중한 학업 스트레스와 힘든 환경에 대해 불평하는 대신 매일 도서관을 드나들며 부지런히 공부하고, 책을 읽고, 자신의 실력을 향상시킨다. 심지어 도서관 문이 닫힌 뒤 경비원의 순찰을 피해 도서관에 몰래 숨어서 밤새워 책을 읽고 지식을 흡수하는 학생도 많다.

이러한 정신이 하버드 사람들을 끊임없이 전진하게 만들고, 침묵 끝에 폭발하게 만드는 것이다.

감정의 쓰레기를 만들지 마라

　미국 필라델피아에 사는 한 청년이 있었다. 그는 하루 종일 탄식과 불평 속에서 살았다. 누군가 말을 건네기만 하면 그는 즉시 자신의 고통을 모조리 털어놓았다.

　"제 삶은 정말 불행해요. 부모님에게 물려받을 재산이나 집 한 채도 없어요. 자가용도 없고, 여자 친구도 없고, 해변에서 휴가를 즐길 수 있는 돈조차 없답니다."

　어느 날 젊은이의 곁을 지나가다 그의 불평을 들은 한 부자가 말했다.

　"자네 수중에 지금 당장 돈이 들어오는 방법을 한 가지 알고 있기는 한데 말이지, 과연 자네가 받아들일지 모르겠네."

　젊은이는 부자의 말을 듣자마자 매우 기뻐하며 무슨 방법이냐고 물었다. 부자가 말했다.

　"50만 달러에 자네의 한쪽 손을 사겠네, 어떤가?"

　젊은이는 조금도 주저하지 않고 거절했다. 그러자 부자가 또 물었다.

　"만약 내가 100만 달러에 자네 한쪽 다리를 산다면, 팔겠는가?"

　젊은이는 여전히 고개를 가로저었다. 부자가 다시금 물었다.

　"200만 달러에 자네의 한쪽 눈을 산다면 팔겠는가?"

　젊은이는 무서운 마음이 들어 서둘러 고개를 저었다. 이에 부자가 웃으며 말했다.

"거보게. 자네는 이미 많은 재산을 가지고 있지 않은가? 자네는 적어도 350만 달러의 자본을 가지고 있는 것과 마찬가지네. 그저 그것을 깨닫지 못했을 뿐이지. 젊은이, 자네에게는 멀쩡한 팔다리와 머리가 있는데 돈이 없는 게 대수인가? 자네가 가진 것을 활용하면 수십 억이나 되는 재산을 벌 수도 있다네. 그런데 도대체 왜 불평하는 건가?"

부자의 말에 깨달음을 얻은 젊은이는 부끄러워하며 자리를 떴다.

우리는 늘 쉽게 불평불만의 함정에 빠지곤 한다. 그렇지만 불평불만을 늘어놓을 가치가 있는지 한번 생각해 보자. 불평불만을 늘어놓는다고 해서 당신의 문제가 해결되는 것은 아니다. 오히려 상황을 더 꼬이게 만든다. 그런데도 여전히 불평불만을 늘어놓고 싶은가?

살다 보면 우리는 따끔한 경고 같은 일을 겪곤 한다. 그리고 그 일은 우리의 삶을 순식간에 고난으로 몰아넣는다. 이때 우리는 어떻게 해야 하는가? 친구의 품에 안겨 한바탕 울거나, 한 번 좌절했다고 의기소침해서 앞날을 생각하지 않을 것인가? 아니면 루쉰의 작품에 나오는 샹린 아주머니처럼 정신을 놓고 다른 사람의 동정과 위안에만 의지해 살아갈 것인가?

곤경과 불행은 누구에게나 찾아오기 마련으로 사람들은 각자의 근성과 소양에 따라 이에 대처한다. 사람들은 대부분 곤경과 불행이 닥치면, 발걸음을 멈춘 채 쉬지 않고 불평불만을 늘어놓는 일이 당연하다고 생각한다. 하지만 이와 달리 침묵을 선택하는 소수의 사람들이 있다. 그들은 앞으로 나아가는 발걸음을 결코 멈추지 않는다.

곤경이나 좌절에 맞닥뜨렸을 때 다른 사람에게 하소연하는 것은, 마음속의 압박감을 해소하는 방식 중 하나다. 이를 통해 사람들은 다른 사람으로부터 이해와 지지를 얻고 싶어 하는데 이는 크게 비난받을 일은 아니다.

그러나 자신의 불행한 처지를 이야기하는 것은 일반적인 대화와 다르다는 사실을 알아야 한다. 당신도 말을 하면서 그러한 사실을 충분히 느낄 수 있을 것이다. 당신은 무의식적으로 상대방의 반응을 요구하고 상대방의 이해와 동정을 얻기를 바란다. 때로는 적극적인 도움을 기대할 때도 있다. 상대방이 이러한 의사를 나타내지 않으면 당신은 불공평한 대우를 받고 있다고 느끼며, 심리적인 압박감이 줄어들기는커녕 더 커졌다고 생각한다.

우리는 다른 사람에게 고통을 털어놓는 것이 사실은 그 사람에게 감정의 쓰레기를 다 쏟아 놓는 것이라는 사실을 알아야 한다. 한바탕 쏟아 내고 나면 당신은 분명 후련한 기분이 들 것이다. 그렇지만 이를 듣는 사람이 어떤 영향을 받을지 생각해 본 적 있는가?

그들이 당신의 감정적 쓰레기나 받아 주는 쓰레기통인가? 이는 받아 주는 사람 입장에서 보면 불공평한 일이다. 당신이 회사 동료에게 억울함을 하소연할 때 그들은 덩달아 나쁜 영향을 받게 된다. 개중에는 '회사에서 당신이 가장 피곤한 줄 아나 본데, 나도 고통스러운 날들을 보내고 있다고'라는 생각을 하는 사람도 있을 것이다. 상사에게 하소연을 할 때 상사는 마음속으로 다음과 같이 생각할지도 모른다.

'그까짓 일 좀 더 시켰다고 불평을 늘어놓다니, 정말 귀찮은 부하로군!'

만약 주위 사람들에게 당신의 힘든 일을 모조리 털어놓는다면 그들도 짜증나는 하루를 보내게 될 것이다. 그리고 조만간 그들은 당신의 '쓰레기통'이 되지 않는 길을 선택할 것이다.

하버드 근성 배우기

숲속에 사는 작은 원숭이 한 마리가 나뭇가지에 찔려 가슴에 상처를 입게 되었다. 원숭이는 상처를 손으로 막은 채 집으로 발걸음을 향했다. 그리고 만나는 원숭이한테마다 상처를 보여 주며 동정을 얻으려고 했다. 원숭이들은 관심을 드러내면서 억지로 상처를 벌려 자세히 살피고, 어떻게 치료를 하는 게 좋을지 조언을 했다. 그러나 작은 원숭이는 상처를 제때 치료받지 못해 염증이 생겨 곧 죽고 말았다.

사람들이 겪는 곤경과 불행은 이야기에 나오는 작은 원숭이의 상처나 마찬가지다. 여기저기 털어놓는다고 해서 효과적으로 치료할 수 없다. 오히려 치료할 시간을 허비해 병의 상황이 더욱 악화되고, 결국에는 손을 쓸 수 없게 되어 버린다.

중국에 '설령 억울한 일이 있더라도 속으로 참고 널리 퍼뜨리지 마라'는 옛말이 있다. 이는 하버드 근성 수업이 강조하는 바와 완전히 일치한다. 능력이 없는 사람은 죽는 소리를 하고 불평불만을 늘어놓는 법이다. 하지만 힘든 일을 묵묵히 받아들이고 끊임없이 진보하려 노력하는 사람은 현실적인 고난을 이겨 낼 수 있다.

힘든 일은 마음속에 묻어 버리도록 하라. 먼저 내면이 강해져야만 그에 따라 외면도 강해지게 된다.

STEP 1 고민을 적어 본다

다른 사람에게 이야기하기 힘든 일은 종이에 적어 보도록 하자. 글을 쓰는 일은 사고를 정리하는 일이다. 좋지 않은 기분을 분석하고 불합리한 생각, 태도를 조정해서 마음을 평온한 상태로 되돌려주며 심리적인 건강을 유지시켜주는 좋은 방법이다. 글을 쓸 때는 긍정적인 각도에서 생각하도록 노력함과 동시에 자신을 더 많이 긍정해서 좋지 않은 기분이 확대되지 않도록 해야 한다. 그렇지 않으면 당신의 좋지 않은 감정의 골은 더욱 깊어지게 된다. 이렇게 기록해 놓은 것은 계속 가지고 있다가, 기분이 나아졌을 때 한번 펴 보도록 하라. 이때 당신은 기록해 놓은 일들이 당시에 생각했던 것만큼 심각하지는 않았다고 느끼게 될 것이다. 그렇게 되면 나중에 좋지 않은 감정이 생겼을 때 스스로 긍정적인 심리적 암시를 걸 수 있다.

기분이 좋지 않다면 몸을 한번 움직여 보라. 이는 내면의 스트레스를 풀어 주는 데 효과적이다. 조깅이나 농구 등 자기가 좋아하는 운동을 선택해도 된다. 운동을 하면 몸도 튼튼해지고 감정을 유쾌하게 만드는 호르몬이 몸에 분비된다. 과학적인 연구에 의하면 사람은 운동을 할 때 일반적으로 불쾌한 일을 생각하지 않는다고 한다.

그 밖에도 음악을 듣거나 영화를 보는 등 문화 활동에 주의력을 돌리는 방법을 선택할 수도 있다. 노래를 부르거나 춤을 추면서 좋지 않은 감정을 발산해 내는 방법도 있다. 대부분의 사람들은 유쾌한 음악이나 영화를 선택해서 자신의 감정을 고조시킨다. 반면에 슬픈 음악을 듣거나 영화를 보면서 자신의 슬픔과 공감하고, 좋지 않은 감정을 해소하는 사람도 있다. 이러한 방법은 정도에 주의하면서 너무 깊이 빠지지 않도록 해야 한다.

묻기 전에 먼저
스스로 사고하라

하버드 대학의 명예 총장 닐 루덴스타인 교수는 하버드 학생에게는 '3대 기준'이 존재한다고 말했다.

첫째는 창조성이요, 둘째는 광범위한 흥미이며, 셋째는 독립적인 사고 능력이다. 세 가지 기준 가운데 가장 중요한 것은 독립적인 사고 능력이다.

만약 당신이 운 좋게 하버드 대학교에 입학하게 되었다고 치자. 수강 신청을 하면서 어찌해야 할지 몰라 갈팡질팡하고 있을 때 교수가 당신을 위해 어떤 과목을 선택해야 할지 조언을 하거나 도와주기를 바란다면, 그것은 야무진 생각이다. 아마 하버드 대학교 교수들은 당신에게 가장 흥미 있는 것을 선택하라고만 말해 줄 것이다. 반대로 만약 당신이 중국에 있는 대학에 다닌다면, 교수들은 아마 당신을 위해 기꺼이 이 각 과목의 장단점을 분석해 주고 어떤 과목을 듣는 일이 좋을지 강력하게 추천해 줄 것이다.

하버드 대학교에서 강조하는 바는 독립적인 사고 능력이다. 스스로 열심히 사고하지 않으면 그 누구에게도 답을 얻을 수 없다. 그러므로 남이 하는 대로 따라 하지 말고 독립적으로 사고하는 습관을 길러야 한다. 만약 다른 사람에게 가르쳐 달라고 부탁한다 해도 상대방에게 전적으로 의지해서는 안 된다. 왜냐하면 당신 자신이야말로 문제를 해결할 힘을 가진 사람이고, 다른 사람은 참고할 만한 단서를 제공할 뿐이기 때문이다.

사고력

어느 국제 학교의 수업에서 교사가 학생들에게 문제를 냈다.

"다른 나라의 식량 부족 문제에 대해 생각해 본 적 있는 사람?"

그러자 학생들은 목소리를 모아 대답했다.

"없어요."

교사가 그 원인을 묻자 아프리카 학생은 '식량'이 무엇인지 모르기 때문이라고 대답했다. 유럽 학생은 '결핍'이 무슨 뜻인지 모르고, 미국 학생은 '다른 나라'가 무슨 뜻인지 모른다고 대답했다. 마지막으로 중국 학생은 '생각'이 무엇인지 모른다고 대답했다.

위의 이야기는 웃자고 하는 말이지만 문제점을 확실히 드러내고 있다. 우리는 사고의 중요성에 대해서 깊게 생각하지 않는다. 그러나 사고하는 사람만이 내면에 충실할 수 있고, 시종일관 충만한 활력을 지닐 수 있다. 지혜로운 사람인지 아닌지의 여부는 주로 그의 사고 능력이 얼마나 강한가에 달려 있다. 자신을 지혜롭게 만드는 가장 기본적인 방법은 바로 사고 능력을 배양하는 것이다.

사람이 만물의 영장이 될 수 있었던 이유는 사고 능력을 가지고 있기 때문이다. 인류가 진보하는 모든 발걸음은 사고에 기인한다. 사고 능력은 인류의 가장 귀중한 특징이자 앞으로 나아가게 하는 원동력이다. 오노레 드 발자크는 다음과 같이 말했다.

"자기만의 사고 능력이 있는 사람이야말로 무한한 역량을 지닌 사람이다."

인류가 가진 또 한 가지 중요한 특징은 학습이다. 매우 복잡한 사회에서 사람은 사회화된 학습과 훈련을 거쳐야만 비로소 적응할 수 있다. 학습은 사회생활에 있어 필연적인 요소다.

학습과 사고의 관계에 대해 현인 공자는 이렇게 말했다.

"배우기만 하고 생각하지 않으면 사물의 이치를 깨닫지 못하고 생각만 하고 배우지 않으면 위태롭다 學而不思則罔 思而不學則殆."

우리는 학습도 하고 사고도 해야 한다. 학습과 사고가 결합이 되어야만 비로소 좋은 성과를 얻을 수 있다. 다른 사람에게 잘 배우는 사람은 총명한 사람이고, 스스로 사고하는 데 능한 사람은 지혜로운 사람이다.

그렇다면 우리는 학습과 사고의 관계를 어떻게 정립해야 하는가? 불교 선종禪宗에서는 "빌려 온 불로는 자신의 마음을 밝힐 수 없다"라고 말한다. 자신이 직접 체험하지 않은 진리는 자신에게 속할 수 없다는 뜻이다. 자신만의 독립적인 사고 능력을 배양하는 일은 깊은 탐구를 위해 매우 필요한 과정이다.

사고는 우리로 하여금 많은 문제를 해결할 수 있게 도와준다. 사고 능력은 우리의 성공에서 가장 관건이 되는 부분이다. 사고를 하지 않으면 자신만의 견해를 가질 수 없고, 문제를 발견하거나 의견을 제시하지도 못한다. 또한 정확한 판단이나 결정을 내릴 수 없으며 문제를 어떻게 해결해야 하는지, 어떻게 하면 더 좋은 결과를 얻을 수 있는지도 알지 못한다. 효과적인 사고 능력은 우리의 성공과 행복을 결정하고, 운명을 지배한다.

성공한 사람들은 대부분 사고에 능하다. 그들의 위대한 성취는 다른 사람들보다 뛰어난 사고 능력을 기반으로 이루어진 것이다. 사고 능력은 사람의 운명을 결정한다. 사고에 능해야만 진정한 강자가 될 수 있다. 아인슈타인은 자신이 가르치는 학생들에게 사고는 모든 성공의 근원이라고 이야기했다. 이처럼 자신이 원하는 모습의 사람이 되고, 운명을 주재하는 사람이 되기 위해서는 무엇보다도 사고 능력이 필요하다.

사고는 문제를 해결해 주는 것 외에도 유익한 점이 많다. 미국의 한 작가는 어린 시절에 다음과 같은 일을 겪었다.

작가가 여덟 살 무렵의 일이다. 어느 날 그는 가족을 따라 완구점에 갔다. 어린 그는 완구점에 진열된 조립식 완구에 정신을 빼앗겨 어머니에게 사 달라고 애원했다. 어머니는 그 완구가 아직 어린 그가 가지고 놀기에는 적합하지 않다고 생각해 이렇게 말했다.

"너는 아직 이런 장난감을 가지고 놀 나이가 아니란다. 조금 더 크면 사 줄게."

그러나 조립식 완구에 완전히 정신을 빼앗긴 그는 계속해서 어머니에게 졸라 댔고 어머니는 아들의 성화에 못 이겨 그 장난감을 사 주었다.

집에 돌아오자마자 장난감을 뜯어본 그는 비로소 그것이 자기가 가지고 놀기에는 너무 어렵다는 사실을 깨달았다. 조립에 몇 번이나 실패한 뒤, 그는 어머니에게 장난감을 조립하는 법을 가르쳐 달라고 졸랐다. 어머니는 단호히 그의 요구를 거절했다.

"네가 사 달라고 조른 거잖니. 스스로 방법을 생각해 보도록 해라. 만약 조립을 못하겠다면 스스로 할 수 있을 때 가지고 놀거라."

어머니의 말을 듣고 그는 반드시 스스로 조립에 성공해야겠다고 생각했다. 그리하여 쉬지 않고 장난감을 분해하고 조립하기를 반복했다. 결국 그는 장난감이 망가지기 직전에 간신히 조립에 성공했다.

작가는 이 이야기를 하면서 매우 흥분했다.

"당시 저는 굉장히 감격했습니다. 그것이 제가 처음으로 깊이 사고

하는 즐거움을 깨달은 때였거든요. 그 장난감은 지금까지도 소중히 보관하고 있습니다."

이는 아주 사소한 일화이지만 작가 본인에게는 중대한 의미를 지닌다. 장난감은 그에게 사고의 즐거움을 경험하게 해 주었다. 만약 작가의 어머니가 당시 그의 요구에 응해서 장난감을 조립하는 일을 도와주었다면, 그에게는 결코 장난감에 대한 별다른 인상이 남지 않았을 것이다. 또한 그렇게 오랫동안 장난감을 소중하게 보관하지도 않았을 것이다. 그가 장난감을 남겨 둔 이유는 자신의 독립적인 사고를 기념하기 위해서이다. 이처럼 사고란 대단한 일이고, 기념할 만한 가치가 있는 것이다.

작가는 사고를 통해 완구를 성공적으로 조립했다. 그보다 더욱 중요한 것은 이를 통해 그가 사고의 즐거움을 느꼈다는 점이다. 그에게는 독립적으로 사고할 수 있다는 충분한 자신감이 생겨났다. 우리의 자신감은 무에서 오는 것이 아니라 성공 경험에서 비롯된다. 그리고 우리의 성공 경험은 통상적으로 사고 능력과 뗄 수 없는 관계를 맺고 있다.

일을 할 때나 공부를 할 때 우리가 난제를 해결할 수 있도록 지지해주는 힘은 무엇인가? 그것은 우리의 자신감이다. 본인의 사고에 대한 자신감 말이다. 사고는 우리가 문제를 발견하고 해결하도록 인도한다. 수차례의 실패와 좌절을 겪어도 자신감이 우리를 지지해 주고 버티게 해 준다. 어려운 문제가 순조롭게 해결될 때, 우리는 경험과 기쁨뿐만 아니라 확고한 자신감도 얻을 수 있다.

이것이 사고에서 나오는 독특한 매력이다. 물론, 우리는 사고를 하는 동시에 학습을 해야 하고 다른 사람의 의견을 널리 구해야 한다. 만약 자신이 풋내기이거나 어떤 방면에 대해 이해하지 못한다면 선례를 보고 귀감으로 삼아야 한다.

'도를 듣는 데에는 먼저와 나중이 있고, 기술이나 학업에는 전문이 있다 聞道有先後 術業有專攻.'

그렇기 때문에 우리는 학습을 하는 것이다. 에디슨은 말했다.

"내가 멀리 내다볼 수 있었던 이유는 거인의 어깨 위에 서 있었기 때문이다."

지식이 날로 폭발하는 사회에서 우리는 열심히 학습하고 사고하는 데 능해야 한다.

다른 사람의 힘을 빌리는 데는 정도가 있어야 한다

————————

오늘날은 협력을 중요하게 생각하는 시대이다. 아무리 뛰어난 능력을 가졌다 하더라도 혼자서 활약하는 사람을 대중은 더 이상 역할 모델로 생각하지 않는다. 반대로 교제와 외부의 힘을 빌리는 데 능한 사람은 쉽게 성공한다. 한 사람의 능력은 한계가 있다. 자기보다 뛰어난 능력을 가진 이의 도움을 얻을 수 있는 사람의 사업과 생활은 분명 순풍에 돛을 단 듯 발전할 것이다.

하지만 사람들은 때로 극단적인 상황에 빠지곤 한다. 덮어놓고 다른 사람에게 기대려고만 하는 사람은 귀찮은 일이 생겼을 때 다른 사람이 해결해 주기를 바란다. 자신이 주도적으로 나서야 한다는 사실을 완전히 잊고 만다.

미국에 어느 유명한 작가가 있었다. 하루는 그가 낯선 사람에게서 편지를 받았다. 그의 열성적인 독자가 보내온 편지로, 그 안에서 독자는 자신이 문학에 흥미가 있지만 기초가 매우 부족해서 고민하고 있다는 이야기를 반복하고 있었다. 또한 어떻게 해야 좋은 글을 쓸 수 있을지 모르겠으므로 작가의 가르침을 바란다는 내용이었다. 그 작가는 매우 친절하게 답장을 써 주었다. 자신의 귀중한 경험을 이야기해 주었을 뿐 아니라 그에게 가치 있는 의견을 많이 제시했고, 심지어는 잡지사에 그 독자를 소개해 주기도 했다.

본래 작가의 미담이 되었어야 할 이 이야기는 오히려 훗날 그를 괴롭게 만들고 말았다. 편지를 보낸 독자가 일정한 시간 간격을 두고 작가에게 편지를 보내오게 된 것이다. 상대는 글을 쓸 때의 구체적인 사항이나 생활 속의 자질구레한 일까지 모두 작가가 지도해 주기를 바랐다. 이는 작가에게 너무나도 귀찮은 일이 되어 버렸다.

현실에는 스스로 사고하기보다는 다른 사람이 자신을 도와 답을 찾아 주기를 바라는 사람이 확실히 존재한다. 처음에는 기꺼이 친절하게 건의를 해 주는 사람도 있고, 심지어는 사심 없이 도움을 주는 사람도 있다. 그런데 일의 대소에 상관없이 도움을 구하는 사람들은 스스로 사고하지 않으려 한다. 그래서 다른 사람에게 맹목적으로 질문하기 때문에 결국 그 사람이 멀어지게 만든다.

때문에 다른 사람의 힘을 빌리는 일은 가능하지만 정도를 지켜야 한다고 말하는 것이다. 통상적으로 우리는 혼자만의 힘으로 해결할 수 없는 문제가 생겼을 때, 무능해서 아무것도 할 수 없는 상황일 때, 남의 힘을 빌려서 문제를 해결한다. 그러나 만약 자신에게 해결할 능력이 있는데도 사고나 노력을 하지 않고 가장 쉬운 방법으로 만족할 만한 결과를 얻기 위해 다른 사람에게 도움을 청한다면 그 사람은 누구에게나 미움받기 마련이다.

다른 사람에게 가르침을 구하는 상황에 대해 이야기해 보자. 만약 가르침을 구하기 전에 스스로 사고하지 않는다면, 심지어 자신이 답을 찾을 수 있는지조차 모른다면, 다른 사람의 가르침을 구하는 행동은 경멸을 받는다. 부지런히 배우면서 다른 사람에게 잘 묻는 것은 격려할 가치가 있다. 그렇지만 전혀 사고를 하지 않은 채 다른 사람에게 묻기만 하는 행동은 부끄러운 것이다.

20세기 초에 '물리학의 위기'가 찾아온 적이 있다. 저명한 물리학자들은 고전 물리학을 과도하게 신봉한 나머지, 원자는 분리할 수 없다는 고전물리학의 관점을 절대적으로 믿었다. 이에 새로운 물리학이 출현했을 때 그들은 강력하게 배격하고 전통 사상을 옹호하여, 새로운 물리학을 저지하고 타격을 입혔다. 더 이상 진실을 감출 수 없다는 사실을 깨달았을 때도 그들은 자신들의 이론을 고집하며 잘못을 인정하지 않았고, 심지어는 낡은 관념을 위해 죽음을 불사하기도 했다. 이는 독립적인 사고 능력의 부족함이 여실이 드러난 행동이다.

하버드 사람들은 독립적인 사고 정신을 숭배해 마지않는다. 그들은 독립적인 사고 능력이 다른 어떠한 능력보다 중요하다고 생각한다. 그들이 이야기하는 독립적인 사고는 진취적인 정신과 창조성으로 드러난다. 물론 그들이 강조하는 '독립'은 혼자인 상태 혹은 폐쇄적인 상태의 독립이 아니다. 자신을 겹겹이 포장하고 현실을 고려하지 않은 채 깊은 숲에 틀어박혀 주관대로 생각하는 것은 더더욱 아니다. 이러한 관념은 사실 하버드 사람들의 독립적인 사고 정신과 완전히 상반된다.

하버드의 경영자 수업에서 교수들은 독립적인 사고 정신을 다음과 같이 해석한다. 타인의 경험과 현행의 이론을 중시하되 그것에 사로잡히지 않는 것, 자신의 경험과 지식을 중시하되 자신만이 옳다고 생각하지 않는 것, 다른 사람의 사고를 무조건 따르는 현상을 극복하되 폐쇄적인 사고를 극복하는 것. 이것이야말로 진정한 독립적인 사고 정신이다.

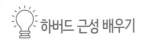

하버드 근성 배우기

만약 학습이 인류 사회가 계속되기 위한 필연 조건이라고 한다면, 사고는 인류 사회가 존재하기 위한 전제 조건이다. 사고가 없이는 학습이 존재할 수 없다. 학습은 사람에게 지식을 가져다주고, 사고는 지혜를 가져다준다. 지식이 없는 생활은 어두컴컴하며, 지혜가 부족한 생활은 흑암이다.

사고와 학습에 능한 사람만이 더욱 총명하고 강대한 사람으로 변할수 있다. 우리가 말하는 학습은 단순히 사전적 정의에 속한 것이 아니다. 학습을 하기 전에 우선 스스로 사고하고, 그런 다음 그 정수를 얻고쓸모없는 것을 추려 내는 과정을 일컫는다.

STEP 1 물고기를 잡아 주기보다 잡는 방법을 가르쳐야 한다

학습을 하기 전에 먼저 사고를 하지 않으면 학습의 의미를 잃는다. 학습을 하는 과정에서 모르는 게 있다면 다른 사람에게 곧장 묻지 마라. 대부분의 경우 다른 사람이 당신에게 줄 수 있는 것은 물고기를 잡는 방법이 아니라 한 마리의 물고기에 불과하다. 당신이 상황을 근본적으로 이해하지 못하면 다른 사람에게 아무리 물어도 결국 표면적인 문제에 대해 공론만 하게 될 뿐이다. 스스로 깊게 사고해야 표면적인 것이 비로소 실질적인 것으로 변화되고, 자신에게 유용하다.

사람들은 종종 '습관이 운명을 결정한다'고 이야기한다. 사고에 열중하는 사람은 대부분 우수하다. 머리에 사과가 떨어졌을 때 만약 뉴턴이 즉시 다른 사람에게 가르침을 구했다면, 아마도 다른 사람들은 그에게 모든 사람이 이미 다 알고 있는 도리만을 이야기해 주었을 것이다. 그렇게 되면 뉴턴은 사고할 수 없었을 것이다. 그러나 뉴턴은 그렇게 하지 않았다. 끊임없는 사고와 실험을 통해 결국 만유인력의 존재를 밝혀냈다. 독립적으로 사고하는 습관 덕분에 그는 과학 역사상 가장 영향력 있는 사람이 되었다.

중요한 일은
함부로 결정하지 마라

하버드에서 모든 학생은 무료로 학교의 전체 커리큘럼을 배울 수 있다. 그러나 학생들의 시간에는 한계가 있는 법, 선배들은 그들에게 다음과 같이 신신당부한다. 하버드에서 제일 처음으로 해야 할 일은 결정하는 법을 배우는 것이라고.

결정하는 법을 배우는 것은 일종의 예술이다. 가장 좋은 것은 자신이 무엇을 원하는지, 무엇을 하고 싶은지 아는 일이다. 그렇지 않은 상태에서는 절대 쉽게 결정을 내려서는 안 된다. 만약 시작을 하는 단계에서 당신이 제대로 위치를 선정하지 않으면 나중에 당시의 결정에 대해 반드시 후회하게 된다.

정확히 결정하는 법을 배워라

이와 관련된 재미있는 이야기가 하나 있다.

날씨가 무더운 어느 날이었다. 어머니는 제임스에게 반바지를 입혀 학교에 보냈다. 제임스가 학교에 도착하자 반에서 제임스 혼자만 반바지를 입고 있었다. 제임스는 자기가 너무 눈에 띈다고 생각되어, 집에 돌아가 긴바지로 갈아입고 싶은 생각이 간절했다. 그 다음 날도 이른 아침부터 날씨가 매우 더워서 어머니는 제임스에게 어제처럼 반바지를 입으라고 했다. 그러나 그는 어제와 같은 일이 또 생길까 두려워서 긴바지를 입고 가겠다고 고집을 부렸다. 그 결과, 제임스가 긴바지를 입고 학교에 도착했을 때 다른 남학생들은 모두 반바지를 입고 있었다. 그는 또 불편한 기분이 되었다. 점심시간 즈음 폭우가 내려 기온이 내려갔지만 점심시간 이후에 제임스는 다시 반바지로 갈아입고 교실에 들어섰다. 그는 다른 학생들이 전부 긴바지로 갈아입은 광경을 보게 되었다.

이렇게 간단한 선택에서도 제임스는 항상 틀린 선택을 했고, 계속 불만을 갖게 되었다. 반바지를 입든 긴바지를 입든 이는 간단한 결정을 하는 데에 불과하다. 어떤 결정을 내리든 간에 사실 큰 문제가 생기지는 않는다. 단지 겸연쩍은 기분이 될 뿐이다. 그러나 이러한 일보다 훨씬 중요한 일이 생겼을 때, 단순한 문제가 아니라 심지어 운명까지도 바꿔 놓을 수 있는 상황일 때, 우리는 어떻게 결정을 내려야 하는가?

사람마다 결정을 내리는 방식은 각각 다르다. 같은 일을 두고 다른 방식을 선택하기도 한다. 우리는 결정을 내릴 때 주로 다음과 같은 방법을 사용한다. 첫째는 습관에 의지해서다. 과거에 해 온 대로 현재의 결정을 내리는 것이다. 이러한 방법은 우리가 평소 생활하면서 자주 마주하는 일에 적용할 수 있다. 예를 들어 세수하고 양치질을 하는 것, 무엇을 먹을지 결정하는 것 등이다. 사람들은 매일 어떻게 양치질을 해야 좋을지 한참을 고민하지는 않는다.

다른 사람의 제안을 따르는 방법이다. 다른 사람이 이야기하는 대로 하는 것이다. 이러한 방식을 선택하는 것은 사실 군중심리를 기반으로 한다. '다른 사람이 이렇게 행동하는데 내가 굳이 바꿀 필요가 있을까?' 라고 생각하는 것이다. 위의 이야기에서 제임스는 결정을 할 때 바로 이러한 점을 고려했다.

많은 사람이 때로는 일시적인 충동에 의지해 당시 머릿속에 떠오른 대로 결정을 내린다. 사실 이러한 방법은 논쟁의 여지가 있다. 충동은 우리를 부추기는 악질적인 것일까 아니면 느낀 대로 따라갈 뿐인 자연스러운 것일까? 이는 상황에 따라 결정해야 한다.

어떤 사람은 일을 처리할 때 주도면밀하고 이성적인 사고와 검증을 거친 뒤 결정을 내린다. 이는 비교적 정확한 방법이라 할 수 있다. 그러나 이렇게 할 경우 정보와 자원에 대한 요구치가 너무 높기 때문에 대부분의 상황에서 우리는 이러한 방법을 취할 수 없다.

물론 우리에게는 결정을 내릴 더욱 다양한 방법이 있다. 우리는 일련의 사소하고 번거로운 일을 결정할 때 과도한 노력과 시간을 들이지 않는다. 기회비용이 너무 많이 들고, 많은 노력을 그러한 일에 쏟아부을 가치가 없기 때문에 어떻게 결정을 하든 상관없는 것이다.

하지만 중요한 문제를 앞에 두고는 신중하게 선택해야 한다. 인생의 여정은 비록 멀지만, 관건은 단지 몇 걸음에 불과할 때가 있다. 그렇게 중요한 결정을 해야 할 때 만약 잘못된 선택을 한다면 인생 전체를 다시 써야 한다.

큰일을 앞에 두고 경솔하지 마라

소설 『인생』에 선택과 결정에 관련된 다음과 같은 이야기가 나온다.

주인공 가오자린은 고등학교를 졸업한 후 고향 마을로 돌아가 민간 초등학교의 교사를 맡게 되고, 이에 만족한다. 그러나 그는 다른 사람에게 그 자리를 넘겨주고 다시금 농사일을 하게 된다. 그가 뜻을 이루지 못하고 있을 때 선량한 농촌 아가씨 류차오전이 그의 생활에 뛰어들고, 그들은 소박하고 순진한 사랑을 한다. 하지만 그들의 사랑은 시작할 때부터 평등하지 않았다. 그녀는 가오자린에게 있어서 실의를 달래줄 존재에 불과했다.

그러다 좋은 기회가 다시 찾아와 가오자린은 그 기회를 잡았다. 그는 도시로 돌아가 새로운 생활을 하기 시작하고, 우연한 기회에 동창 황야핑을 만나게 된다. 류차오전에 비해 황야핑은 현대 여성이었고, 가오자린과 그녀는 닮은 부분이 많았다. 여러 번 고심한 끝에 그는 황야핑의 사랑을 받아들여, 류차오전에게 상처를 주고 무정하게 떠나 버린다. 그렇지만 가오자린은 자신이 자라온 땅으로 결국 돌아오게 된다.

가오자린의 삶은 이런저런 결정을 거쳐 큰 변화를 맞이했다. 사실 사람은 누구나 인생에 있어서 관건이 되는 전환점을 만나게 되는데, 이때 어떤 선택을 하고 기회를 잡을 것인지가 매우 중요하다.

중요한 일은 함부로 결정해서는 안 된다. 왜냐하면 사람은 어떤 일을 처리할 때 수많은 편견과 착오를 피해 가기 매우 어렵기 때문이다.

우리는 결정을 하기 전에 주도적으로 관련된 자료나 정보를 수집한다. 이는 문제를 분석하고 가능한 한 완벽한 답안을 얻는 데 도움을 준다. 그러나 대부분 현실적인 상황에서 우리는 단지 이미 가지고 있는 정보에 대해서만 이해를 하거나, 때로는 이조차 제대로 이해하지 못하는 경우가 있다. 다른 정보에 대해 아무것도 모르기도 하고, 심지어는 다른 정보가 존재하는지조차 알지 못한다. 이것이 자주 볼 수 있는 '확증 편향Confirmation bias'이다. 만약 우리가 스스로 대체할 수 있는 각종 선택 사항을 충분히 가늠한 후 다시 정확한 결정을 내린다고 하더라도, 우리에게는 이미 편견이 형성되어 있기 때문에 계속해서 자신이 옳다는 것만을 증명하려 한다는 것이다. 우리의 편견이 문제를 만들어

낸다는 의미이다.

이는 깊이를 알 수 없는 호수에 비교할 수 있다. 우리는 그저 호수의 일부분만으로 연구를 하고 추측할 뿐, 호수 전체에 대해서는 정확하게 이해할 수 없다. 더욱 치명적인 문제는 우리가 편견을 가지고 있기 때문에 한 바가지의 물을 가지고 호수 전체를 판단해 버린다는 점이다. 이로써 우리는 이성을 잃고 편차가 매우 큰 결론을 얻는다.

살다 보면 누구나 다른 사람과 논쟁을 벌인 경험이 있을 것이다. 양측은 종종 자신만의 관점대로 변론을 하고, 이러한 논점의 정확성을 증명하기 위해 다양한 증거를 수집한다. 그리고 반대 측의 의견은 어떤 것이든 완전히 무시한다. 그렇게 하면 옳지 못한 결론을 얻게 된다.

가장 좋은 결정을 내리기 위해서는 자신의 관점을 든든하게 뒷받침해 줄 정보가 아니라 자신의 판단 착오를 증명해 줄 증거를 찾아야 한다. 하지만 사람들은 대부분 자신의 관점을 뒷받침해 줄 정보를 찾아야 한다는 편견을 가지고 있다.

우리는 결정을 내릴 때 주제와 크게 관련이 없는 정보에 주의해야 한다. 가령 마트에 장을 보러 갔다고 치자. 사람들은 할인을 해서 판매를 촉진하는 상품을 구입하고는 자신이 현명한 소비자라고 생각한다. 원래 1,500원인 상품을 990원에 구입하면 표면적으로 돈을 절약하는 셈이기 때문이다. 사실 우리가 물건을 구입할 때 이러한 결정을 하게 되는 까닭은 '닻내림 효과Anchoring Effect'의 영향을 받기 때문이다. 상품의 원래 표시 가격은 닻의 역할을 하고, 우리는 그것을 할인된 후의 가격과 비교하여 현명한 소비를 했다고 생각한다. 그러나 할인을 한 뒤의 가격도 사실은 매우 비싼 것이다.

그렇다면 우리는 어떻게 해야 닻내림 효과의 영향에서 벗어날 수 있을까? 가장 좋은 방법은 스스로 먼저 비교적 객관적인 '닻'을 설정하는 일이다. 예를 들어 사과를 살 때, 우선 최근의 시세가 얼마인지 알아본다. 최근 시세가 4500원이라고 가정해 보자. 마트에서 파는 사과의 표시 가격이 6000원으로 되어 있고 할인 가격이 4500원인 경우, 당신은 이 사과를 사게 되는 잘못된 결정을 피할 수 있다. 하지만 대부분 자신만의 '닻'을 확정하기란 매우 어려운 일이다.

결론적으로 말해서 인생의 중요한 결정에는 반드시 몇 개의 관건이 되는 부분이 있다. 또한 우리가 사고를 할 때 갖게 되는 편견과 착오는 정확한 결정을 방해한다. 그러므로 중요한 문제를 앞에 두고 있을 때는 절대 경솔하게 결정을 내려서는 안 된다.

💡 하버드 근성 배우기

결정을 내리는 훈련은 하버드에서 중요한 과정이다. 특히 하버드의 경영 대학원에서 교수들은 수많은 실용적인 방법을 채택해 학생들의 결정 능력을 훈련시킨다. 그중 하나가 실전 교육이다.

수업에서 교수는 한 학생을 지목하고 다른 학생들에게 한 가지 사례를 이야기하도록 한다. 어떤 기업의 현재 상황, 주로 기업의 운영에 나타나는 문제에 대해 세밀하게 진술하도록 하는 것이다. 수업을 맡은 교수는 통상적으로 교육 경험이 매우 풍부한 사람이자 양질의 훈련을 받은 기업가이기도 하다. 교수의 인솔과 지도 아래 전체 학생들은 이러한 사례를 분석하며 토론을 진행한다. 우선 그 기업에 존재하는 문제와 애로 사항을 찾아내고 그런 다음 문제에 대한 분석과 변론을 진행한다. 그리고 마지막으로 해결 방안을 제시한다. 이러한 수업 과정은 학생들에게 현실 사회의 비즈니스 패턴을 체험할 수 있게 할 뿐 아니라 동시에 결정하는 능력을 크게 단련시킨다.

그 밖에도 '파일링 시스템Filing system'이 있는데 이는 '역할 놀이'와 비슷하다. 예를 들어 한 학생에게 기업의 고위 관리자 역할을 맡기고 즉흥적으로 공문서, 우편물, 각종 보고서를 어떻게 처리하는지 연기하게 한다. 이때 언급되는 일들에 순간적으로 결정을 내려야 하고, 정해진 시간 안에 부하 직원들의 업무를 분배하며 정책 결정 방안을 작성해야 한다.

모든 절차가 완성된 뒤, 교수와 전체 학생들이 전체 과정에 대해 토론과 평가를 진행한다. 이러한 역할극은 한 가지 고정적인 상황에 국한되지 않는다. 때로는 한 학생이 관리자를, 다른 학생이 불만 가득한 직원 역할을 맡아서 관리자 역할을 맡은 학생이 불만 가득한 직원과 어떻게 소통하는지 즉흥적인 연기를 해야 한다.

이를 통해 우리는 하버드 사람들이 정책을 결정하는 능력을 얼마나 중요하게 생각하는지 알 수 있다.

STEP 1 결정을 내리는 데 도움이 되는 가능한 한 많은 정보를 수집한다

우리가 정확한 결정을 내릴 수 있는지 여부는 정보의 양과 중요한 관계가 있다. 그러므로 객관적인 조건이 허락한다면 가능한 한 자료를 많이 수집해 사고에 도움이 되게 해야 한다. 비교적 많은 정보는 우리가 편견을 가지지 않게 해 주므로 정보의 양은 되도록 많은 것이 좋다. 그러나 대부분의 경우 정보량이 매우 적기에, 이때 결정을 내리기 위해서는 주로 자신의 이성적인 사고에 의지할 수밖에 없다. 이러한 상황에서는 타인의 의견에 귀를 기울이는 등 다른 방식을 선택해야 한다.

물론 정보량이 많으면 많을수록 좋긴 하지만 우리가 받아들일 수 있는 정보의 양에는 한계가 있기 때문에 현실적인 상황을 고려해야 한다. 충분한 양을 초과한 정보는 때로 결정을 방해한다.

STEP 2 다른 사람의 의견에 신중해야 한다

때로는 스스로 해결할 수 없는 문제에 끝까지 매달리기보다는 자신과 비슷한 결정을 내린 경험이 있는 사람을 찾아가 그의 생각을 들어보는 편이 좋다. 혹은 자신에게 중요한 사람인 가족, 애인, 친구와 의논하고 그들의 도움을 분석한 다음 다양한 결과의 가능성과 요소를 고려해 봐도 된다. 때로는 제삼자가 사물을 냉정하고 바르게 볼 수 있는

법이므로 그들의 의견은 고려해 볼 가치가 있다. 그들은 비교적 객관적이고 전면적인 판단을 할 것이기에, 당신 생각과의 편차를 교정할 수 있을 것이다.

물론 아무리 친한 사람의 의견이라고 해도 단지 고려만 해야 하고, 최종적으로 결정을 내리는 것은 당신 자신이라는 사실을 기억해야 한다. 우리는 누구나 자신에 대해 책임을 져야 한다. 우리의 일을 다른 사람이 대신해 줄 수는 없으니 말이다.

STEP 3 선택 사항이 적을수록 좋다

결정을 내릴 때, 당신은 아마 선택 사항이 많으면 많을수록 좋다고 생각할 것이다. 그러나 사실 선택 사항은 될 수 있는 한 적은 편이 좋다. 만약 선택 사항이 늘어나면 최선의 선택을 하기 위해 더 많은 정보를 동원해야 하고 더 많은 문제를 생각해야 하기 때문에, 시간이 많이 소모되고 실수를 할 확률도 높아진다.

예컨대 당신이 휴대전화를 바꾸려 한다고 치자. 이때는 여기저기 정보를 알아보기보다는 우선 친한 친구에게 추천할 만한 기종이 있는지 물어보는 편이 좋다. 그렇게 되면 시간도 훨씬 절약되고 만족도도 높아진다.

바른 자세로 걷고
침착하게 말하라

　하버드 대학교에서 교수들의 일거수일투족은 종종 그만의 독특하고 강대한 근성을 드러낸다. 그들의 강의 효과 또한 절대적으로 세계 일류다. 일반적으로 대형 강연을 앞둔 상황에서 우리는 교수의 걸음걸이와 말하는 법을 보고 그 사람의 수준을 가늠할 수 있다.

침착한 걸음걸이에는 근성이 드러난다

　우리는 첫돌이 지나자마자 걷는 법을 배운다. 그러나 걸음걸이에서 우아한 풍격과 근성을 나타내려면 평소에 연습을 하는 노력이 필요하다.

　바른 자세로 걷기 위해서는 바르게 서는 법을 알아야 한다. 우선 신체 다섯 부위의 위치를 바르게 해야 한다. 즉 우리가 평소에 말하는 고개를 들고, 가슴을 펴고, 배에 힘을 주고, 엉덩이를 들어올리고, 동시에 두 다리를 평행으로 벌리고 서야 한다는 것이다. 이때 다리를 벌리는 정도는 대략 10센티미터, 시선은 수평보다 조금 높게, 표정은 평화롭고 침착해야 한다. 이렇게 해야 자세에서 자신감이 드러난다. 그렇지 않으면 보기 흉한 자세가 된다. 예를 들어 목을 길게 뺀 자세, 어깨가 처지고 등이 굽은 자세, 허리가 굽고 배를 내민 자세는 몸 전체의 자세를 흐트러지게 하고 다른 사람에게 좋지 않은 인상을 준다. 또한 이러한 자세에는 그 사람의 근성이 전혀 드러나지 않는다.

길을 걸을 때는 다리의 힘이 아닌 허리의 힘을 이용해야 한다. 그리고 종아리와 허벅지의 조합이 매우 중요하다. 종아리만 사용해 성큼성큼 걸으면 허벅지는 굼뜨게 보인다. 또한 걸을 때 허벅지가 벌어지는 폭이 클수록 상반신이 기울어지게 되는데, 그렇게 되면 상반신의 중심이 이동하게 되어 몸 전체가 흔들린다. 이는 보기에 좋지 않을 뿐 아니라 힘이 많이 든다.

그 밖에 쓸데없는 움직임이나 일부러 꾸민 것 같은 어색한 동작도 걷는 자세에 영향을 끼친다. 특히 여성의 경우 둔부를 과도하게 흔들지 않도록 한다. 둔부가 과도하게 흔들리면 걸음걸이가 어색해지고 아름다움이 사라져 버린다. 또 하이힐을 신으면 길을 걸을 때 굽 때문에 종종 딱딱 소리가 나는데 이는 다른 사람을 방해하기 쉽다. 특히 공식적인 자리에서는 걸을 때 너무 큰 소리를 내지 않도록 주의해야 한다.

말을 할 때 드러나는 근성과 교양

사람이 서 있는 자세나 걷는 자세는 그 사람의 품격을 어느 정도 반영한다고 볼 수 있다. 뿐만 아니라 말을 할 때도 그 사람의 소질과 교양이 드러난다. 종종걸음으로 걷고, 밥을 먹을 때도 허겁지겁 몇 분 안에 급히 먹는 것은 결점이 아니다. 그저 생활의 속도가 빠른 데에 지나지 않기 때문이다. 그러나 말을 할 때의 태도는 이와 다르다. 말을 할 때는 한 사람만의 사정이 아니라 상대방이 어떤 느낌을 받는지도 고려해야 하기 때문에 침착하게 해야 한다. 너무 서두르지 말고 생각 없이 말을 내뱉어서도 안 된다.

만약 말을 할 때 침착하지 않으면 쉽게 실수를 저지르게 된다. 우선 말실수를 하게 되고, 이는 귀찮은 일을 유발한다. 또한 논리력이 부족해 자신의 의사를 표현하는 데 영향을 끼치며, 심지어는 이야기의 중심을 잡지 못할 수도 있다. 동시에 침착하지 못한 태도에 긴장감과 자신감이 부족하다는 것이 드러나고, 풍격을 드러내지도 못한다.

다른 사람의 질문에 대답을 하기 전에 상대방의 이야기를 열심히 듣는 것은 일종의 예의이자 대화의 기술이다. 상대방의 말을 경청할 때는 첫째, 사정의 경위를 충분히 이해하고 언급되지 않은 세세한 문제에 대해 질문해야 한다. 둘째, 자신의 관점과 생각을 정리할 시간을 충분히 가지며 상대방이 말을 마치지 않았는데 자신의 관점을 드러내서는 안 된다. 또한 마치 높은 상사가 자신에게 이야기하는 것처럼 질문만 해서도 안 된다. 그 밖에 설령 자신이 말할 차례가 되어도 가능한 한 말을 적게 하도록 한다. 기본적인 상황에 대해서는 말을 많이 해도 되지만 세부적인 문제는 적게 말해야 한다. 그리고 먼저 중요하고 관건이 되는 문제를 말한 다음에 지엽적인 문제를 이야기하도록 한다. 다른 사람의 말을 들을 때는 자신이 할 말의 순서를 생각해야 하며, 임기응변으로 이야기하거나 단번에 말을 마쳐서는 안 된다.

🔆 하버드 근성 배우기

침착한 자세로 걸으려면 다음과 같은 연습을 해야 한다.

STEP 1 몸의 중심을 안정시킨다

길을 걸을 때 일반적인 사람들은 배에 살짝 힘을 주고, 자연스레 가슴을 내민다. 이렇게 되면 몸의 중심이 척추가 아닌 앞에 놓이게 된다. 이렇게 중심이 앞에 놓이면 우리는 앞으로 나아가는 느낌과 동시에 긍정적인 심리적 암시를 받는다.

길을 걸을 때 상반신의 중심은 기본적으로 흔들려서는 안 된다. 상대적으로 안정된 상태를 유지해야 좌우로 흔들리지 않고 품격 있게 걸을 수 있다. 그 외에 길을 걸을 때는 고개를 들고 가슴을 펴야 한다. 절대 앞으로 고개를 늘어뜨리지 않도록 주의해야 한다. 손을 흔드는 폭은 걷는 속도와 잘 어울려야 한다.

STEP 2 적당한 속도로 걸어야 한다

길을 걷는 것은 마치 춤을 추는 것과 마찬가지로 리듬감을 드러낸다. 우리의 두 다리는 한 걸음씩 반복해서 앞으로 나아가며 리듬감을 드러낼 수 있다. 이때 걷는 속도를 조절하는 일에 주의해야 한다. 너무 빠르거나 느려서는 안 된다. 너무 빠르면 잰걸음이 되고 온몸이 흔들거린다. 몸이 앞뒤로 과도하게 흔들리면 전신의 근육이 심하게 떨리게 되며, 평형감각이 없어 보인다. 잰걸음은 극도로 자신감이 없고 주관없이 무작정 남을 따르는 사람이라는 느낌을 준다.

걷는 속도가 너무 느린 것도 좋지 않다. 그렇게 되면 전신의 근육이 느슨해지고 리듬감과 힘이 없어져 해이하고 느슨한 사람이라는 인상을 주기 때문이다. 걷는 속도를 조절하는 법을 배우는 일은 정신을 가장 좋은 상태로 조절하는 것과 마찬가지다. 언제든지 자신이 맡은 역할에 뛰어들 준비가 되어 있다는 느낌을 준다.

또한 어떤 일을 하든지 마음가짐이 매우 중요하다. 말을 하는 것도 예외는 아니다. 말을 하는 기술을 연습하는 법은 다음과 같다.

STEP 1 말을 할 때는 기분을 가라앉힌다

우리는 다른 사람과 교제를 나눌 때 돌발적인 상황을 자주 겪는다. 사람은 긴장하고 흥분한 상태에서는 자기도 모르게 말하는 속도가 빨라진다. 이는 자신의 의견을 표현하고 사고하는 데 불리하다. 이때는 심호흡을 하거나 잠시 주의력을 돌려 다른 일을 생각하면서 기분을 가라앉히는 편이 좋다. 그렇게 하면 대뇌와 입이 비로소 최적의 상태에서 기능을 할 수 있다. 만약 계속해서 기분에 휘둘리면 일을 적절하게 처리하지 못할 것이다.

STEP 2 분명한 발음으로 이야기한다

말을 할 때는 글자를 하나하나 확실하게 발음하도록 한다. 그러면 말을 하는 속도가 자연스레 느려지고, 말투도 아이처럼 좌충우돌하지 않는다. 우리는 대부분 다른 사람이 자신이 하는 말을 알아듣기만 하면 되며, 굳이 아나운서처럼 정확한 발음을 할 필요는 없다고 생각한다. 하지만 정확한 발음은 상대방에 대한 존중을 나타낼 뿐만 아니라, 상대방이 서두르지 않고 냉정하고 객관적으로 문제를 분석할 수 있도록 심리적인 유도를 한다. 이러한 분위기는 당신과 상대방 모두에게 필요한 것이다.

STEP 3 일정한 순서에 따라 이야기한다

순서에 따라 차근차근 이야기를 하면 침착할 수 있다. 심리적으로 혹은 형식적으로 순서에 따라 이야기하면 사람은 편안함을 느끼게 되기 때문이다.

예를 들어 '먼저 진술하고, 그 다음 세부적인 부분을 나누고, 마지막으로 총괄하는 식'은 매우 괜찮은 방법이다. 먼저 상대방의 주요 관점을 이야기해서 상대방에 대한 존중을 드러내거나, 이전의 관점을 다시 돌아봄으로써 자신의 발언을 위한 밑바탕을 만든다. 그런 다음 주요 내용을 이야기하기 시작하되 이를 명확하게 몇 부분으로 나누어야 한다. 그렇게 하면 다른 사람이 듣기에 매우 조리 있고 중심이 잡혀 있다는 느낌이 든다. 또한 당신이 사고의 방향을 잡는 데도 도움을 준다. 첫 번째 부분을 이야기하는 동시에 두 번째 부분을 생각하면서 교묘하게 완충할 시간을 갖게 되기 때문이다. 우선 당신은 이야기를 시작할 때 "저는 주로 몇 가지 부분에 대해 이야기할 것입니다"라고 모호하게 이야기하라. 그런 다음 다시 총괄을 하면서 "저는 주로 다섯 가지 부분에 대해 이야기할 것입니다. 구별점이 무엇인가는……"라고 하며 중점 부분을 두드러지게 하고 마지막으로 자신의 결론이 무엇인지 이야기하면 된다. 이렇게 하면 사고의 갈래가 매우 명확해지고, 완벽하게 자신의 의견을 드러낼 수 있다. 그리고 듣는 사람도 쉽게 당신의 뜻을 알아들을 수 있기 때문에 매우 편하게 교류할 수 있다.

대부분의 경우 우리는 무슨 일을 하든지 단번에 성공하기를 원하고, 가능한 한 귀찮은 일은 피하려고 한다. 그러나 그렇게 생각할수록 더 귀찮은 일을 겪게 된다. 그러므로 착실하게 한 걸음씩 앞으로 나아가는 자세가 필요하다. 이는 말을 할 때도 마찬가지다. 말은 정확하게 하려고 생각할수록 모호해지는 경향이 있으므로 아예 처음부터 지름길은 제외하고 조금씩 진행하는 것이 좋다.

삶의 철학이 되는 한 줄 인문학

냉정하게 인내심을 갖고
나쁜 일이 생겨도
될 수 있는 한 그냥 내버려 두어라.
숨지 말고 오히려 열심히 그것을 관찰하라.
피동적인 자극을 받아들이지 말고
주동적으로 이해하도록 하라.
그래야만 나쁜 일에 대응할 수 있다.
사람은 자신이 보잘것없다는 사실을 깨달아야
고상한 인격을 가진 사람이 될 수 있다.
프란츠 카프카

마지막으로 내가 말할 수 있는 것과 가까워질수록
나는 아무것도 말하고 싶지 않아졌다.
폴 오스터

다른 사람의 악랄한 행동을
원래 그 자리에 두고
당신에게 영향을 끼치지 않도록 하는 것이
당신의 의무다.
마르쿠스 아우렐리우스

성숙하지 않은 남자는
자신의 일을 위해 용감하게 희생하고
성숙한 남자는
자신의 일을 위해 비천한 생활을
기꺼이 받아들인다.
빌헬름 하메르스회

인생은 불공평하다는 사실을
받아들이도록 하자.
불평해서는 안 된다는 사실을 기억하라!
빌 게이츠

CHAPTER 2
담대한 생각

담대한 생각

하버드 교수들은 종종 학생들에게 다음과 같이 경고한다. "작은 일에 주의하지 않는 사람은 영원히 큰일을 할 수 없다."

그러므로 대부분의 하버드 사람들은 세심한 사람이 되어야 한다. 그들은 반드시 세밀한 사고 능력을 갖추어야 하고, 다른 사람이 주의하지 않는 사소한 부분과 문제를 발견할 줄 알아야 한다. 이렇게 엄격한 학습 환경 속에서 하버드는 수많은 우수한 졸업생을 배출한 것이다.

그러나 주위를 둘러보면 우리는 무슨 일이든 되는 대로 처리하는 사람을 쉽게 볼 수 있다. 그들은 늘 '아마도' '거의' '대략' 같은 명확하지 않은 단어를 입에 달고 산다. 세심한 부분에 관심을 기울이지 않는 사람은 근성 있는 사람이 될 수 없고, 성공하기는 더욱 힘들다.

사물 간의 인과관계에 대해 더 많이 사고하라

하버드 대학교가 세계의 대학 가운데서도 성공의 본보기가 되고 세계를 움직이는 위대한 인물들을 키워 낼 수 있었던 이유는, 독특한 학교 운영 원칙과 창조적인 정신 덕분이다.

하버드 사람들은 대대로 창조적인 정신의 중요성을 강조한다. 창조적인 정신의 관건은 사고에 있다. 어떤 각도에서 사고를 진행할 것인가? 무엇을 사고할 것인가? 이는 모두 사고에 있어 중요한 요소다.

모든 결과에는 일정한 원인이 있다

———————

항아리를 만들어 생계를 꾸려 나가는 항아리공이 있었다. 당시 그 지역에는 항아리로 생계를 꾸려 나가는 사람이 많았던 데다 그가 만드는 항아리는 이렇다 할 특색이 없었기 때문에 장사가 썩 잘되는 편은 아니었다.

어느 날 항아리공은 던져도 부서지지 않는 튼튼한 항아리를 만들게 해 달라고 기도했다. 뜻밖에도 신은 그의 기도를 들어주었다. 다음 날이 되었다. 그는 아침에 일어나 항아리를 팔러 장터로 향하다가 잘못해서 하나를 바닥에 떨어뜨렸다. 그런데 항아리가 깨지지 않는 게 아닌가. 만약 평소대로라면 벌써 산산조각이 났을 터였다. 그는 하늘이 자신의 기도를 들어준 덕분이라는 사실을 깨달았다.

항아리공은 서둘러 항아리들을 챙겨서 시장에 내다 팔았다. 그가 만든 항아리는 튼튼해서 오래 쓸 수 있었기 때문에 금세 다 팔렸다. 반면 사람들이 모두 그에게서 항아리를 사는 바람에 다른 항아리공은 점점 생업을 잃어 갔다. 그의 장사는 번창했지만 좋은 시절은 오래가지 못했다. 항아리 장사가 또 잘 안 되기 시작한 것이다. 그가 사는 곳의 사람들은 모두 그에게서 항아리를 사 갔고 심지어 부근의 소도시 사람들도 그의 가게를 찾았지만, 그가 파는 항아리는 너무 튼튼해서 모두들 한 번 사고 나면 더 이상 구입할 일이 없었다. 멀쩡한 항아리를 두고 굳이 새 항아리로 바꿀 필요가 없었던 것이다. 그의 장사는 옛날처럼 암담한 상황에 이르렀고, 생활도 다시 빈궁해졌다. 그는 처음과 달리 자신의 기도를 들어준 신을 원망했다. 처음에 튼튼한 항아리를 만들게 해 달라고 기도했을 때, 그는 지금 같은 상황이 벌어질 줄은 꿈에도 생각하지 못했기 때문에 후회막급이었다.

이야기의 마지막에서 항아리공이 만든 항아리가 더 이상 팔리지 않게 된 것이 바로 결과다. 그리고 그 원인은 그가 만든 항아리의 품질이 너무 좋아서 사람들이 더 이상 항아리를 필요치 않게 되었기 때문이다. 여기에서의 원인과 결과는 이해하기 조금 어렵지만 실제로 대부분 이와 비슷하다. 그렇기 때문에 우리는 어떤 일을 할 때 주도면밀해야 하고, 사물의 인과관계를 제대로 파악해야 한다.

어떻게 보면 서로 상관없는 듯한 일들이 종종 매우 복잡하게 얽혀 있는 경우가 있다. 모든 일은 우연히 발생하지 않고 반드시 필연적인 원인을 가지고 있다. '바람이 없으면 파도가 일지 않는다'는 말처럼 아무리 작은 물보라도 산들바람이 불었기 때문에 일어난 것이다. 또한 모든 일은 다른 사물에 영향을 끼치므로 반드시 '흔적'이 남는다.

세심한 사람은 작은 단서만 보고도 그것이 어떤 형태로 발전되어 나아갈지 추단해 낸다. 또한 관찰과 분석을 통해 어떤 일 사이에 숨겨진 관계와 경위, 인과관계를 확실히 알아낸다. 일단 커다란 국면을 확실하게 파악하고 그로 인해 완벽한 전략을 세울 수 있으므로 실수할 가능성이 없다.

모든 결과에는 특정한 원인이 있고, 모든 일에는 발생한 이유가 있다. 우리가 일과 생활에서 겪는 성공이나 실패는 모두 우연이 아니다. '콩 심은 데 콩 나고, 팥 심은 데 팥 난다'는 말처럼 인과관계를 가지고 있다. 뿌린 게 있어야 거두는 법이고, 노력을 해야 그 보답을 얻을 수 있는 법이다. 뿌린 것과 노력은 '인因'이고, 거두는 것과 보답은 '과果'

이다. 인이 있어야 과가 있는 법이다. 살아가다 보면 믿기 어려운 현상을 볼 때가 있다. 이러한 현상에도 반드시 그 원인이 있다. 우리가 지금 보고 있는 현재라는 결과는 과거에 뿌린 것으로 인해 생겨난 것이다.

어느 날 다프네는 회사를 대표해 시카고에서 열리는 전람회에 참가했다. 점심시간이 되자 전람회장 안의 패스트푸드점이 사람들로 매우 붐볐다. 다프네가 간신히 자리를 찾아서 앉는데 어떤 사람이 다가와 물었다.

"합석을 해도 되겠습니까?"

백발이 성성한 노인이 쟁반을 들고 앞에 서 있는 모습을 본 다프네는 급히 손으로 앞자리를 가리키며 앉으시라고 이야기했다. 연세가 지긋한 노인이었기에 그녀는 카운터에서 나이프와 포크, 냅킨도 가져다 그에게 건네주었다.

다프네가 식사를 마치고 일어서려고 하자 노인이 그녀에게 명함을 건네며 말했다.

"앞으로 제 도움이 필요할 일이 있으면 연락 주십시오."

다프네는 노인의 명함을 보고 나서야 그가 한 회사의 회장이라는 사실을 알게 되었다. 회의에 참석하고 집에 돌아온 다프네는 명함을 명함첩에 넣어 두었고 그 일을 그다지 마음에 두지 않았다.

훗날 다프네는 회사를 떠나 자신만의 작은 회사를 차리게 되었다. 그런데 회사를 차린 지 반년도 채 안 되어 고객의 갑작스런 계약 취소로 인해 위기에 빠지고 말았다. 다프네의 회사는 설립된 지 얼마 되지 않은 데다 고객도 많은 편이 아니었고, 자금도 여유롭지 못했다. 계약을 취소한 그 고객을 위해 회사는 견본품도 마련하고 완벽한 계획을 세웠지만 전부 소용없는 일이 되어 버린 것이다. 다프네의 회사는 정상적으로 운영될 수 없을 만큼 큰 타격을 입었다.

이에 그녀는 사무실 물품을 정리하다가 명함첩에서 노인의 명함을 발견했다. 그녀는 실낱같은 희망을 품고 노인에게 이메일을 보냈다. 이메일을 보낸 지 일주일이 채 되지 않은 날 노인으로부터 그녀를 만나고 싶다는 답장이 왔다. 이틀 뒤 그 노인은 대여섯 명의 수행원을 이끌고 정말로 그녀 앞에 나타났다. 노인은 다프네 회사의 생산 라인을 살펴보고 나서 즉시 그녀와 합작을 하고 싶다고 이야기했다. 다프네는 놀랍고 기쁘면서도 한편으로는 불안감을 느꼈다. 그녀는 이 현실을 정말 믿을 수가 없었다.

노인이 진실한 말투로 말했다.

"당신이 나에게 도움을 주었을 때는 언젠가 보답을 받으리라는 생각을 하지 못했을 겁니다. 그렇지만 사람의 마음은 예금 통장과도 같답니다. 모든 사람은 자신의 마음속 예금 통장에 조금씩 선행을 쌓아야 하지요. 당시 당신이 내게 베푼 작은 선행이 미덕이라는 은행에 저금된 겁니다. 당신이 어려움을 당한 지금이야말로 자신의 선행을 현금으로 바꿀 때입니다."

노인의 지원을 받고 다프네의 회사는 신속히 성장하기 시작했다.

우리는 누구나 좋은 보답을 받길 원한다. 그러기 위해서는 끊임없이 선행의 씨앗을 뿌려야 한다. 일상적으로 선의의 미소를 짓고, 우호적인 도움을 베풀어야 한다. 이는 보답을 바라지 않는 도움이라 할 수 있다. 진정한 선의를 마음속에 품고 다른 사람을 대하면 선의의 꽃은 언젠가 선의의 과실을 맺는다.

사물이 발전해 나가는 인과관계를 이해하는 것은 근거 없는 미신이 아니다. 이는 우리가 어떤 일을 반드시 해야 하고 해서는 안 되는지, 어떤 일을 한 다음에 어떤 대가를 치러야 하는지 알게 해 준다. 이는 일종의 사고의 과정이기도 하다. 이를 이해해야만 사람은 진실로 성장할 수 있고, 근성도 배양된다.

원인을 찾고 완벽한 자아를 만들라

─────────

소크라테스가 말했다.

"어떤 원인을 뿌리느냐에 따라 그에 따른 결과를 얻게 된다. 이는 오랜 옛날부터 변하지 않는 법칙이다."

이 말은 생활 속에서 겪는 많은 문제와 의심 혹은 당신이 해결하지 못한 채 늘 마음에 두고 있는 일을 어떻게 대해야 할지 나타내고 있다. 마음을 가라앉히고 원인을 자세히 찾아본 다음, 문제의 뿌리를 발견하고 완벽한 자아를 만들기 위해 노력하면 앞으로 똑같은 실수를 반복하는 일은 없을 것이다.

"와, 일자리 찾기가 이렇게 어렵다니!"

톰은 세 들어 살고 있는 작은 방의 문을 열고는 신발을 바닥에 벗어 던졌다.

"진짜 피곤해 죽겠네. 만약 우리 아버지가 시장이나 대부호라면 얼마나 좋을까. 그러면 일자리를 찾는다고 이렇게 고생할 필요도 없을 텐데."

톰은 쑤시고 아픈 다리를 주무르며 말했다.

"이놈의 지역은 일자리 찾기도 정말 어려워. 다리 아파 죽겠네. 됐다, 됐어. 이틀 정도 쉬고 나서 다시 찾아보지 뭐."

대학에 다닐 때 톰은 적극적인 학생이었다. 학교에서 운동경기가 열리면 반드시 참가하던 그였다. 톰은 운동경기가 자신의 잠재 능력을 가장 잘 개발해 준다고 생각했다. 그는 상을 타도 절대 자만하지 말자고, 더 큰 상은 앞에 있다고 스스로를 타이르며 겸허하고 신중한 마음을 유지했다. 대학을 졸업하고서부터는 웅대한 포부를 품고 일자리를 찾기 시작했다.

이번 면접은 톰이 졸업한 이래 15번째로 보는 것이었다. 결과는 성공적이었지만 톰은 그 일이 자신과 맞지 않다고 생각했기 때문에 다소 불만이었다. 줄곧 반드시 자신에게 잘 맞고 발전 가능성이 있는 일을 찾아서 평생 그 일을 해 나가자고 결심해 온 그였다.

톰은 가장 친한 친구인 존슨에게 전화를 걸었다.

"여보세요. 나 이번에도 실패했어."

"어떻게 또 실패했냐? 이번에는 뭐가 불만이었는데?"

"회사가 너무 작은 것 같아서. 열 명도 채 안 되는 회사에 무슨 발전이 있겠냐!"

"아이고, 괜한 생트집 잡지 마. 갓 졸업해서 사회 경험도 없는데 좋은 것만 고를 수는 없지. 벌써 몇 개월째냐. 우선 어느 정도 괜찮다고 생각되는 일을 찾아 하면서 경험을 쌓아 봐."

"그럴 수는 없지! 나한테 가장 잘 맞고, 가장 좋은 직업을 찾고 말거야. 이건 앞으로의 인생 방향을 결정하는 중요한 일이야. 그런데 어떻게 아무렇게나 정할 수가 있냐?"

"너한테 뭐라고 이야기를 해야 좋을지 모르겠다. 됐으니까 내일 나랑 같이 티셔츠나 사러 가자."

톰은 알겠다고 대답하며 전화를 끊었다. 다음 날 톰은 적당히 꾸미고 쇼핑센터로 향했다. 좀 기다리고 있으니 존슨이 도착했다.

"얼른 들어가자."

"너 티셔츠 별로 안 좋아하잖아! 그런데 왜 갑자기 사려는 거야?"

"회사에서 단체로 여행을 가거든. 혹시 산을 오르거나 할지도 모르니까 티셔츠를 입고 가는 게 나을 것 같아서."

"너희 회사 무슨 날이냐? 왜 갑자기 단체 여행을 가?"

"직원들의 노고를 치하하는 뜻이래."

"일은 어때? 월급은 적어도 꽤 만족하나 보네."

"일은 꽤 괜찮은 것 같아. 난 너와 다르게 가장 좋은 직업을 찾으려고 하지는 않았으니까. 지금 나는 배우는 단계니까 요구 사항이 그리 까다롭지는 않아. 우선은 혼자 생활이 가능하고, 돈을 좀 모을 수 있으면 만족해. 가자, 저쪽 옷 좀 살펴보자."

두 사람은 쇼핑을 하다가 지쳐서 옆의 패스트푸드점에서 요기를 하기로 했다.

"요즘 일자리 구하기가 왜 이렇게 힘드냐!"

톰은 음식을 먹으며 투덜거렸다.

"그건 사람에 따라 다르지. 너는 이미 좋은 일자리를 여러 번 찾았으면서도 너무 멀어서 싫다는 둥, 회사가 너무 작다는 둥, 아니면 월급이 적다는 둥 불평했잖아. 내가 보기엔 너처럼 일자리를 찾으면 아마 1년이 지나도 못 찾을 것 같다."

"그거야 나중에 이직을 하고 싶지 않으니까 그렇지."

"우린 지금 경험이 하나도 없잖아. 이것저것 고를 처지가 못 되지. 다시 말해서 발전 가능성이 있느냐 없느냐는 네가 그곳의 일원이 되었을 때 비로소 알 수 있는 거라고. 네가 가장 좋다고 생각하는 일을 찾았다고 해서 그 일을 평생 할 수 있다고 정말 보장할 수 있겠어?"

"네 말이 무슨 뜻인지는 나도 잘 알아."

"넌 늘 그렇다니까. 항상 가장 좋은 것은 나중에 온다고 생각한단 말이야."

"아무렇게나 막 결정할 수는 없으니까 그렇지!"

톰은 단호하게 말했다.

집에 돌아온 톰은 침대에 누웠지만 잠이 오지 않았다.

'혹시 내 생각이 너무 극단적인 것은 아닐까? 대학을 다니던 때부터 나는 우수해지기 위해 노력했고, 지금은 기왕 일자리를 찾고 있으니 가장 좋은 것을 찾고 싶다고 생각할 뿐이야. 그렇지만 어떤 일이 나에게 가장 좋은 일일까?'

톰은 자신의 질문에 대답을 할 수 없었다. 그렇다. 자기 자신조차도 어떤 일이 가장 좋은지 모르면서 뭘 그리 까다롭게 찾고 있었던 것일까?

톰은 갑자기 꿈에서 깨어난 것 같은 기분이 들었다. 그는 자신이 이미 수많은 기회를 놓쳐 버렸다는 사실을 발견했다. 더 이상 고집을 부릴 수는 없었다. 한참 동안 생각한 끝에 그는 존슨에게 전화를 걸었다.

"나 내일부터 출근할 거야. 어제 면접 본 그 회사 말이야. 다시 생각해 보니 여러모로 괜찮은 곳인 것 같아."

"하하, 드디어 깨달았구나. 오늘은 푹 잘 쉬어라."

많은 사람이 평생 동안 답을 찾지만 사실 답은 이미 우리에게 있다. 모든 문제는 자신에게서 비롯된다. 당신이 스스로 마음가짐을 바로잡을 때, 당신을 머리 아프게 했던 문제는 저절로 해결될 것이다.

 하버드 근성 배우기

하버드 대학교 교수들은 종종 학생들에게 다음과 같이 경고한다.

"작은 일에 주의하지 않는 사람은 영원히 큰일을 할 수 없다."

그러므로 대부분의 하버드 사람들은 세심한 사람이 되어야 한다. 그들은 반드시 세밀한 사고 능력을 갖추어야 하고, 다른 사람이 주의하지 않는 사소한 부분과 문제를 발견할 줄 알아야 한다.

STEP 1 현재 상황을 바탕으로 결과를 예측한다

'멀리 내다보고 생각하지 않으면 반드시 가까운 시일 내에 근심거리가 생긴다'는 말이 있다. 이것저것 뒤얽힌 현재 상황에서는 미래를 주도면밀하게 계획할 수도, 일이 어떤 방향으로 어떻게 발전해 나갈지 예측할 수도 없다. 그렇다고 현재의 표면적인 현상만 보고 사고하지 않는다면 우리는 결코 현명해질 수 없다. 현재의 모든 것은 순간적인 것이기 때문에 미래에 대해서는 아무것도 예측할 수 없다고 생각하면 미래가 현실이 되었을 때 당신은 곤경에 빠져 헤어 나오지 못할 수도 있다. 반면 현재의 원인을 바탕으로 내일의 결과를 이끌어 낼 수 있다면 삶은 더욱 안정되고, 당신의 통제 능력은 점점 강해질 것이다.

STEP 2 시기와 형세를 판단하는 법을 배운다

근성을 갖춘 사람에게서 볼 수 있는 한 가지 특징은 바로 시기와 형

세를 잘 판단한다는 것이다. 이를 통해 현재의 상황을 근거로 어떤 일이 앞으로 어떻게 발전해 나아갈지 예측할 수 있고, 더 나아가 완벽한 계획을 세울 수 있다. 우리는 이를 임기응변이라 한다. 이러한 재기를 갖추지 못한 사람은 근성을 갖출 수 없다.

그러나 이러한 특성이 모두 선천적인 것이라고 생각하지 않기를 바란다. 사실 시기와 형세를 판단하는 것은 후천적으로 길러야 하는 능력이다. 세상만사를 세심하게 관찰하고 다른 사람의 생각을 제대로 파악하기 위해 노력하면, 남다른 능력과 근성을 갖출 수 있다.

실패의 근본적인
문제점을 캐내라

하버드의 관리 과정에서는 돌발적인 위기를 철저히 해소하기 위해 우선 상황을 컨트롤한 다음 문제의 근본적인 부분을 찾아내고 상황에 맞는 처방을 내려 근본을 치료해야 한다고 말한다. 돌발적인 위기는 일반적으로 은밀하면서도 위협적이다. 그렇기 때문에 근본적인 문제점을 캐내기 위해서는 깊이 있는 사고가 필요하고, 가능한 수단을 전부 동원할 필요가 있다. 대량의 사실적 자료를 바탕으로 하나하나 분석해야 비로소 유해한 부분을 유익하게 바꿀 수 있다.

실패는 생각보다 두렵지 않다

―――――――

올해 두 살이 된 글렌은 냉장고에서 우유를 꺼내려고 했다. 그런데 병이 너무 미끄러워서 바닥에 떨어뜨리고 말았다. 우유는 주방 바닥에 전부 엎질러졌다. 주방에 와서 벌어진 상황을 본 엄마는 글렌을 꾸짖지 않았다. 오히려 다정한 목소리로 말했다.

"글렌, 네가 이렇게 해 놨니? 엄마는 지금까지 이렇게 커다란 우유 자국을 본 적이 없단다. 기왕 이렇게 된 거 치우기 전에 같이 놀아 볼까?"

10여 분 정도 놀고 나자 엄마가 상냥한 목소리로 말했다.

"무슨 일이든 실수를 저지르면 반드시 깨끗하게 청소해야 한단다. 우리, 스펀지로 우유를 깨끗이 빨아들이자."

청소가 끝난 뒤 엄마가 또 글렌에게 말했다.

"오늘 우리는 실패를 경험했지. 너의 작은 손으로는 큰 우유병을 잡을 수 없다는 사실을 말이야. 이제 정원에 가서 우유병에 물을 가득 채워 보자. 그리고 그걸 잡을 수 있는 좋은 방법이 없을까 한 번 시험해 보는 게 어떻겠니?"

반복된 시도를 통해 글렌은 두 손으로 우유병 주둥이 부분을 꽉 잡으면 떨어뜨리지 않는다는 사실을 발견했다. 이후로 글렌은 다시는 우유를 엎지르지 않았다.

세월이 흘러 성인이 된 글렌은 유명한 학자가 되었다. 그는 자신의 경험을 이야기할 때마다 그 사건이 어린 그에게 실패는 두려워할 필요가 없으며 미지의 세계로 통하는 문이라는 사실을 알게 해 주었다고 했다. 미지의 세계에는 성공의 가능성도 존재하므로 실패를 대할 때는 평상심으로 대해야 한다면서 말이다.

사실 성공한 사람들 모두가 대단히 총명하거나 운이 좋은 것은 아니다. 그들도 다른 사람들처럼 실패를 겪는다. 그들이 일반 사람들과 다른 점은 성공으로 향하는 자신의 발걸음을 실패로 인해 멈추지 않는다는 것이다. 그들은 실패를 받아들이고 자신의 선택을 객관적으로 분석한다. 그리고 실제적으로 의의가 있는 행동을 취한다.

실패를 한 것이 반드시 나쁜 일만은 아니라는 사실을 기억하기 바란다. 만약 실패를 했다면 자기 자신을 조절하고, 그 속에서 신속하게 벗어나야 한다. 또한 실패를 통해 경험을 얻는 데 능해야 한다. 이것이 바로 진정으로 성공한 사람의 생각이다.

한 장군이 적군의 역량을 과소평가한 탓에 싸움에서 참패했다. 진영이 무너지자 그는 아무도 없는 산굴로 도망을 갔다. 살금살금 산굴에 숨은 장군은 사방에서 자신을 찾는 적군의 목소리를 들었다. 적군들은 언제든지 산굴로 쳐들어와 그를 죽일 수 있었다. 그 순간 그는 자신의 운명을 하늘에 맡기는 수밖에 없었다. 그런 장군의 앞에 갑자기 거미 한 마리가 나타났다.

거미는 산굴 입구에 거미줄을 쳤다. 하지만 굴 밖에서 불어오는 바람 때문에 애써 만들어 놓은 거미줄이 계속 망가졌다. 그렇지만 거미는 조금도 실망하지 않고 거미줄 만들기를 멈추지 않았다.

실의에 빠진 장군은 포기하지 않는 거미를 보고 작은 위안을 얻었다. 그의 마음속에도 자신감과 힘이 되살아났다. 그때, 산굴 밖에서 자신을 찾던 적병들의 소리가 확연히 들려왔다. 그중 몇 명은 산굴 안에 들어오려고까지 했다. 그러나 산굴 입구에 완벽하게 쳐진 거미줄 덕택에 장군은 목숨을 부지할 수 있었다. 산굴 안을 수색하려던 적병들이 입구에 쳐진 거미줄을 보고 지나간 사람이 없다고 생각했기 때문이었다. 적병들은 다른 곳을 수색하러 갔다.

구사일생으로 살아나 자신의 진영으로 돌아온 장군은 다시 전투태세를 갖추고 군대를 영솔해 적군을 자신의 고향에서 철저히 몰아냈다.

실패는 정말 두려운 것일까? 당신이 철저하게 패배한 것이 아니고 실낱같은 희망이 있다면 실패는 두려워할 것이 아니다. 현실에서 진짜로 두려워해야 할 것은 실패 자체가 아니라 실패에 굴복하는 일이다. 내면의 실패를 한 사람이야말로 진정으로 실패한 사람이다. 이런 사람은 구할 도리가 없다.

실패를 통해 배워야 한다

조는 모 회계 사무소 미국 지사의 우수한 직원이다. 그는 자신의 위치에서 빛나는 업적을 창조해 냈다. 5년간 연속으로 완벽하게 업무를 처리했으며, 500명이 넘는 고객의 칭찬도 받았다. 또한 회사의 모든 리더들에게 인정을 받았다. 하지만 이러한 모든 업적은 하늘에서 뚝 떨어진 것이 아니었다. 여러 차례 실패를 거치며 끊임없이 노력한 끝에 성공을 얻을 수 있었던 것이다.

조가 회사에 들어갔을 때, 그는 회사의 운영 상황에 대해 제대로 파악하지 못했다. 그리고 자신이 맡은 일도 매우 간단하다고 생각했다. 그저 계산만 잘하면 된다고 생각한 조는 연이은 실패를 통해 자신의 업무가 결코 간단한 일이 아니라는 사실을 깨달았다. 부서 책임자에게 건넨 그의 보고서에는 상당히 큰 착오가 있었다. 장부의 회계 계산을 하면서 회계 공식을 잘못 사용해 보고서에 매우 큰 오차가 생기고 만 것이다.

조는 이 실패를 매우 중요하게 생각했고, 자신의 전공 지식이 아직도 많이 부족하다는 사실을 인식했다. 그리하여 그는 회계 공식부터 시작해 관련 지식을 전면적으로 새롭게 공부했다. 물론 그 이후에 그가 실패를 겪지 않은 것은 아니다. 그는 여전히 다양한 실패를 겪었지만 그로부터 배우는 습관이 생겨났다. 고객과의 면담에 실패하고 교훈을 얻은 그는 훗날 담판의 고수가 되었다. 새로운 고객을 유치할 때 상대방이 받아들이지 않으면, 그는 즉시 원인을 찾았다. 그렇게 조는 스스로의 힘으로 지점 전체 고객의 10분의 1을 자기 고객으로 유치했다.

조는 실패를 통해 끊임없이 교훈을 얻었기 때문에 성공할 수 있었다. '실패는 성공의 어머니'라는 말은 결코 입에 발린 말이 아니다. 어떤 것을 배우고 결론을 도출하는 데 능한 사람은 실패를 통해서도 반드시 무언가를 배운다. 실패로부터 교훈을 배우고 경험을 쌓을 수 있게 되면 패배를 승리로, 실패를 성공으로 전환할 수 있게 된다.

자신의 실패를 침착하게 대하는 태도는 좋은 시작이라 할 수 있다. 누구나 실패하기 마련이므로 후회하고 부끄러워할 필요는 없다. 실패는 분명 이미 발생한 것이다. 부정적인 감정은 일에 아무런 도움이 안된다. 실패의 원인을 분석할 때 이를 다른 사람의 실수라고 생각하면 더욱 객관적으로 분석할 수 있고, 문제점을 쉽게 파악할 수 있다. 사람은 누구나 자신보다 다른 사람의 결점을 잘 찾아내기 때문이다. 그러나 교훈을 배울 때는 그것을 자신의 실패로 여겨야 한다. 자신의 잘못은 늘 뼈에 사무치는 고통으로 느끼고 깊게 새기기 때문이다. 그렇게 하면 다음에 같은 상황이 발생했을 때 실패를 되풀이하지 않을 수 있다.

실패에서 배우는 습관을 기르면 당신의 실패는 성공으로 가는 출발점이 될 수 있다. 세상의 고통을 충분히 맛본 사람만이 모든 것을 담담하게 받아들일 수 있고, 근성과 수양을 진정으로 체험하게 되기 때문이다.

같은 실수를 절대 두 번 저지르지 마라

사람은 성인군자가 아니기 때문에 누구나 실수를 저지른다. 하는 일이 많은 사람일수록 실수를 저지를 확률이 높다. 종일 아무 일도 하지 않는 사람이라면 실수를 저지르지 않을 수도 있다. 실수를 저지르는 일은 결코 두려운 것이 아니다. 그 실수를 어떻게 대하는지가 중요하다.

현명한 사람은 실수를 저지를 때마다 교훈을 받아들이고 경험을 쌓으며, 같은 실수를 두 번 저지르지 않으려 노력한다. 같은 실수를 두 번 저지르지 않기란 꽤 어려운 일이므로 굳센 의지와 노력이 필요하다. 이는 사소한 일부터 시작해야 한다. 당신은 반드시 열심히 일하는 태도를 기르고 자신이 하고자 하는 일을 정확히 인식해야 한다. 어떤 일을 하기 전에 스스로 열심히, 또 열심히 하자고 타일러야 한다. 그렇게 해야만 실수를 줄이거나 저지르지 않을 수 있다. 최소한 같은 실수를 두 번 반복하지는 않을 것이다.

세계 500대 기업에 드는 기업의 사장이 중요한 일을 완성시킬 직원을 물색하고 있었다. 수많은 후보자를 선별하는 과정에서 사장은 오로지 한 가지만 질문했다.

"지금까지 일을 하면서 얼마나 많은 실수를 저질렀습니까?"

그런 다음 사장은 평소 실수가 많은 직원에게 중요한 일을 맡겼다. 일을 시작하기 전에 사장은 직원에게 '실수 비망록'을 넘겨주며 당부했다.

"자네가 저지른 실수는 모두 자네의 업적에 포함되네. 그러나 같은 실수는 오로지 한 번만 용서된다는 사실을 기억하게!"

사장이 한 말의 의미를 깨달은 직원은 기대를 저버리지 않고 어렵고도 막중한 임무를 원만히 완성해 냈다.

누군가 처음으로 실수를 저질렀다면 이는 잘 몰랐기 때문이다. 하지만 같은 실수를 두 번 저질렀다면 조심하지 않았기 때문이고, 세 번 저질렀다면 이미 고의라고 할 수 있다. 만약 당신이 실수를 저지른 뒤 상사에게 "걱정하지 마십시오. 이것은 저의 첫 번째 실수이자 마지막 실수입니다"라고 이야기할 수 있다면 당신은 매우 대단한 사람이다. 그렇지 않다면 당신은 이러한 용기와 소질을 배양해야 한다.

사람들은 늘 성공에 대해 흥미진진하게 이야기하기를 좋아한다. 그리고 이야기를 듣는 사람은 많은 경험을 배우고, 이것은 인생에 큰 도움이 된다. 그러나 사람들은 일반적으로 실패에 대해서는 마주하거나 언급하기를 꺼린다. 실패라는 말을 들으면 대부분 다음과 같은 정경을 떠올린다. 실패자가 자신의 방에 틀어박혀 묵묵히 눈물을 흘리고, 좋은 때를 타고나지 못한 기구한 운명을 탓하며 실의에 빠진 나날을 보내는 그림 말이다. 하지만 실패는 성공과 마찬가지로 대해져야 한다. 실패도 사람들의 관심을 받고 중요하게 생각되어야 할 일이다. 모두들 함께 실패의 진정한 원인을 분석하고 경험을 배우며, 결점이 있으면 고쳐야 한다. 이렇게 해야 실패도 나름대로의 의미를 가지게 된다.

우리는 늘 실패의 깊은 이치를 깨닫지 못한다. 실패를 거듭해도 그 진정한 원인을 찾지 못하기 때문에 계속 비통하고 아쉬운 마음으로 살아간다. 사람들은 늘 패배자는 무시하고 승리자만 최고로 생각한다. 실패에는 관심을 가지는 사람이 없고, 그 이유를 묻는 사람도 없다. 또 실패를 한 사람은 슬픔에 잠기느라 실패의 진정한 원인을 생각할 겨를이 없다. 만약 실패했다고 오강烏江에서 스스로 목을 자른 서초패왕(항우)처럼 비장하기만 하다면 실패는 정말로 당신의 숙명이 되어 버린다.

태어날 때부터 완벽한 사람은 없다. 사람은 누구나 성장하면서 다양한 문제를 경험하고 실수를 저지른다. 그러나 실수를 저지르는 것을 두려워해서는 안 된다. 우리가 두려워해야 할 것은 같은 곳에서 두 번 넘어지는 일이다. 우수한 사람이 되고 싶다면 자신이 저지른 실수를 마음 깊이 새기고, 그것을 자신의 '시스템'에서 삭제하는 법을 배워야 한다. 그렇게 해야만 능력이 한 단계씩 업그레이드되고, 당신의 근성도 비약하게 된다. 자신의 실수를 직시할 수 있는 사람은 도량이 넓은 사람이다. 도량이 넓은 사람은 현실을 직시하고 도전을 받아들인다. 그들에게서는 다른 사람이 가지지 못한 근성이 자연스레 뿜어져 나온다.

💡 하버드 근성 배우기

간단한 문제가 발생하면 우리는 신속하게 실패를 받아들인다. 그리고 실패의 근본적인 원인을 명확하게 인식하고 그로부터 교훈을 배운다. 반면 인생에 있어 중대한 문제가 닥쳤을 때, 우리는 힘을 충분히 낼 수 있는데도 불구하고 이전의 노력이 모두 물거품이 되었다고 생각하며 포기하고 만다. 다시 나아갈 방향을 조절하거나 심지어는 처음부터 시작해야 하는 상황임을 받아들이기 힘들어한다.

실패한 사람들은 대부분 자신이 실패했다는 사실을 받아들이기 원치 않는다. 그들은 될 수 있는 한 도피를 선택하며 진실한 자아와 마주하지 못한다. 그러나 도피는 어떠한 문제도 해결해 주지 않는다. 이미 발생한 문제는 철저히 파헤친 다음 최대한 보완하고 개선할 방법을 생각해야 한다. 또한 상황을 긍정적인 방향으로 전환해야 비로소 성공에 점점 가까워질 수 있다.

STEP 1 불필요한 자존심을 내려놓는다

자신의 실수를 인정하지 않는데 어떻게 실수를 바로잡을 수 있단 말인가? 실수를 발견하고도 체면 때문에 인정하지 않고 실수를 보완하지 않는 행동은 자신을 파멸의 길로 한 걸음씩 몰아넣는 것과 같다. 잠시 당신의 어리석은 자존심을 내려놓고 실수를 저지른 사실을 인정하라. 실수를 인정하는 것은 문제를 해결하는 전제조건이다.

STEP 2 실패했다고 세상이 끝나는 것은 아니다

실패는 두려워해야 할 일이 아니다. 실패했다고 자포자기하지 말고 용감하게 일어서자. 인도의 저명한 시인 타고르는 다음과 같이 말했다.

"만약 태양을 잃었다고 슬퍼한다면 밤하늘의 별도 잃게 될 것이다."

어제의 실패로 실망하지 마라. 우리는 실패가 아니라 그것을 극복할 수 있는 용기가 없다는 사실을 두려워해야 한다. 그러므로 백 번 넘어져도 백 번 일어날 수 있는 용기를 가져야 한다. 실패는 우리가 앞으로 나아가는 과정 중에 반드시 거쳐야 할 단계에 불과하다. 우리는 편안한 마음으로 실패를 받아들이는 법을 배워야 한다.

습관적인 일 처리 방식을 바꿔 보자

'플라톤이나 아리스토텔레스와 친구가 되는 것보다 더 중요한 일은 진리와 친구가 되는 것이다.'

이는 하버드 대학교의 교훈이다. 교훈의 진정한 핵심은 바로 진리와 친구가 되는 것, 진리야말로 인류의 진정한 친구라는 것이다. 하버드 사람들은 권위자를 진리와 지혜의 상징이자 화신이며 존경하고 배울 만한 가치가 있는 사람들이라고 생각하지만 그들을 진리와 동일시하지 않는다. 권위자들도 완벽한 사람은 아니며, 실수를 하기 마련이다. 그러므로 우리는 우리보다 먼저 살다 간 사람들이 이룩해 놓은 지혜를 바탕으로 더 낳은 것을 창조해야 한다. 아무리 완벽한 듯 보여도 개선과 최적화의 여지가 남아 있기 때문이다.

우리는 대부분 생활 속의 습관적인 일에 대한 인식이 부족하다. 늘

본체만체 하거나 설령 보았다고 하더라도 보지 않은 것과 별다른 차이가 없다. 이렇게 익숙한 문제에 대해 무의식적으로 기존의 사고방식과 행동방식을 반복하기 때문에 사고의 관성이 쉽게 생겨난다.

기존의 사고방식은 오랜 기간을 거쳐 성숙되고 안정된 것이다. 따라서 이를 답습하면 어느 정도 긍정적인 효과를 얻을 수 있다. 어떤 문제를 추론하는 데 도움이 되고 해결 과정을 단축시키며 효과를 높인다.

그러나 우리는 부정적인 영향을 소홀히 해서는 안 된다. 기존의 사고방식을 따르면 사람들은 맹목적으로 특정한 경험과 방법만을 사용해 새로운 문제를 대하게 된다. 오랜 세월 동안 기존의 방식만으로 문제를 사고하면 창조성이 마비되고 잠재 능력을 발휘하는 데 좋지 않은 영향을 끼친다. 문제가 발생할 때마다 자신도 모르게 기존의 경험과 고정적인 사고방식에 따라 처리하게 되고, 방향이나 각도를 바꾸어 문제를 생각하려 들지 않는다.

시대는 끊임없이 변화하며 발전하고 있고, 우리도 끊임없이 성장한다. 그러므로 문제를 해결할 때는 낡은 틀에 매달리지 말고 시대에 맞추어 끊임없이 새로운 것을 창조해야만 시대의 변화에 적응할 수 있다.

고정적인 사고방식은 때로 우리의 발전에 방해가 된다

일정한 환경 속에서 일하고 생활하는 것이 오랫동안 지속되면 사람은 누구나 고정적인 사고방식을 갖게 된다. 그렇게 되면 사람들은 항상 고정적인 각도에서 사물을 관찰하고, 사고하고, 고정적인 방식으로 사물을 받아들인다. 또한 사람들의 사고가 기존의 정보와 인식에 국한되기 때문에 고정적인 사고방식이 형성된다. 고정적인 사고방식은 문제를 해결하는 데 도움을 주기도 하지만 때로는 방해가 되기도 한다.

SF 작가 아이작 아시모프는 어렸을 때부터 똑똑했고 수수께끼 풀기를 좋아했다. 그는 다른 사람과의 대결에서 자주 이겼기 때문에 이를 자랑스럽게 생각하고 있었다. 그러던 어느 날 그는 자동차 수리공과 수수께끼 풀기를 하게 되었다. 먼저 수리공이 문제를 냈다.

"말도 못하고 듣지도 못하는 사람이 못을 아홉 개 사려고 철물점에 들어갔어. 그러고는 점원을 향해 왼 손가락 두 개를 카운터에 세우고, 오른손은 주먹을 꽉 쥐고 두드리는 동작을 보여 주었지. 점원은 그것을 보고 망치를 가져왔어. 그러자 말도 못하고 듣지도 못하는 손님은 고개를 저으며 카운터에 세운 두 손가락을 가리켰어. 점원은 그것을 보고 손님이 못을 사려 한단 사실을 알아차렸지. 손님이 못을 사고 가게를 나가는 동시에 앞을 보지 못하는 사람이 들어왔어. 이 사람은 가위를 사려고 하는데, 과연 어떤 동작을 했을까?"

아시모프는 건성으로 "아마 이런 동작을 했겠지요"라고 대답하며 집게손가락과 가운뎃손가락을 내밀어 가위 모양을 만들었다. 그러자 수리공이 웃으며 말했다.

"하하, 틀렸어! 앞을 보지 못하는 사람은 그저 '가위 주세요'라고 직접 말하면 된단다. 말할 수 있는데 뭐하러 손동작을 하겠니?"

똑똑하다고 자부하던 아시모프는 고정적인 사고방식에 지고 말았다. 일반적으로 해박한 지식과 풍부한 경험을 가진 사람일수록 고정적인 사고방식의 영향을 쉽게 받는다. 이는 과도한 지식과 경험이 머릿속에 고정적인 사고방식을 형성하는 경우가 비교적 많기 때문이다. 이러한 사고방식은 사람의 사고를 속박하고 사고가 고정된 형식으로 전개되게 만든다.

톰슨은 어느 날 부모님에게 다음과 같은 문제를 냈다. 한 변호사가 길에서 노인과 함께 이야기를 나누고 있었다. 그때 한 아이가 뛰어오더니 변호사에게 다급한 목소리로 말했다.

"큰일이에요, 당신 아버지와 우리 아버지가 싸우고 있어요!"

아이의 말을 듣고 노인이 물었다.

"이 아이는 누구요?"

그러자 변호사가 대답했다.

"제 아들입니다."

그렇다면 싸우고 있는 두 사람과 변호사는 도대체 무슨 관계일까?

톰슨의 부모는 한참을 생각해 보았지만 도대체 어찌 된 영문인지 알 수 없었다. 마음속으로는 톰슨이 무슨 사회 논리 문제라도 흥미를 가지게 된 것은 아닌가 생각했다. 의혹에 가득 찬 부모님의 표정을 보고 어떻게 할까 고민하던 톰슨은 결국 답을 말해 주었다.

"변호사는 여자예요. 싸우고 있는 두 사람 중 한쪽은 변호사의 남편, 즉 아이의 아버지고, 다른 한쪽은 변호사의 아버지, 즉 아이의 외할아버지인 거예요."

톰슨은 부모님이 왜 정답을 못 맞히는지 의아해하며 말했다.

"이 문제는 제 짝꿍이 이야기해 줬어요. 그 아이의 부모님도 답을 맞히지 못했대요. 저와 친구들은 문제의 답을 모두 알고 있었어요. 엄마, 아빠도 분명 맞힐 수 있을 줄 알았는데……."

어린아이들도 맞히는 간단한 문제를 왜 어른들은 맞힐 수 없었던 것일까? 그것은 사고 능력이 심리적인 고정관념에 사로잡혀 있었기 때문이다. 그들은 일반적인 경험에 비추어 변호사가 남자라고 생각했다. 이러한 심리적인 고정관념을 갖고 추리를 했기 때문에 당연히 답을 찾을 수 없었던 것이다. 하지만 경험이 부족한 어린아이들은 심리적인 고정관념에 제한을 받지 않았다. 따라서 단번에 정답을 맞힐 수 있었다.

우리의 머릿속에는 늘 수많은 형식과 제약이 존재한다. 그렇기에 어떤 문제를 접하게 되면 자기도 모르게 이미 가지고 있는 방식이나 방법을 모방한다. 특히 익숙한 형식의 문제를 접하게 되면 어떤 것이 타당하지 않은지 혹은 개선의 여지가 있는지 느끼지 못한다. 왜냐하면 지금껏 계속 그렇게 해 왔기 때문이다. 이러한 습관이 오래 지속되면 우리는 삶에서 즐거움과 신선함을 잃고 따분함을 느끼기 시작한다.

참신한 창의성이 부족한 삶은 우리의 근성을 사라지게 만든다. 아무리 풍족한 생활을 하더라도 참신한 사고를 추구하지 않으면 근성을 가진 사람이라고 말할 수 없다. 혹시 전에는 근성이 있던 사람이라 하더라도 더 이상 진취하려는 마음이 없으면 이미 범속한 사람이 되었다고 해도 과언이 아니다.

"사람의 진보를 방해하는 가장 큰 장애물은 미지의 것이 아니라 이미 알고 있는 것이다"라고 말하는 까닭이다.

사람의 일생에 영향을 미치는 창조적인 사고

우리가 흔히 볼 수 있는 고정적인 사고방식은 권위에 의한 고정관념, 군중심리에 의한 고정관념, 경험에 의한 고정관념, 책을 바탕으로 한 고정관념 등이 있다. 만약 고정적인 사고방식에 사로잡히면 우리는 풍부하고 다채로운 삶을 영위할 수 없을 것이다. 그러므로 이러한 고정적인 사고방식은 우리 삶의 질에 영향을 미친다고 할 수 있다.

19세기 중엽 스코틀랜드에 사는 제임스 해리슨은 재미난 현상을 발견했다. 에테르로 금속 물품을 닦자 주위의 공기가 점점 차갑게 변하는 것이었다. 해리슨은 여러 차례 실험을 거쳐, 이는 액체가 증발할 때 주위의 에너지를 흡수하기 때문에 생기는 현상이라는 결론을 얻었다.

해리슨의 생각은 꼬리에 꼬리를 물었다.

'이 방법을 통해 온도를 차갑게 내린 다음 이를 유지하는 설비를 만들면 식품이나 다양한 물건을 저장할 수 있지 않을까?'

즉시 계획을 실행에 옮기기로 한 해리슨은 기술자 친구들을 불러서 함께 모형을 제작했다. 얼마 지나지 않아 이러한 설비로 정말 얼음을 만들어 낼 수 있다는 사실을 발견한 그들은 매우 깜짝 놀랐다. 결국 그들은 무수한 실험을 거쳐 냉장고를 발명해 냈다. 심지어 공장의 냉동 작업장을 최초로 만들어 내기도 했다. 그 이후로 냉장고는 전 세계를 풍미하게 되었고 일반 가정에도 널리 보급되었다.

위와 비슷한 이야기가 하나 더 있다.

MIT의 경영대학원에서 다음과 같은 일이 있었다. 어느 날 학교 도서관의 상수도 설비가 고장이 나 수많은 귀중한 책들이 물에 젖어 버렸다. 상수도 설비는 재빨리 수리를 해서 고쳤지만 이미 젖어 버린 책들은 어찌할 도리가 없었다. 현장에 있던 관리자들은 이를 어떻게 해결해야 할지 고민하기 시작했다. 이때 예전에 통조림을 만드는 일에 종사했던 도서관 관리자에게 좋은 생각이 떠올랐다. 그는 통조림을 만들 때의 상황을 머릿속에 그려 보았다. 통조림을 만들 때는 과일 내부의 수분을 충분히 배출하기 위해 우선 저온에서 저장을 한다. 그런 다음 진공 건조 단계를 거치면 과육에 손실을 주지 않고 완벽하게 건조시킬 수 있다.

만약 젖은 책들을 과일처럼 처리한다면 어떨까? 수분은 증발시키되 책은 온전하게 보존할 수 있지 않을까? 토론을 거쳐 이 방법을 한번 사용해 보자는 데 모두의 의견이 일치했다. 그리하여 모두들 관리자의 경험대로 흠뻑 젖은 책을 냉동시킨 다음 진공 건조 상자에 넣어 두었다. 며칠 후 기적이 일어났다. 흠뻑 젖어 있던 책들이 전혀 손상되지 않은 상태로 완전히 말라 있었던 것이다.

예부터 지금까지 중요한 발명이나 사람에게 유익한 창조의 배후에는 일반적인 생각을 뛰어넘는 사고를 하는 사람이 있었다. 그들은 고정적인 사고방식에 구속되지 않고 일반적인 생각을 극복하려 노력했기 때문에 세상이 깜짝 놀랄 만한 창조를 이룩할 수 있었다. 만약 전통적인 사고의 틀을 극복하지 못하고 기존의 경험에 구애되었다면 어땠을지 생각해 보자. 세상에 존재하는 가치 있는 발명이 줄어들 것이고, 우리의 생활 속에서 컬러텔레비전, 냉장고, 컴퓨터, 세탁기 등은 찾아볼 수 없었을지도 모른다. 어쩌면 여전히 원시인처럼 나무를 비벼서 불을 피웠을지도 모르고, 그러면 지금 우리가 누리는 생활 속의 많은 즐거움을 잃었을 것이다.

💡 하버드 근성 배우기

머릿속에 전통적인 제약을 채워 넣기보다는 새로운 각도에서 이 세상을 바라보는 편이 훨씬 낫다. 용감하게 새로운 생각을 하면 곤경에서 벗어날 출구를 찾을 수 있을 것이다.

어떤 문제에 익숙할수록 우리는 그 문제를 해결하는 새로운 방법을 발견하기 더 어렵다. 사물에 대한 관점 또한 마찬가지다.

창조적 사고에 대해 연구하는 회의에서 참가자 한 사람이 클립을 꺼내며 물었다.

"이 클립의 용도는 몇 가지나 있을까요?"

모두들 의론이 분분했다. 한 학자가 30여 종의 용도가 있다고 이야기했고, 어떤 이는 300여 종의 용도를 증명할 수 있다고 했다. 이때 무대 아래에서 메모가 건네졌다. 메모에는 다음과 같이 쓰여 있었다.

"저는 내일 클립에 억만 종류의 용도가 있다는 새로운 관점을 증명하겠습니다."

약속대로 이 사람은 다음 날 자신의 연구와 관점을 발표했다. 그의 논거에 의하면 클립은 같은 질량이어도 다양하게 모습을 바꿀 수 있었다. 그리고 금속물의 한 종류이므로 각종 산이나 기타 화학 물질에 다양한 반응을 하기도 했다. 또한 영문, 라틴 문자, 러시아 문자 등등 세계의 모든 문자를 클립으로 표현할 수 있었다.

우리는 종종 생활 속 어디서나 볼 수 있는 사물에 대해 정확하게 인식하지 못한다. 이는 우리의 시야와 심리에 한계가 존재하기 때문이다. 다시 말해, 일반적인 상황에 영향을 받아 자신의 사고를 속박한다는 뜻이다. 하지만 이는 문제를 해결하는 데 방해가 된다.

경험과 체험을 통해 얻은 지식은 살아갈수록 점점 증가한다. 이 과정에서 사람은 자신만의 길을 가는 법을 배워야 한다. 고지식한 문제 해결 방법, 기계적인 인식을 버리면 우리는 문제를 더욱 풍부하고 전면적으로 인식할 수 있고, 원활하고 민첩한 사고를 할 수 있다.

STEP 1 융통성 있는 사고

우리는 문제 해결 경험을 풍부하게 가져야 한다. 익숙한 주위 사물뿐 아니라 기존의 각종 해결 방식에 대해서도 모두 이해해야 한다. 창조란 신기루가 아니기 때문에 기존의 방식을 이해해야만 문제를 순조롭게 척척 해결할 수 있다. 다양한 각도와 방면에서 사고하면 낡은 문제에 대한 새로운 해결 방법을 찾고, 창조력을 기를 수 있다. 융통성 있는 사고방식을 기르면 우리의 자신감과 용기도 늘어난다.

STEP 2 문제 자체가 가지고 있는 정보를 이용하는 데 능해야 한다

우리는 문제 자체가 가지고 있는 정보를 이용하는 데 능해야 하고, 상황에 알맞게 문제를 해결해야 한다. 문제가 생겼을 때 기존의 해결 방식을 기계적으로 모방하지 말고 실제적인 상황을 고려해야 한다. 우

리는 현재 가지고 있는 정보를 다양한 방향으로 확산시켜 더욱 많은 정보를 끌어모으고 문제를 해결할 수 있는 다양한 방안을 생각해야 한다. 이때 모든 방안은 반드시 실행 가능해야 한다.

STEP 3 확고한 신념을 가지고 다른 사람에 좌우되지 마라

자신이 나아갈 방향을 확실히 인식하고 다른 사람의 생각에 신경을 쓰지 말아야 한다. 모든 사람이 '예스'라고 말할 때 '노'라고 말할 수 있는 근성을 가져야 한다. 대부분의 사람에게는 이러한 근성이 부족하다. 자신의 신념을 지킬 수 있는 사람이야말로 근성과 진정한 사고력을 가진 사람이다. 반면 다른 사람의 말에 쉽게 흔들리고 생각을 바꾼다면 자신만의 근성을 갖지 못한 사람이다. 예술가들은 마음속에 그들만의 확고한 예술적 근성을 가지고 있기 때문에 때로는 보통 사람이 이해할 수 없는 기이한 행동을 하기도 한다.

조리 있게 일을 처리하는
습관을 기르자

하버드에서는 학생들에게 좋은 습관 하나를 기르는 것이 평생에 이익이 되고, 나쁜 습관은 고통을 가져다준다고 가르친다. 좋은 습관을 기르려면 오랜 기간 그 습관을 유지하기 위해 노력하고 스스로를 단속해야 한다. 이러한 과정은 힘들지만 언젠가 무한한 가치를 지닌 보물이 된다.

살아가다 보면 우리는 두 종류의 사람을 만난다. 어떤 사람은 언제나 허둥지둥 당황한 기색을 보인다. 이야기를 나누는 시간이 조금만 길어지면 자기도 모르게 손을 뻗어 손목시계를 살핀다. 심지어 의사에게 진찰을 받을 때조차 마찬가지다. 이 외에도 업무가 무질서하게 분배되어 있기 때문에 막상 일을 하려 해도 어떤 것이 중요한지 그 자신마저 알지 못하는 경우가 많다. 그의 업무는 대부분 엉망으로 뒤얽혀 있고, 사무실 책상은 그야말로 쓰레기더미를 보는 듯하다. 그는 너무 바빠서 책상을 정리할 시간도 없다.

반면에 어떤 사람은 바쁜 기색을 비추는 법이 없고 매우 침착하게 일한다. 다른 사람이 어려운 일이 있어 그와 상담을 하면 그는 늘 전반적인 상황을 고려하고 있다. 그와 그가 속한 단체는 항상 조리 있게 일 처리를 하고, 각종 업무는 딱 적합한 장소에 알맞게 배치되어 있다. 그는 매일 사무실 책상을 깨끗하게 정리한다. 메일도 질서 정연하게 처리하고 중요한 메일에는 즉시 답장을 한다. 매우 체계적이며 질서를 중시하는 그의 태도는 주위 사람들에게도 좋은 영향을 미친다.

이처럼 얼핏 대수롭지 않게 보이는 습관은 실제로 우리에게 얼마나 큰 영향을 끼칠까? 비즈니스계의 한 명사는 수많은 회사가 실패하는 중요한 원인이 '조리 없이 일하기 때문'이라고 이야기했다. 일을 할 때 계획성이 부족하고 무질서하면 노력을 낭비하게 되고, 결국에는 아무리 노력해도 좋은 결과를 얻기 어려워진다. 일을 할 때 조리와 질서가 없는 사람은 무슨 일을 해도 좋은 효과를 얻을 수 없다. 반면에 조리와 질서가 있는 사람은 종종 상당한 성과를 얻는다.

아무런 준비를 하지 않거나 급하게 성공을 바라는 사람은 아무래도 일을 제대로 처리하기 어렵다. 일을 제대로 처리하려면 그 일에 몰두해야 하고 조리가 있어야 한다. 우리가 어떤 일을 조리 있게 처리할 때, 그것은 항상 우리의 컨트롤 범위 안에 있기 때문에 자신감이 배가된다. 그 일을 성공적으로 완수했을 때 우리는 성취감과 희열을 느끼며 마음이 더욱 평화로워진다. 만약 모든 일을 조리 있게 처리하는 좋은 습관이 형성되면 앞으로 무슨 일을 하든지 질서가 잡히고 사고의 활로가 뚜렷해질 것이다.

하지만 만약 이와 반대라면 어떨까? 일을 하기 전에 전혀 계획을 세우지 않거나 빨리 완성되기만을 바라고 다른 일을 생각하면 결국 두 마리 토끼를 전부 놓쳐 버리는 결과를 낳는다. 장기간 이러한 상황이 지속되면 당신이 일을 처리하는 효율은 갈수록 떨어지게 된다.

생활 속 사소한 부분에서 습관을 기르자

사소한 부분이 성공과 실패를 결정한다. 습관을 기르는 데 있어서 사소한 부분은 가장 중요한 요소다. 우리의 조상들은 해가 뜨면 일을 하고 해가 지면 휴식을 취하며 대자연과 조화로운 관계를 유지했다. 그러나 현대사회를 살아가는 우리들의 일상생활은 대부분 별다른 규칙이 없다. 스스로 피곤하다고 느껴도 쉬지 않거나 아예 늦잠을 자는 등 나쁜 습관을 가지고 있다. 이는 일반적으로 우리의 건강에 좋지 않으며 성공도 방해한다. 자신의 생활조차 컨트롤하지 못하는 사람이 어떻게 질서정연하게 일을 처리할 수 있겠는가?

일하고 공부하는 시간에도 규칙이 필요하다. 일을 할 때는 전심전력을 다하고 다른 일 때문에 방해를 받지 말아야 한다. 휴식을 취할 때는 몸과 마음을 느슨히 하고 생활을 즐기되 일에 대한 걱정은 잠시 접어 두도록 한다.

또한 규칙적으로 신체를 단련해야 한다. 신체는 우리의 밑천이다. 무엇보다 이 세상에서 건강이 제일이다. 우리는 신체를 단련하는 동시에 굳건한 의지를 키워서 몸과 마음을 더 조화롭게 만들어야 한다. 그렇게 되면 우리가 일상생활과 일을 원활히 할 수 있는 튼튼한 기초가 세워지는 셈이다. 신체적인 자질을 높이기 위해 많은 사람이 신체를 잘 단련할 수 있는 계획을 구상하지만 꾸준히 단련하는 습관을 기르지 못하면 아무리 좋은 계획이라 해도 무용지물이 되고 만다. 그 결과 신체적으로도 아무런 효과를 얻지 못할 뿐만 아니라 일 처리를 미루는 나쁜 습관을 양성하게 된다. 좋은 결과를 얻으려면 반드시 오랜 기간 신체를 단련하는 습관을 유지해야 한다.

우리는 계획적으로 시간을 분배하고 이용하며 시간을 소중히 여기는 법을 배워야 한다. 시간을 효과적으로 이용하는 사람은 무조건 일에 착수하지 않고 먼저 시간을 분배한 다음에 일을 시작한다. 그러나 사람들은 대부분 자신의 시간을 능숙하게 관리하지 못한다.

벤저민 프랭클린은 시간에 대해 다음과 같은 명언을 남겼다.

"당신은 인생을 열렬히 사랑하는가? 그렇다면 시간을 낭비하지 마라. 왜냐하면 시간이야말로 인생을 구성하는 요소이기 때문이다."

젊다고 해서 시간을 헤프게 쓰면 분명 언젠가 후회할 날이 온다. 보물 같은 시간을 우리는 소중히 여겨야 할 뿐만 아니라 합리적으로 이용해야 한다. 어떤 사람은 시간을 과학적으로 분배하지 않는다. 즐겁기만 하면 쉬는 것도 잊은 채 몰두하고, 즐겁지 않으면 아무것도 하지 않는다. 이러한 태도로는 어떤 성과도 이룰 수 없다. 시간을 충분히 이용하고 일을 처리할 때 완급을 조절하는 법을 아는 사람만이 자신이 가진 시간의 진정한 가치를 발휘한다.

똑같은 일을 하는데도 어떤 사람은 빨리, 어떤 사람은 느리게 완성한다. 이들의 가장 큰 차이점은 무엇일까? 그것은 그들이 시간을 이용하는 효율과 시간의 가치 단위가 다르다는 사실이다. 우리는 자신에게 주어진 시간을 최대한 효율적으로 사용해야 한다.

우선 일을 하기 전에는 계획을 세워야 한다. 마음속으로 계획표를 만들고 자신이 하고자 하는 일, 필요한 요소를 나열하라. 구체적으로 어떤 일을 어떤 단계에 행해야 할지 제대로 계획하고 경중과 완급을 확실하게 구분해야 한다. 그렇지 않으면 사소한 일에 사로잡혀 진짜 중요한 일을 그르칠 가능성이 있다.

시간표에는 어느 정도 융통성이 있어야 하고, 이를 실천할 때는 상황에 맞게 조정해야 한다. 시간표를 한 번 정하면 일반적으로 쉽게 고쳐서는 안 된다. 하지만 긴급한 상황, 돌발적인 일이 생겼을 때는 융통성 있게 수정하도록 한다. 시간표에 어느 정도 융통성이 있어야 각 항목 사이에 여유가 생기고, 이렇게 되면 일을 분배하기 편해진다.

사소한 부분이 성공과 실패를 결정한다는 말은 결코 과장된 게 아니다. 근성이 있는 사람이 되고 싶다면 생활 속의 모든 사소한 부분에 주의해야 한다. 그 원인은 결국 사소한 부분으로 귀결되기 때문이다. 이러한 부분을 중시하지 않으면 언젠가 실패하게 된다.

근성은 사소한 부분에서 드러난다. 밥을 먹는 자세, 걸음걸이, 낯선 사람에게 보내는 미소까지도 당신이 근성이 있는 사람인지 아닌지를 드러낸다.

하버드 근성 배우기

인생의 길은 매우 길다. 계획이 없는 삶은 어둠 속을 걷는 것과 마찬가지다. 물론 아무런 위험은 없을지도 모른다. 그렇지만 어떠한 성과도 이룰 수 없다. 자신의 인생에 대해 제대로 된 계획을 세우는 일은 우리 모두에게 필수과목이다. 계획을 잘 세우면 목적에 따라 효과적으로 실천할 수 있다.

장차 사업을 하고 싶어 하는 젊은이가 있었다. 그러나 대학에 입학할 때 그는 사업과 직접적인 관련이 있는 경영학이 아닌 기계공학과를 선택했다. 그 이유는 기계공학이 제조업의 기본이 된다고 생각했기 때문이다. 그는 대학에서 제품 생산의 기본 프로그램을 배웠고, 제품의 원가와 제조 주기 등의 이론을 이해하게 되었다.

졸업 후 자본과 경험이 부족했던 그는 공무원 채용 시험에 합격해

행정공무원으로 3년을 일했다. 공직에서 일하면서 그는 정부와 교제하는 일련의 규칙을 이해하게 되었고, 나중에 자신만의 사업을 시작할 때를 대비해 정부의 각 부처와 좋은 관계를 쌓았다. 이어 공무원을 그만둔 그는 한 대기업에 들어가 기업 관리의 구체적인 실행 방안을 배웠다. 그는 기업 관리에서 흔히 볼 수 있는 문제들을 이해하고 MBA 과정을 이수했다. 대기업에서 일한 지 7년 뒤 그는 다양한 방면의 지식을 쌓았을 뿐만 아니라 자금력도 갖추게 되었다. 그는 드디어 회사를 세웠다. 그동안 완벽하게 준비를 해 온 덕분에 3년 만에 그의 회사 매출 총액은 3억 달러에 달했고, 실력을 갖춘 기업으로 신속하게 성장했다.

이 젊은이가 겪어 온 모든 경험은 미래의 목표를 향해 정확히 조준되어 있었다. 그리고 착실하게 한 걸음씩 나아가 결국에는 예기한 성공을 거두었다. 하지만 실제로는 많은 사람이 아무런 갈피를 잡지 못한 상태에서 대학 생활을 시작하고, 시대의 흐름에 이리저리 휩쓸리며 일자리를 찾는다. 이렇게 하나부터 열까지 모호한 상황에서 사람들은 평범한 길을 가게 되고 목표를 잃는다.

착실하게 자신의 인생을 계획하는 것, 그것이 우리 모두가 반드시 길러야 할 좋은 습관이다.

STEP 1 인생의 목표를 확실히 정하라

평생토록 추구할 비교적 고정적인 목표를 정해야 당신의 생활 속 다른 일들이 그것을 중심으로 존재할 수 있다. 이러한 과정은 통상적으로 사람에 따라 다른데, 어떤 사람은 신속하고 정확하게 목표를 세우지만 어떤 사람은 어려움을 겪기도 한다. 사람들은 대부분 목표를 찾기 전에 반복해서 자기 자신에게 물어야 한다. 그리고 환경과 조건의 변화에 따라 목표도 그에 상응하는 수정과 개선이 필요하다.

개인의 단기적인 업무 목표를 세우는 데는 세부적인 부분과 어떻게 하면 단기적인 목표를 실현할 수 있는지에 대한 계획이 필요하다. 자신이 목표와 아직 멀리 떨어져 있다는 것이 확실하다면, 결점을 보완하고 실력을 향상시켜야 한다.

STEP 2 행동이 가장 중요하다

이는 모든 단계 중에서도 가장 어려운 단계다. 만약 계획을 행동으로 옮기지 않으면 계획은 그저 말뿐인 계획으로 끝난다. 목표도 꿈을 꾸는 단계에서 멈춰 버릴 것이다. 또한 당신이 아무리 현실적인 계획을 세웠더라도 일단 행동에 옮기게 되면 의외의 상황이 종종 발생한다. 의외의 상황은 언제 어디서나 나타나 당신이 앞으로 나아갈 자신감을 잃고 포기하게 만든다. 자신의 행동을 끝까지 지키고 자신감을 갖는 사람만이 목표를 현실로 바꿀 수 있다.

STEP 3 사소한 부분을 중요하게 생각하라

습관은 자신도 모르는 사이에 형성되므로 자신의 모든 사소한 행동에 주의해야 한다. 우리의 습관은 성격을 만들고, 성격은 운명을 결정한다. 그러므로 사소하지만 나쁜 버릇은 우리의 운명과 항상 관련이 있다.

근성을 배양한다는 것은 궁극적으로 말하면 되도록 나쁜 습관을 철저히 끊어 인생을 더욱 순조롭게 만드는 일이다. 많은 사람이 자신은 부자도 아니고, 아무런 근성도 가지지 못했다고 이야기한다. 하지만 부유함과 근성은 아무런 관련이 없다. 오히려 습관과 목표가 근성과 관련 있다고 할 수 있다. 명확한 삶의 목표가 있는 사람만이 올바른 생활 습관과 진정한 근성을 가진 사람이다.

다른 사람이 주의하지 못하는
오류에 주목하라

하버드 대학교 교수들은 학생들에게 운명의 변화는 종종 사고에 스파크가 튀는 바로 그 순간에 일어난다고 이야기한다. 새로운 사물, 새로운 현상이 출현했을 때 거기에는 한 가지 이상의 새로운 기회가 포함되어 있다. 이러한 절호의 기회는 관찰과 사고에 능한 세심한 사람에게 포착된다.

어느 날 고객 한 사람이 미국의 제너럴 모터스GM의 폰티악Pontiac 부서에 편지를 보내왔다. 그 내용인즉슨 그의 가족들은 매일 식사를 한 후 아이스크림을 먹는 습관이 있는데, 최근 구입한 폰티악이 바닐라 맛 아이스크림을 먹기만 하면 시동이 걸리지 않는다는 것이었다. 그러나 다른 맛 아이스크림을 먹는 경우에는 시동이 순조롭게 걸린다고 했다. 정말 기묘한 일이 아닐 수 없었다. 자동차가 아이스크림 맛을 고르기라도 한단 말인가? 폰티악은 바닐라 맛을 싫어하는 걸까?

이러한 고객의 의견을 접한 제너럴 모터스는 원인을 조사하기 위해 경력이 가장 풍부한 엔지니어를 파견했다. 우여곡절 끝에 엔지니어는 문제의 원인을 알아냈다. 그 마을에 있는 아이스크림 가게에서 바닐라 맛은 가장 잘 팔리는 품목이었다. 그래서 고객들의 편의를 위해 상점 측에서는 바닐라 맛 아이스크림만 단독으로 진열해 놓았다. 그 냉장고는 상점의 가장 앞쪽에 위치해 있었고 다른 맛 아이스크림은 계산대에서 비교적 먼 곳에 놓여 있었다. 따라서 사람들이 바닐라 맛 아이스크림을 살 때 소요되는 시간은 다른 맛을 사는 경우에 비해 단축되었다.

그렇지만 이 사실이 과연 자동차와 무슨 관련이 있을까? 원인은 자동차의 설계 결함 때문이었다. 이에 엔진의 열을 발산시키는 데 비교적 긴 시간이 필요했던 것이다. 차 주인이 다른 맛 아이스크림을 살 때는 비교적 시간이 오래 걸리므로 엔진이 열을 발산할 시간이 충분해서 시동을 걸 때 문제가 발생하지 않았지만, 바닐라 맛 아이스크림을 살 때는 시간이 별로 걸리지 않았으므로 엔진이 열을 발산할 시간이 충분하지 않아 시동을 걸 때 문제가 발생한 것이다.

아이스크림을 사는 일상적인 사소한 행동으로부터 자동차 설계의 결함을 발견했다니 정말 재미있는 사건이라 할 수 있다. 이렇듯 서로 전혀 관계가 없을 듯 보이는 일이 종종 문제를 일으키는 경우가 있다.

그러나 모든 사람이 이를 연관시켜 문제를 발견하는 것은 아니다. 예리한 안목 외에도 이상한 점을 발견하는 역방향 사고가 필요하다.

날카로운 통찰력을 소유하라

날카로운 통찰력을 가진 사람은 형세를 통찰하고 사람의 생각을 꿰뚫어 본다. 또한 일반적인 사람들보다 사물에 대해 더 깊이 이해한다. 날카로운 통찰력은 상황을 더욱 확실히 이해할 수 있게 해 주고 사물의 발전 추세를 예측해 장점과 단점을 분명히 알게 해 준다.

날카로운 통찰력을 소유하는 방법 중 하나는 자신이 획득한 정보를 더욱 깊게 분석하는 일이다. 일반적인 사람들은 사물의 겉만 보고 정보를 받아들이지만 날카로운 통찰력의 소유자는 거기서 더욱 가치 있는 정보를 캐낸다. 이미 알고 있는 정보에 대해 그저 간단하고 얕게 이해하는 것은 방어적인 사고방식이다.

통찰력을 기르기 위해서는 깊고 꼼꼼하게 학습하고, 정보를 이용해 자신의 유한한 사고를 검증해야 한다. 고도의 집중력을 발휘해 사고를 진행하는 것이다.

예를 들어 한 회사의 사장은 자기네 제품이 고객에게 외면을 당하자 이렇게 생각했다.

'정말 운도 없군. 원가를 삭감하기 위해 비용을 절감하고 질이 조금 떨어지는 제품을 만든 것뿐인데.'

그러나 비슷한 경우에 처한 다른 회사 사장은 이렇게 말했다.

"왜 우리 제품이 외면을 당하는 거지? 고객들은 우리 제품이 다른 회사의 것보다 못하다고 생각하는 건가? 도대체 우리 제품이 왜 안 팔리는지 조사를 해 봐야겠소."

이렇게 하여 제품의 결함은 조사를 통해 신속하게 밝혀졌다. 뒤이어 당사는 결함을 즉시 보완하여 고객들을 다시 확보했다. 다른 사람이 보지 못하는 결함을 발견하기 위해 당신은 방어적 사고방식에서 탈피하고 정보에 포함된 내용을 자세히 분석하는 데 최선을 다해야 한다. 그렇게 되면 분명 더 많은 수확을 얻을 수 있을 것이다.

또한 통찰력을 높이기 위해서는 심리적 소양을 높일 때와 마찬가지로 자세히 경청하고 끊임없이 의문을 가져야 한다.

앤드루 그로브는 인텔의 회장이자 비즈니스계를 이끄는 저명인사다. 기업 경영에 관해 쓴 그의 두 권의 책은 광범위한 독자층을 소유하고 있다. 그는 비즈니스 방면에 투철한 견해를 제시하는 데 뛰어난 사람이다. 그의 좌우명은 '끈질기게 의심하는 사람만이 살아남는다'이다.

처음 그의 좌우명을 들었을 때 사람들은 대부분 앤드루 그로브가 편집증적인 사람이라고 생각했다. 하지만 그의 좌우명을 전면적으로 철저하게 생각해 보면 컴퓨터 칩처럼 경쟁이 격렬한 업계에서는 의문을 갖는 일이 성공을 하는 데 반드시 필요한 부분이라는 사실을 발견하게 될 것이다.

그로브가 의심하는 태도를 중요하게 생각한 또 다른 이유는 1980년대 중반에 일본의 칩 제조상과의 교류에서 얻은 경험 때문이다. 일본 제조상은 가격을 최대한으로 낮춰 미국의 경쟁 상대를 전부 디램 DRAM 메모리 시장에서 쫓아냈다. 그는 이에 큰 감명을 받았고, 이후 이 시장을 포기해야 회사의 손실을 최소한으로 줄일 수 있다는 사실을 인식했다.

통찰력은 '예리한 안목'과도 같다. 이는 우리가 근성을 배양하는 과정에서 최대한 길을 돌아가지 않고 더 멀리 나아갈 수 있게 해 준다. 날카로운 통찰력은 당신을 더욱 전문적이고 침착하게 만든다. 그리고 다른 사람들 눈에 당신이 더욱 근성이 뛰어난 사람으로 보이게 한다.

🔅 하버드 근성 배우기

사람들은 문제에 대해 사고할 때 자연스레 주의력을 명확한 부분 그리고 자신에게 유리한 쪽으로 돌린다. 반면에 그다지 명확하지 않거나 자신에게 불리한 생각은 보고도 못 본 체한다. 사람들의 생각은 다 비슷해서 크게 비난할 바는 아니지만 특수한 상황에서 역방향 사고에 능한 사람은 가장 먼저 목적지에 도달할 수 있다.

역방향 사고를 하기 위해서는 반대로 생각해서 원래 방향대로인 사고의 논리 패턴을 돌파하고, 역방향 사고라는 일종의 관념을 형성해야 한다. 사고의 과정에는 명확히 드러나는 사고 방법 하나만 존재하는 것이 아니다. 객관적 사물을 반대 방향에서 분석하고 사고하면 전통적인 생각의 각도를 변화시킬 수 있다. 이로써 완전히 새로운 견해가 생겨난다.

모든 사람이 하나의 고정된 사고 방향을 향해 문제를 생각할 때 독자적으로 상반된 방향으로 생각하는 것, 이러한 사고방식을 역방향 사고라고 부른다. 예를 들어 누군가 물에 빠졌을 때 일반적인 사람들은 '사람을 물에서 건져내려는 생각'을 한다. 그러나 사마광은 이렇게 긴급하고 위험한 상황을 앞에 두고 역방향 사고를 이용했다. 사마광은 친구가 물이 가득 든 커다란 항아리에 빠지자 과감하게 돌을 던져 항아리를 깨부쉈다. 그는 '물을 사람에게서 멀리 떨어지게' 만들어 친구의 생명을 구했다.

역방향 사고가 일반적인 사고와 다른 점은, 문제를 반대로 생각하므로 절대 다수의 사람들이 생각하지 못하는 방식으로 문제를 사고한다는 것이다. 역방향 사고를 운용해 문제를 생각하고 처리하면 실제로 기발한 수단으로 효과적인 결과를 얻을 수 있다. 정상적인 사고의 루트로는 보이지 않는 문제가 역방향 사고를 이용하면 확실하게 보인다.

23명의 후보 중 21명의 위원을 선출하는 선거가 있었다. 일반적인 방법은 유권자에게 23명의 후보 이름이 적힌 투표용지를 배부하고, 유권자가 찬성하는 사람 21명을 투표용지에 기표하는 것이다. 투표가 끝난 다음 감표인들은 개표를 진행해 통계를 내고, 마지막으로 가장 높은 표수를 획득한 사람부터 21명이 당선되는 방식이다. 이처럼 흔히 있는 방식은 줄곧 해 오던 방법이고 착오가 생길 위험이 적기 때문에 아무도 이의를 갖지 않는다.

그러나 이는 효율적이지 못한 방법이다. 이에 대해 우리가 역방향 사고를 채택한다면 다음과 같이 해야 한다. 투표용지를 받은 유권자가 자신이 동의하지 않는 후보 두 사람만 기표하는 것이다. 개표를 할 때 두 사람분만 확인을 하고 마지막으로 표를 가장 많이 얻은 두 사람이 낙선하는 방법이다.

이 방법을 사용하면 유권자가 투표를 하는 데 소요되는 시간이 10분의 1로 줄어들고, 득표 집계 시간도 10분의 1로 줄어든다. 그러므로 종전의 방법보다 효율성이 열 배 향상된다.

자세히 생각해 보면 이러한 방법이 효율적일 뿐만 아니라 후보자와 유권자의 압박감과 책임감을 강화시킨다는 사실을 발견할 수 있다. 유권자가 찬성하는 21명을 뽑는 경우, 사람들은 투표용지에 적힌 후보 순서대로 적당히 기표를 할 가능성이 있다. 그렇게 되면 가장 아래에 위치한 후보자 두 명이 낙선할 가능성이 매우 높아진다. 이러한 선출 방법은 낙선자들의 압박감이 크지 않다. 단지 자신의 이름이 아래쪽에 위치해서 낙선된 것일 수도 있기 때문이다. 그렇지만 23명의 후보자 중 유권자가 생각하기에 의원에 부적합한 두 사람을 선출할 경우에는 후보들에게 가해지는 압박감이 더 커지게 된다. 그들은 자신의 부족한 점을 개선하기 위해 반드시 노력할 것이고, 유권자는 반드시 신중한 생각을 거쳐 자신의 의견대로 기표할 것이다.

사람들은 일반적으로 사용되던 원래대로의 선거 방법이 적합하다고 여기지만 역방향으로 생각해 보면 기존의 방법이 매우 번거롭고 효과도 좋지 못하다는 사실을 발견하게 된다. 이처럼 각도를 바꾸면 다른 효과를 볼 수 있다.

역방향 사고는 우리에게 오류를 발견하게 해 줄 뿐 아니라 그것을 이용하게도 한다. 수많은 발명이 사물의 '결점'을 이용해 탄생했다.

어느 옷 가게의 점원이 실수로 고급 롱스커트에 구멍을 내고 말았다. 아무리 생각해도 이를 무마시킬 수는 없을 듯했다. 다른 천을 대어 수선을 한다고 해도 고객을 속이는 일밖에는 되지 않았다. 하지만 이렇게 고급스러운 옷을 불량품으로 남겨 둘 수만은 없었기에 점원은 기발한 아이디어를 떠올렸다. 구멍이 난 주위에 일부러 자잘한 구멍을 여러 개 뚫어 수를 놓고 장식용 진주를 달아 장식했다. 그러고는 그 옷에 '봉황 꼬리 치마'라는 이름을 붙였다. 여성 고객들은 기존의 양식과 다른 스커트를 신기해 했고, '봉황 꼬리 치마'는 불티나게 팔려 나가 그 가게도 유명해졌다.

뒤꿈치 없는 양말도 이와 비슷하게 탄생되었다. 양말의 뒤꿈치 부분은 신발과의 마찰 때문에 헤지기 쉽고 이 때문에 다른 부분은 멀쩡한데도 양말을 못 쓰게 되는 경우가 허다했다. 양말 제조 업체는 역방향 사고를 이용해 뒤꿈치 없는 양말을 만들어 좋은 기회를 창출해 냈다.

사람들은 저마다 다양한 관점을 가지고 있다. 반면에 교육 환경, 문화적 배경, 경험 등 비슷한 부분도 가지고 있기 때문에 우리의 생각에는 비슷한 부분이 매우 많다. 이러한 점에서 볼 때 한 집단에는 개성의 차가 뚜렷한 구성원이 반드시 필요하다. 이로써 색다른 의견을 들을 수 있기 때문이다.

고정불변한 사고는 사람을 침체되게 한다. 성공을 하고 다른 사람과 달라지고 싶다면 반드시 역방향 사고를 배워야 한다. 다른 사람이 생각하지 못하는 점을 생각할 수 있는 것이야말로 진정한 능력이다. 다른 사람이 만든 것을 재탕밖에 할 줄 모르는 사람은 평범한 사람에 지나지 않는다. 그러나 용감하게 새로운 것을 창조하고 도전하는 사람은 누군가의 머릿속에 반드시 기억되기 마련이다.

언제 어디서나
자신의 부족한 부분을 보충하라

미국의 유명한 농구선수 찰스 바클리가 말했다.

"대다수의 사람들은 어떻게 해야 남달리 뛰어난 자신의 재능을 펼쳐 보일지 모른다. 그러나 나는 어렸을 때부터 무슨 일이 있어도 반드시 성공하리라 결심했다. 기억하라! 당신이 성공하겠다는 결심만 하면 어느 누구도 당신을 막을 수 없을 것이다."

이 세상에 완전무결한 사람은 없다. 모두들 살다 보면 자신도 모르게 그다지 보기 좋지 못한 부족한 부분을 드러내기 마련이다. 하지만 자신의 부족한 부분을 대하는 태도는 사람에 따라 다르다. 자신의 결점에 대한 타인의 비판을 기꺼이 받아들이는 사람이 있는가 하면, 개의치 않는 사람도 있다. 또 어떤 사람은 결점을 감추려고만 하고 고치지는 않는다.

우리에게 부족한 점이 있다면 그것의 크기나 영향력에 상관없이 우리는 부족한 점을 보완하기 위해 노력해야 한다. 자신의 결점조차 받아들이지 않는 사람은 스스로를 속이는 위선자나 다름없다. 나무통을 만들 때 얼마나 많은 물을 담을 수 있을지 결정하는 것은 가장 짧은 나무판자다. 가장 짧은 나무판자는 필요 없는 부분이 아니라 결정적인 작용을 하는 일부분이다.

나무통의 원리는 우리에게 제때에 자신의 단점을 보완해야 한다는 사실을 가르쳐 준다. 우리는 누구나 장점과 단점을 가지고 있기에 '사람은 저마다 장단점이 있다'라고 이야기하는 것이다. 그리고 이 장점과 단점은 상대적이라고 할 수 있다. 단점을 고치려 노력하면 당신의 나무통은 비로소 더욱 많은 물을 담을 수 있게 된다. 많은 사람이 자신의 결점에 대해 실사구시적인 태도를 갖지 못한다. 또한 자신을 혁신하고 돌파할 용기도 내지 못한다. 반복해 말하는데 자신의 결점조차 인정하지 않는 사람은 자기 자신을 속이는 위선자다. 다른 사람으로부터 배워서 자신을 향상시키는 데 능숙하지 못한 사람은 지혜를 얻는 방법을 모르는 어리석은 사람이다. 우리는 자신의 우세와 장점을 발견하고 발굴하는 데 능해야 하고 이로써 자신의 부족한 부분을 보완해야 한다.

우리의 결점은 우리 몸에 생기는 질병과 마찬가지다. 이미 확실한 진단이 내려졌다면 반드시 모든 방법을 동원해 병의 근원을 제거해야 한다. 그렇지 않으면 결국 고생하는 것은 자기 자신이다. 의사의 풍부한 경험과 선진 의료 기술은 환자의 병소를 찾아내고 병으로 인한 환자의 고통을 줄여 준다. 이처럼 우리도 자신의 부족한 점을 발견하려면 다른 사람과 자신에 대해 겸허한 마음을 가져야 한다.

겸손은 의술이 뛰어난 '의사'나 마찬가지다

리처드슨은 미국의 한 축구팀 일원이다. 사람들은 그가 매우 좋은 직업을 가지고 있다고 생각했다. 그러나 그의 집에는 아이가 두 명이나 있고 부인은 또 셋째를 임신 중이다. 연봉 1만 달러의 수입만으로는 입에 풀칠하기가 어려웠다. 그래서 그는 구단에 연봉을 올려 달라고 요구했지만 거절당했다.

결국 리처드슨은 축구 선수를 그만두고 온 식구와 함께 그의 고향인 사우스캐롤라이나 주로 향했다. 리처드슨은 그곳에서 장사를 하기로 결정했지만 딱히 뾰족한 수가 떠오르지 않았다. 이때 오랜 친구가 함께 패스트푸드점을 하지 않겠냐고 권하여 리처드슨은 즉시 승낙했다. 하지만 매일 고생스럽게 일을 해도 생활은 조금도 넉넉해지지 않았다. 한 달 동안 그는 500달러도 채 벌지 못했다.

그렇지만 리처드슨은 결코 절망하지 않았다. 그는 적극적으로 행동하기로 결심했다. 다른 사람을 찾아가 겸손하게 가르침을 구했고, 모든 기회를 이용해 개선의 가능성을 찾았다. 축구장에서 배운 지식도 이용해 보았다. 그리고 언제나 진심으로 사람을 대하고 식품의 판매

가격도 낮췄다. 얼마 지나지 않아 그의 패스트푸드점은 이익을 거둬들이기 시작했다. 몇 년 후 리처드슨의 가게는 현지에서 유명해졌으며 그 자신도 몇억 달러대의 자산을 쌓았다.

겸손은 일종의 미덕이자 수양이며 사람들의 추앙을 받는 아름다운 품성이다. '대나무는 하늘을 찌를 듯이 솟아 있지만 그 속은 텅 비어 겸허하다'는 말은 대나무의 겸손한 품성을 찬양하고 있다. 대나무가 군자의 상징이기도 했다는 사실을 통해 우리는 고대의 문인들이 겸손을 매우 숭배했음을 알 수 있다.

물론 겸손도 일종의 현실적인 태도이다. 우리는 겸손을 통해 자신의 존재에 대한 문제, 주관과 객관, 이상과 현실을 비교적 분명하게 인식한다. 예를 들어 시험을 볼 때도 겸손한 마음으로 제대로 공부를 해야 좋은 성적을 거둘 수 있다. 겸손의 미덕을 구비한 사람은 자신의 마음을 알아주는 친구를 많이 둔 것과 다름없다. 또한 다른 사람들에게 언제나 환영을 받고 끊임없이 자신을 향상시킨다.

'바다는 모든 시냇물을 받아들일 수 있을 정도로 관대하고 크다海納百川 有容乃大.' 바다의 웅장함은 그 포용력과 겸손에 있다. 사람도 이와 마찬가지로 스스로 겸손해야 자신의 부족한 점을 볼 수 있다. 우리는 자신에게 부족한 점이 있다는 사실을 알고는 있지만 대부분의 경우 이를 발견하지 못하거나 아예 발견하고 싶어 하지 않는다.

겸손은 우리로 하여금 다른 사람의 장점을 더 많이 발견하게 만든다. 그와 동시에 자신을 비추어 보고, 다른 사람의 장점을 자신과 대조해 자신의 결점을 남김없이 드러나게 한다. 이를 통해 사람들은 자신의 부족한 점을 깨닫고 마음속에 목표를 세우게 된다. 다른 사람의 장점은 당신이 발전할 수 있는 계단과 같다. 그것을 밟으면 당신은 더욱 빨리 발전할 수 있다. 그러므로 다른 사람의 장점을 발견하고 자신의 단점을 개선해야 더욱 완벽한 사람이 될 수 있다고 이야기하는 것이다. 만약 자신의 장점만 보고 다른 사람의 장점은 보지 못하는 사람이 있다면, 그러한 사람은 문제를 처리할 때 자기중심적이 되기 쉽다.

별로 좋아하지 않는 사람을 대할 때도 심리적인 장애물을 극복하고 세심하게 그의 장점을 발견하는 것, 그리고 이를 자신에게 유리하게 전환하는 것, 이것이 바로 지혜로운 사람의 태도다. 일반적으로 우리가 좋아하지 않는 사람은 우리에게 부족한 품성을 가지고 있다. 그들의 장점이 바로 당신에게 부족한 점이다. 장점을 취하고 단점을 보충해야 한 발짝 앞으로 나아갈 수 있다. 지혜로운 사람은 서로 다른 관점을 동시에 받아들인 다음 그것을 이용할 줄 안다.

어느 병원의 정형외과에 두 의사가 있었다. 한 사람은 곧 정년을 맞이하는, 경험이 풍부하며 의술이 매우 뛰어난 마이크 선생이었다. 다른 한 사람은 고학력의 젊은 의사, 의료계의 떠오르는 신예 벤 선생이었다. 마이크 선생은 젊은 벤 선생에게 완곡한 비평을 하곤 했는데 이는 정상적인 것이었다. 같은 업계에서는 때로 겉으로는 미워하는 듯 보이면서도 마음속으로는 응원을 보내는 경우가 꽤 있다.

병원은 진료 안내를 할 때 의사들의 실제 경력에 맞춰서 증상이 비교적 가벼운 환자는 벤 선생에게, 비교적 심각한 환자는 마이크 선생에게 진찰을 받게 했다.

시간이 흐르자 벤 선생에게 진찰을 받는 환자의 비율이 눈에 띄게 늘어났다. 처음에 마이크 선생은 속으로 기뻐하며 생각했다.

'작은 병을 잘 고치면 괜히 길게 끌어 큰 병이 될 일이 없지. 그렇게 되면 환자도 줄고 나는 편해지니 여간 좋은 일이 아닐 수 없군.'

그러던 어느 날 마이크 선생은 병이 위중한 몇몇 환자가 접수를 할 때 굳이 벤 선생에게 진찰을 받겠다고 고집하는 모습을 보았다. 그는 아무리 생각해도 도저히 상황이 이해되지 않았다.

도대체 왜? 마이크 선생은 스스로 물었다.

'왜 다들 나에게 진찰을 받으러 오지 않는 거지? 내 실력이 부족하다고 생각하는 건가? 아냐, 말도 안 돼! 얼마 전에 학술회에서 상도 받은 몸인데. 그럼 도대체 어찌 된 영문이지?'

마음속의 의문을 해소하기 위해 마이크 선생은 조사를 진행했다. 초진을 접수할 때는 아무런 문제가 발견되지 않았다. 그런데 재진을 접수할 때를 보니 원래 마이크 선생이 맡았던 환자 중 다수가 벤 선생에게 가 있었다.

진찰을 할 때 벤 선생은 경험이 풍부하지는 않지만, 매우 세심하고 천천히 이것저것 생각하는 스타일이었다. 그리고 환자와 많은 소통을 나누었다. 증상에 대한 이해도 비교적 깊은 편이었다. 또한 벤 선생은 젊고 쾌활한 성격이어서 환자들에게 매우 친절한 인상을 주었다. 그는 환자들에게 힘을 내라고 격려하며 말했다.

"걱정하지 마세요. 금방 좋아지실 거예요."

때문에 환자들이 다시 병원을 오게 되면 반드시 벤 선생을 찾은 것이다. 게다가 벤 선생의 진찰을 받으려면 오래 기다려야 했는데 그동안 환자들은 대기실에서 서로의 병에 대한 이야기를 나누었다. 병원에 처음 와서 익숙하지 않은 환자들은 다른 환자들의 이야기를 듣고 우선 벤 선생을 선택했다.

마이크 선생의 상황은 이와 정반대였다. 경험이 풍부한 그는 진찰 속도도 빨랐고, 스스로 문제가 무엇인지 잘 알고 있었기 때문에 환자들에게 말을 많이 할 필요가 없었다. 그는 표정도 차가워서 동정심이 부족한 듯 보였다. 마치 환자들의 고통에 점점 마비된 것 같았다. 마이크 선생은 분명 최선을 다해 진찰을 했지만 환자들은 그에게 진실한 마음이 없다고 생각했다. 자초지종을 알게 된 마이크 선생은 매우 놀랐다.

사실 경험이 풍부하고 실력이 뛰어난 전문가들은 마이크 선생과 비슷한 상황에 처하기 쉽다. 일부러 거만한 태도를 취한 것이 아닌데도 사람들과 요원한 거리감이 생겨 버린다.

다행히도 환자들은 마이크 선생이 변했다는 사실을 발견하게 되었다. 마이크 선생은 더 이상 근엄하기만 한 의사가 아니라 다정하고 다른 사람에게 관심을 갖는 사람이 되었다. 마이크 선생과 벤 선생의 관계가 더욱 좋아졌음은 물론이다.

겸손은 근성을 배양하는 데 결코 없어서는 안 될 부분이다. 겸손을 이해하지 못하는 사람은 결코 근성 있는 사람이 될 수 없다. 자신의 부족함을 아는 사람만이 한 걸음 앞으로 나아갈 수 있고, 근성과 매력이 가득한 사람으로 변화될 수 있다.

🔆 하버드 근성 배우기

완벽한 자신을 만드는 것은 단번에 이루어지는 일이 아니다. 우리의 일상생활에 전반적으로 필요한 하나의 과정으로서 사소한 부분 하나하나가 모두 우리가 배우고 전진해야 할 목표다. 손이 닿는 대로 사무실 책상을 정리하거나 매일 책을 몇 장씩 읽는 것 같은 사소한 일도 조금씩 누적되면 매우 큰 변화를 가져온다.

어쩌면 당신의 변화는 일정한 기간 내에 효과를 보지 못하거나 조금 불편하다고 생각될지도 모른다. 그러나 끈기를 가지고 계속하면 원하는 효과를 얻을 수 있다.

자신을 변화시키기 위해서는 주도적으로 나서야 한다. 긍정적인 생각이 있어야 사람은 비로소 나태한 습성을 버리게 된다. 긍정적인 태도는 우리가 생각지도 못했던 행운을 가져다준다. 긍정적인 인생은 빛으로 가득하고 당신은 충만한 자신감을 가질 것이다. 때문에 우리는 반드시 잠재의식을 긍정적인 생각으로 가득 채워야 한다. 그리고 어떤 상황에서든지 자아를 초월하려는 시도를 해야 한다.

사람들은 평생 상당히 많은 포부를 품고 살아가지만 종종 이를 이루려는 착실한 노력은 하지 않는다. 비록 '천 리 길도 한 걸음부터' 같은 격언을 충분히 알고는 있지만 이를 매일 지키지는 못한다. 이것이 우리가 매일 조금씩 변화를 유지해야 하는 본질적인 원인이다. 매일 조금씩 변화시키는 일은 간단하지만 시종일관 유지하고 흔들리지 않기란 매우 어렵다. 또한 성공을 하기 위해서는 반드시 오랜 기간 노력을 계속해야 한다. 매일 계속되는 사소한 일은 변화라고 할 수 없을지도 모르지만 '티끌 모아 태산'이라는 말처럼 언젠가는 변하게 된다. 이러한 변화는 가치관, 목표 등의 방면에 있어서의 변화가 아니라 일을 하는 습관, 방식, 기교, 개념 인식 등의 방면에 있어서의 변화다.

생활이 지속될수록 변화도 진행된다. 우리는 자신의 부족한 점을 보완하는 것을 생활의 일부분으로 만들어야 한다. 사실 삶이란 바로 그런 것이다. 세상이 변화되고 있으면 우리도 끊임없이 변화되어야 한다. 그러므로 끊임없이 자신을 변화시키는 일은 개인의 발전에 필요한 과정이다.

언제, 어디서 무슨 일을 하든지 간에 자신의 부족한 점을 보완하는 일은 우리에게 있어서 필수과목이다. 끊임없이 진보하려는 마음만 있으면 당신은 지금보다 더 완벽한 미래를 기대할 수 있다. 그러니 자신을 바꾸는 일부터 시작하자.

세상은 전진하고, 모두들 변화하고 있다. 다른 사람보다 뒤떨어지고 싶은 사람은 없다. 자신이 더욱 완벽해지기를 바라지 않는 사람도 없다. 단지 많은 사람이 다양한 이유로 늘 자신의 부족한 점을 반복할 뿐이다. 하지만 더러워진 바지를 계속해서 입다 보면 언젠가 꼭 빨아야 할 날이 오는 법이다.

진보가 어려운 일이라고 생각하지 마라. 당신이 어제보다 오늘 조금 더 나아지고, 내일은 오늘보다 조금 더 나아지면 언젠가 자신도 모르는 사이에 당신의 근성이 예전과 완전히 달라졌다는 사실을 발견할 수 있을 것이다. 이는 어쩌면 긴 과정일 수도 있지만 당신이 노력만 한다면 언젠가 성공할 수 있다.

그러나 급히 서두른다면 당신은 평생 근성을 갖추지 못할 것이다. 그러므로 매일 조금씩 진보해서 당신만의 독특한 근성을 천천히 완성하도록 하자.

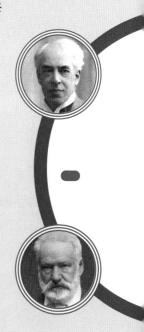

삶의 철학이 되는 한 줄 인문학

열정적이고 세심한 태도로 일하지 않는 사람은
비록 재능이 있다 하더라도
겉모습은 그럴듯하더라도
아무 쓸모없는 장식물이 되고 만다.
콘스탄틴 스타니슬랍스키

가능한 한 실수를 적게 저지르는 것,
이것이 사람이 따라야 할 규칙이다.
실수를 저지르지 않는다는 생각은
천사의 몽상에 불과하다.
세상의 모든 존재는 실수를 피할 수 없다.
실수는 지구의 인력과도 같은 것이다.
빅토르 위고

가장 멋진 사람은

실수를 저지른 적이 있는 사람이다.

사람은 종종 사소한 결점을 가지고 있기 때문에

훗날 더 나은 사람이 될 수 있다.

윌리엄 셰익스피어

모든 사람은 성실하게 말할 수 있지만

조리 있고 현명하고 적절하게

말할 수 있는 사람은 별로 없다.

미셸 몽테뉴

성공을 하기 위해서는

주도면밀하게 생각해서 결정한 다음

행동에 옮겨야 한다.

일단 하기로 결정한 일은 끝까지 완수하고

실패를 두려워하지 마라.

앤드루 헤이우드

CHAPTER 3

당당한 자신감

당당한 자신감

드넓은 세상에 비하면 사람들은 상대적으로 모두 미미한 존재다. 그렇다면 이렇게 작은 존재인 사람이 우뚝 일어서기 위해서는 어떻게 해야 할까? 빌 게이츠, 스티브 잡스는 어떻게 세상을 정복한 것일까? 그들이 보인 용기, 예기, 열정은 '대담'이라는 단어로 포괄할 수 있다. 마찬가지로 하버드 대학은 어떻게 세계 일류의 대학이 될 수 있었을까? 이는 하버드 사람들의 대담함과 떼어 놓고 생각할 수 없다. 한 가지 예를 들어 보자.

2008년 9월에 하버드 대학은 30년간 진행해 온 조기 입학 제도를 취소했다. 그 이유는 더욱 개방적이고 관용적인 태도로 가난한 학생이나 소수민족 학생들의 입학을 받아들이기 위해서였다. 하버드 대학은 결코 귀족학교가 아니라는 뜻이다. 이는 상식적인 틀을 초월한 대담한 시도이자 대단한 용기이기도 하다. 이러한 점은 전 세계 각국의 대학에서 본받을 만한 가치가 있다.

누군가 당신을
감시하고 있다고 생각하라

존 F. 케네디가 다음과 같이 말한 적이 있다.

"만약 당신에게 지식과 학식이 결여되었다면 이는 구제할 수 있지만, 자신을 더욱 향상시키고 분발하는 태도를 이해하지 못한다면 이는 정말 위험하다."

주위를 보면 매우 소극적이고 나태한 태도로 살아가는 사람이 있다. 명확한 인생관과 가치관이 없을 뿐만 아니라 쉽게 현재의 안일한 상황에 빠진다. 이런 사람은 인생의 각종 타격을 이겨 내지 못하며 용감하게 곤경에서 빠져나와 앞으로 나아가려는 필사적인 노력도 하지 않는다. 어떤 의미에서 그들은 약자라고 할 수 있다. 무엇에든지 쉽게 패배하고 마는 약자 말이다.

자신을 감시하고
분투하기 위해 노력하라

우리는 강자에게서 필사적으로 노력하는 추진력을 볼 수 있다. 또한 그들은 용기를 내어 앞으로 나아가려는 정신과 전진하기 위한 욕망, 만족할 줄 모르는 태도를 가지고 있다. 강자가 결국 성공하게 되는 이유는 그들이 어려움과 역경을 이겨 낼 만큼 충분히 강하기 때문만이 아니다. 시시각각 경계하고 겸손하고 신중한 태도를 유지하며, 한번 마음을 먹으면 흔들리지 않는 정신을 가지고 있기 때문이다. 명성이 높은 기업가가 만약 처음에 자신의 타성을 극복하지 않았다면, 시시각각 자신을 감시하고 경고하며 필사적으로 노력하지 않았다면, 어떻게 잔혹한 경쟁 사회에서 천하를 평정할 수 있었겠는가?

그렇다면 강자의 근성이란 무엇인가? 강자의 근성은 나태하지 않고 자기 자신을 잃지 않는 마음이다. 이는 적극적으로 자신을 향상시키려는 인생관과 가치관을 유지하게 한다. 또한 이러한 정신은 널리 퍼져 나가 일종의 역량과 오래 지속되는 영향력을 형성한다.

젊은 화가가 있었다. 그는 국내외에서 수차례 전시회를 열었고 여러 번 상을 받아 미술계에서 유명했다. 한번은 친구들과의 모임에서 누군가 그에게 물었다.

"자네는 어떻게 그렇게 젊은 나이에 수많은 업적을 이룰 수 있었나?

혹시 든든한 후원자라도 있는 거 아닌가?"

그러자 그는 웃으며 말했다.

"나처럼 별거 아닌 화가한테 무슨 후원자가 있겠는가? 그저 어렸을 때부터 열심히 그림을 배우고, 10여 년간 하루도 빠짐없이 그림을 그린 것밖엔 없네."

이어서 화가는 어린 시절의 에피소드를 들려주었다.

어렸을 때 그는 다양한 분야에 흥미를 가지고 있었다. 그림, 아코디언, 피아노, 농구, 수영, 탁구 등 무엇이든 배웠고 잘했다. 그는 모든 분야에서 최고가 되기 위해 노력했다. 그러나 생각할수록 모든 분야에서 최고가 되는 일은 불가능했다. 이로 인해 마음이 답답하고 의기소침해져 학교 성적도 떨어졌다. 원래 반에서 상위권에 속했었지만 단번에 꼴찌에 가까운 성적으로 떨어졌다.

그의 아버지는 이러한 사실을 알고서도 그를 책망하지 않았다. 어느 날 저녁을 먹은 뒤, 아버지가 작은 깔때기와 땅콩을 가지고 와 탁자에 올려놓고는 그에게 말했다.

"오늘 밤 우리 같이 실험을 해 보자."

아버지는 그에게 두 손으로 깔때기 밑을 받치도록 하고는 땅콩 한 알을 깔때기 속에 집어넣었다. 땅콩은 손쉽게 그의 손안에 떨어졌다. 아버지는 이어서 땅콩 열 몇 알을 깔때기에 집어넣었다. 또 그의 손안에는 땅콩 열 몇 알이 들어왔다. 이번에는 아버지가 두 손 가득 땅콩을 집어서 전부 깔때기에 집어넣었다. 그러자 땅콩은 깔때기 안에 빽빽이

들어찼고, 그의 손에는 한 알도 떨어지지 않았다.

아버지가 그의 의문스러운 표정을 보면서 의미심장하게 말했다.

"이 깔때기는 너에 비할 수 있겠구나. 만약 네가 매일 한 가지 일을 제대로 한다면 분명 매일 조금씩 수확을 얻을 수 있을 거야. 그렇지만 네가 모든 일을 한꺼번에 잘하려고 한다면 분명 아무것도 얻을 수 없을 거란다."

그때부터 화가는 이 실험과 아버지의 말을 줄곧 마음속 깊이 새겼다. 어떤 일을 할 때마다 그는 스스로를 감독하고 한 가지 일에 최선을 다했다.

그가 주위 친구들에게 말했다.

"사실 우리 모두의 인생은 아름다운 옥을 조각하는 과정이라 할 수 있네. 자기가 무엇을 조각하고 싶은지에 따라 얼마든지 그 방법을 선택할 수 있지."

정확한 인생관과 가치관을 확립하라

자이 자이쿠마르는 하버드 경영대학 교수로서, 세계 최초로 온라인 생산 통제 및 분배 시스템을 개발해 명성을 떨치게 된 인물이다. 그는 등산을 좋아했는데 한 번의 등산 경험이 생명에 대한 그의 인식을 완전히 바꾸어 놓았다. 그 경험 이후 그는 시시각각 겸손하고 신중한 학습 태도를 유지하며 자신의 연구와 일에 더욱 충만한 열정과 원동력을 쏟아부었다.

1966년 여름의 일이었다. 자이쿠마르는 친한 친구와 함께 해발 2만 4000피트나 되는 히말라야의 최고봉에 올랐다. 당시 그들은 가파른 산 등성이를 타고 내려오고 있었는데 눈 처마 때문에 아래를 볼 수 없었다. 그래서 눈 처마가 얼마의 중량을 견딜 수 있을지도 알 수 없었다. 자이쿠마르가 걸음을 내딛으려는 순간 눈 처마가 그들의 발밑에서 갈라졌다. 이에 그와 친구는 본능적으로 가파른 비탈로 뛰어올랐다.

지형이 예사롭지 않게 험준했기 때문에 자이쿠마르는 시속 60마일의 속도로 멈추지 않고 계속 미끄러져 내려갔다. 그는 자신의 속도를 전혀 컨트롤할 수 없었다. 미끄러져 내려가면서 지면과의 마찰 때문에 그의 등산복은 타서 눌어붙었고 몸에도 상처를 입었다. 경사면을 따라 1.5마일을 미끄러져 내려왔을 때 그는 간신히 움직임을 멈출 수 있었다. 친구는 이미 사망한 상태였다. 두려움과 공포가 그를 거의 마비시켜 자이쿠마르는 제정신이 아니었다. 그러나 얼어 죽지 않으려고 그는 필사적으로 마지막 남은 힘을 쥐어짜 작은 마을을 향해 전진하기 시작했다. 마을에 도착하자마자 그는 기절했고, 마을 사람들의 도움을 받아 간신히 위험에서 벗어날 수 있었다.

자이쿠마르는 평생 그때의 경험을 잊지 못했다. 그는 생명의 연약함과 의지력의 역량을 깨닫게 되었다. 목숨을 잃은 친구와 그를 도와준 마을 사람들은 그에게 경종을 울렸고, 인생관을 바꾸어 놓았다. 그는 자신의 삶이나 상황이 아무리 엉망이라 해도 삶을 즐기고 찬미하는 법을 기억하자고 시시각각 다짐했다.

헨리는 어릴 때부터 운동을 매우 좋아했다. 그는 열여섯 살 때 야구공을 찌부러뜨릴 정도로 빠른 공을 던질 수 있었다. 그의 투구 속도는 시속 90마일이나 되었고, 축구장에서 움직이는 물건을 맞힐 수도 있었다. 헨리의 고등학교 코치는 그가 장래에 뛰어난 운동선수가 될 것이라 꿰뚫어 보고는, 그에게 자기 자신을 믿으라고 이야기했다. 그는 헨리에게 꿈과 충분한 자신감만 있으면 인생을 바꿀 수 있다고 말했다.

헨리가 상급 학년으로 진급하던 해 여름 한 친구가 그에게 여름방학 동안 아르바이트를 하자고 권했다. 헨리는 매우 기뻤다. 아르바이트를 하면 생활비에 보탬이 되기 때문이었다. 게다가 좀 더 노력한다면 새 자전거와 옷을 살 수 있고 여자 친구와 데이트를 즐길 수도 있었다. 여름방학 동안의 아르바이트는 헨리에게 매우 매력적인 일이었기 때문에 흔쾌히 승낙했다. 하지만 아르바이트를 하게 되면 여름방학 동안은 야구 연습을 포기해야 했다. 그가 자신의 생각을 이야기하자 코치는 매우 화를 냈다.

그는 헨리를 엄하게 꾸짖으며 말했다.

"넌 앞으로 평생 동안 일을 하고 돈을 벌 수 있지만 야구 훈련은 이번 한 번뿐이다. 그런데도 정말 아르바이트를 하러 가고 싶으냐?"

코치 앞에서 고개를 숙이고 서 있던 헨리는 자신의 생각을 그에게 이해시키고 싶었다. 그러나 헨리가 입을 열기도 전에 코치가 물었다.

"그 아르바이트를 하면 얼마나 벌 수 있니?"

헨리는 대답했다.

"시간당 3달러 25센트요."

"그렇다면 네 꿈이 3달러 25센트보다 가치가 없단 말이냐?"

이 말에 헨리는 정신이 번쩍 들었다.

'그렇다. 야구는 나의 꿈이다. 아마도 평생 동안 키워 나갈 나의 사업이다. 만약 새 자전거 때문에 혹은 새 옷 몇 벌 때문에 꿈을 향해 나아가는 길을 저버린다면 얼마나 어리석은 일인가?'

그해 여름방학 헨리는 온몸과 마음을 야구 훈련에 쏟아부었다. 그리고 같은 해 피츠버그 파이어리츠의 팀원으로 뽑혀 2만 달러에 달하는 계약을 따냈다. 후에 그는 애리조나 주립대학교에서 장학금을 받아 계속 공부할 기회도 얻었다. 노력을 게을리하지 않은 그는 이어 1984년에는 미식축구팀인 덴버 브롱코스와 170만 달러의 계약을 맺었다. 그는 어머니를 위해 집을 한 채 마련했고, 인생의 가치를 실현했다.

사람은 두뇌를 항상 맑게 유지해야 한다. 목표를 이루기 위해 노력하는 과정에서 우리는 다양한 영향을 받을 수 있다. 그중에는 이런저런 유혹도 포함된다. 이때 당신은 스스로 훈계하고, 방관자의 각도에서 자신을 자세히 관찰하며 감독해야 한다. 그래야만 목표를 향한 결심이 어떠한 간섭에도 속박되지 않을 수 있고, 결국 원하는 바를 달성할 수 있다.

하버드 근성 배우기

실패자의 공통점은 자신에게 너무 관대하다는 것이다. 공부나 일을 할 때 그들은 100퍼센트의 노력을 하지 않는다. 또한 100퍼센트의 결심을 하지도 않는다. 그들은 인생이라는 책의 서문은 그럴듯하게 쓰지만, 풍부한 인생 경험으로 책의 내용을 충실하게 채우지는 못한다. 최후의 순간에 그들은 결국 아무것도 이룬 것이 없다.

사람들은 종종 성공한 사람들이 얼마나 운이 좋은지, 얼마나 능력이 대단한지 감탄한다. 그러나 성공한 사람과 실패한 사람의 가장 큰 차이점은 평생 한 가지 일에 집중하고 필사적으로 노력하는 정신에 달려 있다는 사실은 깨닫지 못한다. 마음속에 목표가 있을 때 당신은 나아갈 방향을 찾을 수 있다.

하지만 때로는 당신의 인생이 어떠한 방향으로 나아가야 할지 알고 있어도 제자리에서 꿈쩍하지 않는 길을 선택하기도 한다. 그렇게 되면 당신의 인생 방향이 정확하여 당신에게 거대한 이익과 수확을 가져다준다고 해도 결국에는 아무것도 얻지 못한다.

프랑스의 브랜디는 유구한 역사를 가지고 있는 술이다. 그러나 1950년대까지 브랜디는 미국 시장에 진출할 수가 없었다. 1957년 당시 미국의 대통령 드와이트 아이젠하워가 67세 생일을 맞이했을 때, 프랑스의 상인은 완벽한 계획을 꾸몄다. 먼저 그는 미국의 관련 인사들에게 편지를 보내 프랑스 국민들이 미국 대통령에게 우호의 뜻으로 67년 된 브랜디 두 통을 축하 선물로 보내고 싶어 한다고 이야기했다. 두 통의 브랜디는 특별기를 통해 프랑스에서 미국으로 운송되었다. 브랜디 회사는 거액의 보험금을 지불하고 성대한 의식을 거행했다.

미국의 신문 업계는 이러한 뉴스를 대중에게 발표했다. 두 통의 브랜디가 미국에 도착하기도 전에 미국인들은 벌써부터 브랜디를 매우 마셔 보고 싶어 했다. 브랜디가 워싱턴에 도착해 성대한 의식이 열리자 미국 시민들이 그곳에 모여들어 전에 없는 성황을 이루었다. 동시에 신문 업계는 이러한 장면을 널리 알렸다. 아이젠하워 대통령은 브랜디를 시음해 보고는 칭찬을 아끼지 않았다. 이렇게 해서 브랜디는 단번에 미국 시장을 점령하게 되었으며, 프랑스의 상인들은 원하던 바를 이루었다.

위의 이야기를 통해 우리는 프랑스 상인들의 지혜와 책략에 감탄을 하지 않을 수 없다. 동시에 어떤 일을 하든지 그저 공상만 하고 있으면 아무것도 이룰 수 없다는 사실도 알게 되었다. 행동으로 옮겨야만 성공의 기회도 있는 법이다.

그러므로 아무 성과도 이루지 못하는 상황이 발생하는 것을 방지하려면 시시각각 자신을 계속 경계하고 감독해서 스스로의 타성을 극복해야 한다. 굳세고 용감하게 자신의 인생을 경영하면 당신은 분명 강자가 될 수 있을 것이다.

STEP 1 타성의 포로가 되어서는 안 된다

타성은 근성을 방해하는 가장 큰 적수라고 볼 수 있다. 사람에게 타성이 생기면 출발도 못한 채 스타트라인에서 져 버리게 된다. 타성은 사람을 소극적이고 나태하게 만든다. 이는 평소에는 큰 영향력이나 위해를 끼치는 것으로 보이지 않지만, 사람이 나이가 들어감에 따라 점점 골수에 스며들게 되고 우리의 몸과 영혼에 들어와 제거하기 힘든 종양 같은 존재로 변해 간다.

STEP 2 마음속의 꿈을 잊지 마라

어떤 사람에게 있어서 목표는 앞길을 환히 밝혀 주는 등불이다. 그들은 마음속에 줄곧 자신의 꿈을 새기며 조금도 흔들리지 않고 그 목표를 향해 나아간다. 그들은 사소한 성취를 이루었다고 해서 해이해지지 않으며, 좌절과 고난을 겪었다고 해서 위축되지 않는다. 그들에게는 꿈에 대한 고집과 삶에 대한 희망과 동경이 있기 때문이다. 이러한 정신과 신념은 그들을 성공의 길로 이끄는 데 필요한 요소이자 다른 사람을 매료시키는 근성이 된다.

STEP 3 자기 자신을 감시하라

안일한 생활환경 속에서도 자신에 대한 요구를 늦추지 않은 채 엄격하고 열심히 일을 하는 사람들이 많이 있다. 그들은 문제가 생기면 맑은 정신 상태를 유지하며 냉정하게 분석하고 문제를 해결하는 데 전력을 기울인다. 이러한 사람들은 자신의 업무 경험과 문제 해결 능력을 향상시킬 뿐만 아니라 더욱 자율적이고 확고한 사람이 될 수 있다.

자신감 없는 말을
사용하지 마라

프랑스의 저명한 작가 로제 마르탱 뒤 가르는 다음과 같이 말했다.

"내 역량의 진정한 원천은 깊이 숨겨진, 영원히 변하지 않는 미래에 대한 자신감이다. 심지어 이는 단순한 자신감이 아닌 일종의 확신이다."

자신감은 남다른 근성이자 삶과 일을 대하는 적극적인 태도다. 자신감이 있는 사람의 삶에는 희망이 가득하다. 어려움이나 좌절을 당해도 '나는 할 수 있다. 반드시 극복할 수 있다'는 태도를 유지하고 항상 긍정적인 말로 자신을 격려한다. 비록 뜻을 이루지 못해 좌절과 고통스러운 상황이 계속되더라도 여전히 자신이 잘해 낼 수 있다는 사실을 굳게 믿는다.

자신감은 강자의 근성이다

주위를 둘러보면 자신감이 결핍된 사람이 많이 있다. 그들은 자신의 삶과 일 모두를 비관적으로 대하고 자기 능력에 자주 의문을 품는다. 이로 인해 어떤 일을 할 때 온몸과 마음을 쏟지 못하여 성공할 확률은 크게 낮아지게 된다. 자신감이 부족한 사람들은 자신감이 결여된 말을 빈번하게 사용한다. 예를 들어 "나는 분명 안 될 거야" "이건 내게 너무 어려워" "난 못해" "난 분명 실패할 거야" 등이다. 모두들 한번 곰곰이 생각해 보자. 만약 성공한 사람들이 하루 종일 소극적이고 비관적인 말만 사용했다면 과연 그들은 성공을 할 수 있었을까?

데이비드 브라운, 하버드 대학교에서는 그를 모르는 사람이 없다. 그는 하버드 대학에서 존경과 사랑을 받는 유명 인사이다.

브라운은 할리우드의 20세기 폭스 사에서 두 번째로 중요한 인물이다. 그는 전에 〈클레오파트라〉를 찍은 적이 있었는데 흥행에는 성공하지 못했다. 결국 회사의 대대적인 감원 정책에 내몰려 일자리를 잃었다.

브라운이 미국에서 성공한 영화 제작자이기는 하지만 그는 세 군데의 회사로부터 해고를 당했다. 첫 번째는 뉴욕의 뉴 아메리칸 라이브러리에서 부회장으로 일할 때였는데 다른 사람과 의견이 맞지 않는다는 이유로 해고당했다.

브라운은 그 후 캘리포니아 주에 가서 20세기 폭스 사에 들어가 6년간 고위 관리자로 일했다. 그러나 이사회는 그가 촬영하려 하는 몇 편의 영화를 마음에 들어 하지 않았고, 브라운 자신도 회사를 위한 어떠한 공헌을 세우지 못했다. 그래서 그는 또 해고당했다.

몇 번이나 해고를 당하자 브라운은 자신의 업무방식과 사고방식을 자세히 검토하기 시작했다. 그는 대기업에서 일을 할 때 줄곧 대담하게 자신의 생각과 건의를 제안했고, 모험과 자신의 직관에 의한 결정을 좋아했다. 그렇지만 이는 회사의 주인이 갖추어야 할 풍모였다. 많은 사람들은 이 때문에 브라운과 함께 일하는 것을 싫어했다. 자신의 실패 원인을 찾은 후, 종전의 일 처리 방식을 근본적으로 바꿀 수 없다고 생각한 그는 독립을 하기로 결정했다. 이어 브라운은 자신이 찍고 싶은 영화를 자신의 생각과 방법에 따라 찍었다. 그는 스스로 다짐했다.

"나는 할 수 있어. 모두에게 보여 줄 거야."

그리고 그가 제작한 〈죠스Jaws〉, 〈심판The Verdict〉, 〈코쿤Cocoon〉 등은 막대한 성공을 거두었다.

우리는 브라운의 경험을 통해 그가 천부적인 기업가이며 대단한 잠재력을 가진 사람이었다는 사실을 알 수 있다. 그는 여러 차례 해고를 당했지만 자신만의 방향을 찾았고 성공할 것을 굳게 믿었다. 그는 다른 사람과 함께 일할 수 없다면 자신만의 사업을 일으키면 된다고 생각했다. "나는 할 수 있다"는 믿음은 그의 성공을 뒷받침해 주었다. 브라운의 성공은 하버드의 정신과도 일맥상통한다.

'신은 좌절을 할수록 용감하게 맞서는 사람을 편애한다. 그리고 운명은 시련을 견디어 낼 수 있는 사람을 특별히 사랑한다.'

미국의 저명한 작가 어니스트 헤밍웨이는 『노인과 바다』에서 인간은 싸움에 패배할 수는 있지만 소멸하지는 않는다고 이야기했다. 그러므로 인간에게는 끊임없는 자아 격려와 자신감 수립이 필요하다. 일시적인 좌절이나 실패로 자신의 일생을 곤경으로 몰아넣어서는 안 된다. "나는 분명 안 될 거야" "이건 너무 어려워" "난 할 수 없어" "분명 실패할 거야" 등의 말은 도전을 거부하는 약자의 생각을 뒷받침하는 핑계에 지나지 않는다. 성공한 사람들의 대단한 점은 몇 번을 넘어져도 자신감을 갖고 실패로부터 다시 일어난다는 것이다. 높은 곳에 오를수록 그 인생은 더욱 화려하게 펼쳐진다. 브라운처럼 아무리 큰 좌절을 겪어도 자신의 능력에 의심을 품지 않고, 자신감을 잃지 않고 다시 일어선다. 그리고 실력과 자신감으로 성공과 영광을 창조한다.

우리의 투지를 불러일으키는 적극적인 말

어느 날 잭이라는 이름의 청년이 매우 낙담한 채 강가에 서 있었다. 그날은 그의 서른 번째 생일이었다. 그러나 그는 무엇 하나 제대로 이룬 일이 없었기에 더 이상 살아갈 원동력이 없다고 느꼈다.

고아였던 잭은 고아원에서 자랐다. 그는 몸집이 왜소한 데다 특별히 잘생기지도 않았고, 시골 사투리가 짙게 묻어 나오는 억양을 가지고 있었다. 그는 종종 다른 사람들의 비웃음을 샀으며 이에 줄곧 열등감을 느꼈다. 어른이 되어서는 용모가 평범하고 능력도 없었기 때문에 제대로 된 일자리를 찾지 못하고 자립하지 못한 상태로 있었다.

잭이 생과 사의 갈림길을 배회하고 있을 때, 고아원에서 함께 자란 친구가 신바람이 나서 뛰어오며 그에게 말했다.

"잭, 엄청난 사실을 한 가지 알려 줄게. 이 소식을 들으면 분명히 기뻐할 거야."

잭은 우울한 얼굴로 말했다.

"나한테 좋은 소식이 있을 리가 없어. 난 정말 무능한 사람이거든."

하지만 친구는 진지하게 말했다.

"정말이야. 방금 라디오에서 한 가지 소식을 들었는데, 너 나폴레옹 알지? 그 나폴레옹이 손자를 잃어버렸는데 그가 묘사한 손자의 외모 특징이 너랑 완전히 똑같아. 혹시 네 말투나 생김새, 특징이 나폴레옹과 비슷하다고 생각한 적 없니?"

친구의 말을 들은 잭은 깜짝 놀라 말했다.

"정말이야? 내가 정말 그 천만 대군을 거느린 영웅의 손자라고? 어쩐지 나와 나폴레옹이 닮은 점이 많다고 생각했어."

잭은 단번에 기분이 고조되었다. 자신의 할아버지가 대단한 패기를 가지고 성공을 이룬 인물이라는 사실을 생각할 때마다 그는 온몸에 힘이 가득 차오르는 것을 느꼈다. 자신의 서투른 프랑스어 사투리조차도 매우 존귀하고 위엄 있게 들렸다.

그때부터 잭은 자신을 발전시키는 데 노력하기 시작했다. 그는 스스로에게 말했다.

"나는 나폴레옹의 손자야. 난 반드시 성공할 수 있어!"

잭은 훗날 큰 회사의 회장이 되었다. 그러나 자신의 출신에 대해 조사를 해 본 결과 원래 그는 나폴레옹과 아무런 관련이 없음이 밝혀졌다.

잭의 경험을 통해 우리는 자신감이 성공으로 가는 데 중요한 표지가 되며, 자신감을 얻으려면 우선 마음가짐부터 바로잡아야 한다는 사실을 알 수 있다. 당신이 매일 확고하게 스스로 "나는 할 수 있어"라고 말할 때 당신의 몸은 후광으로 휩싸이게 된다. 이러한 후광은 앞으로 나아갈 길을 비춰 준다. 이것이 바로 강자가 나아가야 할, 당신의 근성과 패기를 드러내는 길이다.

하버드 근성 배우기

많은 사람이 "나는 안 돼"라는 말을 입에 달고 산다. 왜 안 된다고 생각하는가? 자신의 능력에 자신감이 없기 때문이다. 그렇다면 왜 자신의 능력에 자신이 없는가? 그것은 실패를 경험한 후 그 충격을 견디지 못하고 실패를 두려워하게 되었기 때문이다. 그래서 어떤 일을 하든지 자신도 모르는 사이에 "이 일은 해낼 수 없다"라고 스스로 암시를 거는 것이다.

자신감이 결여된 말을 빈번하게 사용하는 것은 스스로 부정적인 암시를 거는 일이라는 사실이 증명되었다. 당신이 성공하지 못할 거라고 암시를 걸면 원래 성공할 확률이 50퍼센트였던 일도 0퍼센트에 가까워진다.

STEP 1 부정적인 심리적 암시를 멈춰라

어떤 사람은 힘든 일을 겪으면 처음부터 자포자기하고 모든 일에 자신감을 잃는다. 자신이 실패하리라고 암시를 거는 것은 자신의 인생을 끝내는 일과 같다. 부정적인 심리적 암시는 충분히 한 사람을 무너뜨릴 수 있다. 심리 상태를 변화시키려면 지금부터라도 부정적인 심리적 암시를 멈춰야 한다. 만약 당장 자신을 격려할 수 없다면 일체의 사심과 잡념을 버리고 현재의 일에 전념하라. 결과에 대해서는 생각하지 말고 현재 일이 돌아가는 상황에만 집중하도록 한다.

당신이 이를 실천하면 당신의 몸은 자연스레 빛을 발하게 된다. 이러한 빛에는 따스함과 긍정성, 자신감이 넘친다. 그리고 당신의 근성을 몇 배로 늘려 준다.

STEP 2 모든 시간을 행동하는 데 사용하라

당신이 매일 자신을 지식으로 충실하게 채우고 행동으로 단련할 때,

당신의 근성은 이미 조금씩 형성되고 있다. 사회생활을 할 때도 더욱 자신감을 갖게 된다. 전에 입에 달고 살던 부정적인 말들은 철저히 당신의 사전 속에서 사라진다. 남은 것은 자신감, 긍정, 낙관, 노력과 같이 당신이 매일 진보하는 데 도움이 되는 격려의 말이다.

STEP 3 타인의 경험을 거울로 삼아라

사실 주위를 둘러보면 좋은 스승이자 유익한 친구가 될 수 있는 사람이 많이 있다. 그들로부터 우리는 자신의 부족함을 더욱 확실하게 인식할 수 있고, 자신감을 수립하는 것이 얼마나 중요한지 더욱 깊이 체험할 수 있다. 타인의 경험을 거울삼아 배우고 실천하면 완전히 다른 깨달음을 얻고 조금씩 앞으로 나아갈 수 있다.

결정한 일을
쉽게 번복하지 마라

하버드 사람들은 다음과 같은 말을 매우 좋아한다.

"당신이 환경을 바꿀 수 없다면 자기 자신을 바꿔라. 사실은 바꿀 수 없지만 태도는 바꿀 수 있다. 과거는 바꿀 수 없지만 현재는 바꿀 수 있다. 타인은 통제할 수 없지만 자신은 관리할 수 있다. 내일은 예지할 수 없지만 오늘은 장악할 수 있다. 모든 일이 순조로울 수는 없지만 모든 일에 최선을 다할 수는 있다. 삶을 연장할 수는 없지만 삶의 질은 결정할 수 있다."

인생이 나아가는 방향에 영향을 주는 요소는 많다. 그중에서도 관건이 되는 것은 당신의 선택이다. 당신이 한 가지 목표를 정한 다음 용감하고 고집스럽게 목표를 향해 전진하면 내일을 장악할 수 있고, 더 나아가 삶을 지배할 수 있다. 우유부단한 태도로 우물쭈물할수록 비관적이고 의기소침한 근성이 더욱 드러나게 된다.

처음의 생각을 굳게 사수하라

우리는 텔레비전에서 성공한 사람이 강연하는 것을 볼 때 종종 그 사람에게서 드러나는 근성에 전염된다. 이는 결코 그 사람의 사회적 지위가 높아서가 아니라 그들에게서 보통 사람과 다른 인생을 볼 수 있기 때문이다. 동서고금을 막론하고 성공한 사람의 경험을 살펴보면 우리는 그들이 어떤 결정을 할 때 다양한 방해를 받았다는 사실을 알 수 있다. 이러한 방해는 그들의 가정에서 혹은 집단의 구성원에게서 오기도 하지만, 그들은 의연히 자신의 처음 생각을 끝까지 지켜 나간다. 그리고 그들의 결정이 정확했음은 사실로 증명된다.

수많은 사실은 우리에게 말해 준다. 만약 성공한 사람들이 처음의 결정을 번복했다면 이는 성공할 기회를 상실한 것과 마찬가지다. 아마도 일생의 유일한 기회를 상실한 것이라고 말할 수 있다. 하지만 그들은 포기하지 않았기 때문에 성공했다. 자신의 결정을 용감하게 고수하는 것은 현명한 사람의 근성이다.

비즈니스계의 명사가 하버드 대학교 강연회에서 자신이 겪은 일을 회상하며 말했다.

초등학교 6학년 때 시험에서 일등을 하자 선생님은 나에게 상으로 세계지도를 주었다. 나는 너무나 기뻐서 집에 돌아오자마자 세계지도를 보기 시작했다. 그날은 내가 가족들의 목욕물을 데울 차례였기 때문에 물을 데우면서 지도를 보고 있었다. 이집트의 지도를 보면서 나는 피라미드, 클레오파트라, 나일 강, 파라오를 상상했다. 그리고 마음속으로 앞으로 기회가 주어진다면 반드시 이집트에 가서 직접 그 신비함을 느끼리라 다짐했다.

정신없이 지도를 보고 있는데 아버지가 수건 한 장을 걸친 채 갑자기 욕실에서 나오더니 매섭게 나를 꾸짖었다.

"뭐하는 거냐?"

"지도를 보고 있었어요."

내 대답에 아버지는 말했다.

"불이 꺼져서 목욕물이 다 식어 버렸다. 어째 일을 그렇게 한 거냐?"

그러고는 내 따귀를 두 대 때리더니 연이어 발로 차면서 말했다.

"너는 평생 그렇게 먼 곳에 가지 못할 거다. 빨리 불이나 다시 피워!"

당황하여 어리둥절해진 나는 속으로 생각했다.

'아버지는 어떻게 저리 확신하는 걸까. 설마 평생 이집트에 한 번 못 가보겠어? 나는 믿지 않을 거야.'

20년 후, 나는 정말로 이집트에 갔다. 왜 이집트에 갔냐고 묻는 친구에게 나는 대답했다.

"예전에 그렇게 하기로 결정했기 때문이지. 당시에 나는 피라미드 앞의 계단에 앉아서 엽서를 한 장 썼어. '친애하는 아버지, 저는 지금

이집트의 피라미드 아래서 엽서를 씁니다. 어렸을 때 아버지가 제 따귀를 때리시면서 넌 영원히 그렇게 먼 곳에는 가지 못할 거라고 하신 걸 아직도 기억하고 있습니다. 그렇지만 저는 지금 이곳에서 아버지께 엽서를 쓰고 있어요.' 엽서를 쓸 때 나는 깊은 감동을 받았어. 만약 누군가 다른 사람의 말이나 의견, 혹은 다른 이유로 자신의 결정을 번복하고 지금까지 좇아온 꿈을 포기한다면 그 인생은 평범하고 보잘것없는 인생이 될 게 분명해. 반대로 자신의 꿈을 고집하고 마음에 신념을 품은 사람은 자신을 끊임없이 초월하고, 차례차례 높은 봉우리에 오를 수 있지. 그러면 성공은 분명 찾아올 거야."

강자의 가장 매력적인 근성은 끝까지 포기하지 않는 것

하버드 대학교를 졸업한 프랭클린 루스벨트는 미국 역사상 위대한 대통령 중 한 사람인 동시에 임기가 가장 길었던 대통령이기도 하다. 하버드 대학교를 졸업한 뒤, 루스벨트는 경선을 통해 뉴욕 주 참의원에 당선되었고 이로써 그의 정치 생애가 시작되었다. 그러나 그는 차가운 호수에 뛰어들어 수영을 하다 소아마비에 걸려서 허리 아래가 불구가 되었다. 그때부터 그는 두 다리로 다시는 걸을 수 없었다.

하지만 부인의 도움과 격려를 받으며 루스벨트는 병마와 맹렬한 싸움을 벌였고, 정치에 대한 의지를 새롭게 불태웠다. 그리하여 다시 정치 무대에 올라 자신의 인생 가치를 실현하기로 결정했다. 루스벨트의 어머니는 다양한 이유로 그에게 정치를 포기하라고 권유했지만 그는 자신의 결정이 옳다고 확신했다.

1924년 6월 민주당 전당대회에서 루스벨트는 휠체어에 앉아 회장에 나타나 사람의 마음을 울리는 연설을 했다. 또한 성공적으로 뉴욕 주지사 스미스를 총선 입후보자로 추천했다. 두 다리가 불구였던 루스벨트는 스미스의 격려 아래 뉴욕 주지사 경선을 시작했다. 그는 차를 타고 돌아다니며 곳곳에서 연설을 했고, 대담하게 공화당원들의 종교적 편견을 질책했다. 비록 두 다리를 쓰지 못했지만 그는 자신감과 강인함, 특유의 매력을 드러내며 성공적으로 당선되었다.

루스벨트의 인생 경험을 통해 우리는 성공을 한 사람이 남달리 똑똑해서 성공을 한 것이 아니라는 사실을 알 수 있다. 아무리 똑똑한 사람이라고 해도 결점은 있기 마련이다. 자신이 추구하는 바를 끝까지 포기하지 않고, 계속되는 어려움을 극복하는 일이야말로 성공에 있어서 가장 관건이 되는 요소이다. 또한 그러한 가운데 드러나는 사람의 근성은 찬란하게 빛나는, 그 무엇과도 바꿀 수 없는 소중한 것이다.

미국의 저명한 여배우 소니아는 어린 시절 캐나다 오타와 교외의 한 농장에서 자랐다. 당시 농장 부근의 초등학교를 다닐 때부터 그녀는 커서 배우가 되겠다는 꿈을 가지고 있었다.

어느 날 그녀가 울면서 집으로 돌아오자 아버지가 무슨 일이냐며 다정하게 물었다. 그녀는 억울한 듯 대답했다.

"우리 반의 어떤 여자애가 나한테 너무 못생겼고 걷는 자세도 보기 흉하대요."

아버지는 딸의 말을 다 듣자 미소를 짓는 얼굴로 그녀를 바라보며 말했다.

"내 머리는 우리 집 천장에 닿는단다."

소니아는 눈물을 닦으면서 아버지가 무슨 소리를 하는지 몰라 물었다.

"그게 무슨 말이에요?"

아버지는 다시 한 번 말했다.

"내 머리는 우리 집 천장에 닿는단다."

소니아는 고개를 들어 천장을 바라보았다. 저렇게 높은 천장에 어떻게 아버지의 머리가 닿는다는 걸까. 그녀는 영문을 알 수 없어 아버지를 바라보았다. 그러자 아버지가 말했다.

"내 말을 못 믿겠지? 그렇다면 그 아이의 말도 믿지 말거라. 왜냐하면 다른 사람의 말이 반드시 사실인 것은 아니거든. 다른 사람이 하는 말을 너무 신경 쓰지 말고 스스로 생각하는 법을 배우렴. 그리고 스스로 하기로 마음먹은 일을 끝까지 해내면 되는 거야."

24살 때 그녀는 이름이 알려진 배우가 되었다.

한 번은 그녀가 어떤 모임에 참석할 준비를 하고 있었다. 그때 매니저가 규모가 큰 활동에 시간을 투자하는 편이 인기를 얻는 데 도움이 된다고 이야기했다. 그렇지만 소니아는 전에 신문을 통해 모임에 참석하겠다고 약속을 했기 때문에 그곳에 참석하겠다고 고집했다.

자신이 정한 일이기 때문에 어떤 일이 있어도 꼭 해야만 했다. 그날은 비가 내렸지만 소니아의 참석으로 광장에 사람들이 모여들기 시작했고, 이후 그녀의 명성과 인기가 이전보다 훨씬 왕성해진 것을 똑똑히 볼 수 있었다.

하버드 근성 배우기

화가가 되고 싶은 사람이 있었다. 그는 인물을 전문적으로 그리는 화가가 되고 싶었다. 그런데 친구 A가 그에게 말했다.

"산수화를 그리는 게 좋아. 요즘 사람들은 집 안에 풍경화를 걸어 놓는 것을 좋아하거든. 그러니 산수화를 그리는 게 전망이 있어."

그는 친구의 말에 일리가 있다고 생각하여 산수화를 배우려 했다. 그런데 친구 B는 그에게 이렇게 말했다.

"동물을 그리는 게 좋지. 말, 양 같은 거 말이야. 쉬베이홍도 살아 있는 것처럼 생생한 말을 그려서 유명해졌잖아?"

그는 친구의 말을 듣자 정말로 동물을 그려야겠다고 마음먹었다. 그러자 친구 C가 말했다.

"요즘 사람들은 모두 추상화를 좋아해. 인물이나 풍경 따위에는 관심도 없어."

친구들의 각기 다른 말에 그는 도대체 어떤 그림을 그려야 할지 결정할 수가 없었다.

그래서 사람은 명확한 목표가 있어야 하고, 자신의 결정을 끝까지 고집하고 실천을 위해 노력해야 방향과 자아를 잃지 않는다고 말하는 것이다.

STEP 1 일을 할 때는 주관적인 의견이 있어야 한다

어떤 사람들이 성공하지 못하는 주된 이유는 그들에게 주관적인 의견이 없기 때문이다. 그들은 시대의 흐름에 휩쓸리기를 좋아하고 자기 자신보다 다른 사람을 믿는다. 그리고 다른 사람의 생각과 의견이 자신의 생각을 지배하게 만든다. 우리는 굳건하지 못하고 흔들거리는, 우유부단한 눈빛을 가진 이들을 볼 수 있다. 이러한 사람은 일을 해도 성공하기 어렵다.

STEP 2 문제를 냉정하게 마주하고 사고하라

『삼국연의』를 보면 누구나 제갈량이 세운 전술을 받아들이지만 그의 대담하고 자신감 넘치는 근성에 주의를 기울이는 사람은 별로 없다. 이러한 근성은 제갈량이 큰일을 앞에 두고 냉정하게 사고하며 분석하고, 정확한 판단을 내리는 과정에서 끊임없이 심화된 것이다. 여기서 볼 수 있듯이 문제를 냉정하게 사고하고 다른 사람의 간섭을 받지 않는

것이 바로 성공으로 가는 첫걸음이다.

어느 날 아인슈타인이 수업 중 모두에게 문제를 냈다.

"굴뚝 청소부 두 명이 동시에 굴뚝을 기어 올라갔습니다. 그중 한 사람은 깨끗했고 다른 한 사람은 온몸이 재투성이였습니다. 그렇다면 그들 중 누가 몸을 씻었을까요?"

한 학생이 대답했다.

"물론 몸이 더러워진 사람이겠지요."

그러자 이인슈타인이 말했다.

"그래요? 그렇다면 모두들 생각해 보세요. 만약 깨끗한 사람이 상대방의 더러워진 모습을 본다면 자기도 굴뚝에서 기어 나왔으니 더러울 거라고 생각하지 않을까요? 그리고 더러워진 사람은 상대방의 깨끗한 모습을 보고 마찬가지로 자기도 깨끗하다고 생각하지 않았을까요?"

이때 한 학생이 기뻐하며 일어났다.

"알겠어요. 깨끗한 청소부가 더러워진 청소부의 모습을 보고 자기도 더러워졌을 거라 생각해서 씻으러 갔어요. 그런데 더러워진 청소부는 자신도 더럽지 않을 거라고 생각해서 씻으러 가지 않았고요."

많은 학생이 그의 의견에 동의했지만 아인슈타인은 오히려 고개를 저었다.

"모두들 한번 생각해 봅시다. 두 사람 모두 굴뚝에서 나왔는데 어떻게 한 사람은 깨끗하고 한 사람은 더러울 수 있지요? 그렇다면 논리에 맞지 않잖아요!"

아인슈타인의 이야기는 항상 생각하는 사람만이 진정으로 지혜로운 사람이라는 사실을 설명해 준다.

STEP 3 자신의 결정을 믿어라

많은 사람이 처음에 내린 결정을 굳게 지키지 못하는 이유는 자신감이 부족하기 때문이다. 일단 자신감이 부족하면 다른 사람에게 끌려다니기 쉽고 또한 자신의 능력, 인생관과 가치관을 믿지 못한다. 이러한 상태가 오래 지속되면 결정 능력을 잃어버리게 된다. 그러므로 목표를 향해 용기를 내어 전진하려면 우선 자신감을 수립해야 하고, 자신의 결정을 쉽게 번복해서는 안 된다.

당당하게
자신의 관점을 드러내라

하버드 대학에서 석사와 박사 학위를 받은 폴 앤서니 새뮤얼슨은 이렇게 말했다.

"자신의 견해를 제시하라. 대담함은 지혜보다 중요하다. 때로 지혜는 우리를 우유부단하게 만들지만 대담함은 우리가 용감하게 한 걸음 나아가게 한다."

무슨 일이든 다른 사람이 가는 길을 따르고 자신의 관점을 제시하지 못하는 사람을 주위에서 흔히 볼 수 있다. 설령 자신이 정확하다고 확신해도 대담성이 부족해서 절대 다수와 맞서지 못한다. 이러한 사람들에게서는 지혜를 찾아볼 수 있긴 하지만 어떠한 근성을 느낄 수는 없다. 당당하게 자신의 관점을 제시하는 사람이야말로 자신의 가치를 증명할 수 있고, 다른 사람도 그를 인정하고 받아들이게 된다. 이러한 사람은 용감한 자의 근성을 가지고 있다.

지혜로운 용사가 되어라

"자신감과 용기만 있으면 다른 사람도 당신을 믿을 것이다."

괴테의 말이다. 왜 어떤 사람은 거인의 어깨에 서서 세상을 내려다보고, 왜 어떤 사람은 거인의 발밑에서 다른 사람과 자신의 거리를 탄식하는 것일까? 용감한 사람의 근성은 결코 굴하지 않는 마음으로 드러난다. 그들은 자신을 믿으며 전체의 국면을 변화시킬 패기를 가지고 있다. 역사적으로 사람들에게 큰 영향을 준 수학자, 과학자, 천문학자들은 '권위'와 다른 관점을 제시해 박해를 받았다. 그러나 후대 사람들이 그들의 관점이 정확하다는 사실을 증명했을 때 그들의 공헌은 대대로 인정받고 계승되었다. 그들의 이름은 영원히 역사서에 기록되었고, '권위'라 불리는 것은 신속하게 후대 사람들에게서 잊혀졌다.

하지만 역사는 결국 역사다. 오늘날 우리가 권위에 의한 속박을 벗어버리려면 용감한 사람들의 근성을 배워서 성공할 확률을 높여야 한다.

2차 세계대전 당시 독일이 핀란드 북부 지역을 점령했을 때 신비한 조직이 나타났다. 그것은 영국의 공군 조종사 조니가 이끄는 조직이었다. 이 조직은 점령지에서 독일 군대를 몇 차례나 성공적으로 격파했고, 조니는 세상에 널리 알려진 영웅이 되었다. 핀란드가 해방되고 동맹군이 이 신비한 영웅을 찾았지만 그는 이미 병사한 뒤였다. 영국 황실 공군의 명단에서도 조니를 찾을 수가 없었다. 그러나 조니의 생애는 넓은 지역에 전해지기 시작했다.

현지의 병사들은 조니를 직접 만난 적이 없었다. 그저 조니의 지휘와 작전이 그 지역에 사는 앤이라는 소녀를 통해 전달되었다는 사실만을 알 뿐이었다. 그리하여 동맹군은 앤을 찾아갔다.

그들이 털어놓은 이야기는 이렇다. 원래 앤과 그의 남동생은 줄곧 현지의 조직에 참가하고 싶다고 요구했지만 그들이 너무 어리기 때문에 받아들여지지 않았다. 그렇지만 군대에 참가하겠다는 남매의 결심은 조금도 흔들리지 않았다.

그러던 어느 날 밤 남매는 집 앞에서 중상을 입은 영국 황실 공군 조종사를 발견했다. 그들은 공군 조종사를 구해 주고 최선을 다해 간호했지만 그는 결국 세상을 뜨고 말았다. 남매는 매우 슬퍼했다. 남동생이 말했다.

"이 사람이 죽지 않았다면 우리를 이끌어 운동을 전개할 수 있었을 텐데."

그 말을 들은 앤은 마음속으로 생각했다. 조종사는 죽었지만 자신들이 그의 이름을 빌려 투쟁을 전개할 수 있겠다고 말이다. 그리하여 남매는 공군 조종사의 자료를 수집해 그가 이끄는 저항 조직을 구성했다. 그리고 다른 사람들에게 자신들은 단지 연락원에 불과하다고 이야기했다. 사람들은 공군 조종사에 관한 증거 서류를 보고 그의 존재를 믿으며 하나둘씩 조직에 가입했고 여러 차례 출격해서 독일 군대에 심한 타격을 입혔다.

실제로는 앤이 조직을 이끌었다는 사실을 알게 된 동맹군은 그녀에게 물었다.

"너는 왜 직접 나가서 조직을 이끌지 않았니?"

앤이 대답했다.

"우리는 어리니까요. 군대에 참가하는 것도 받아들여지지 않는데 만약 우리가 조직을 이끈다면 누가 믿고 따르겠어요?"

앤은 총명한 기지를 발휘하여 모든 사람이 믿고 따를 수 있는 권위를 세워 나라에 중대한 공헌을 했다. 이 이야기는 만약 곤경 속에서 자신의 힘만으로 문제를 해결할 수 없다면 용감하게 외부의 힘을 빌려 목적을 달성할 수 있다는 사실을 우리에게 알려 준다.

용감한 사람의 근성을 드러내라

하버드 대학교 경제학과를 졸업한 폴 새뮤얼슨은 미국 대통령 케네디의 경제 자문을 맡은 적이 있으며, 노벨 경제학상을 받은 최초의 미국인이기도 하다. 학술적인 조예와 공헌은 그에게 명성을 가져다주었고, 심지어 미국 경제학회가 수여하는 존 베이츠 클라크 상도 받았다. 이 상은 경제 분야에 가장 공헌한 40세 이하의 경제학자에게 수여되는 상이다. 많은 사람들은 새뮤얼슨이 이렇게 성공할 수 있었던 이유가 그의 천재적인 두뇌와 근면한 학습 때문이었다고 생각한다. 하지만 만약 그에게 새로운 논점을 제시할 용기와 결심이 없었다면 이렇게까지 경제학계에 영향력을 발휘하는 인물이 되지는 못했을 것이다.

미국의 유명 경제학자 마셜은 다음과 같은 관점을 제시한 적이 있다.

"많은 시간을 들여 읽어야 할 것은 경제학 원칙의 변천과 수학적 분석에 대한 글이 아니라 의문을 품을 만한 가치가 있는 것이다."

당시 마셜의 이러한 설법은 경제학계에서 대다수의 찬성을 얻었다. 그러나 새뮤얼슨은 이러한 관점이 틀렸다고 생각했다. 1961년에 미국 경제학회 회장에서 연설할 때 그는 해학적이고 유머러스한 말로 자신의 관점을 진술했다.

"오늘 밤, 저는 경제학계에 보이는 수학의 응용과 남용 문제에 대한 저의 견해를 이야기하려 합니다. 이는 아마 세계에서 유일하게 헤르만 고센의 한계효용 체감의 법칙을 따르지 않는 논점이 될 것입니다. 토머스 하디는 이렇게 강조했습니다. '만약 캔터베리 대주교가 신은 존재한다고 이야기한다면 그 증거는 시시각각 우리의 생활 속에 나타날 것이다. 하지만 그가 신은 존재하지 않는다고 말한다면 당신은 진정으로 중요한 바를 얻게 될 것이다.'

만약 제가 계속되는 장애물을 만나는 길 잃은 어린 양이라면 신과 이 협회 분들 앞에서 수학을 인용해 분석하는 일은 무서운 착오라고 인정할 수밖에 없을 것입니다. 경제학에서 수학을 인용하는 것이 잘못되었다는 관점은 마셜의 세 번째와 네 번째 책에 나타나 있습니다. 그렇지만 경제학자의 생명에 있어서 가장 중요한 것은 강렬한 외침과 어떤 관점에 대한 하나의 범위와 표준입니다. 저는 제가 다른 사람과 조화를 이루는 사람이기를 원합니다. 그렇지만 제가 갈릴레이처럼 겉으로는 다른 사람의 마음에 드는 말을 한다고 해도, 마음속으로는 '수학적 분석은 매우 유용하다'라고 외치고 있을 것입니다."

이어서 사람들은 새뮤얼슨이 1947년에 쓴 「경제 분석의 기초」라는 논문에 주목하기 시작했다. 이 논문에서 그는 응용수학 이론의 중요성에 대해 상세하게 서술했다. 이 논문은 학술계에서 광범위하게 읽혔고, 여러 언어로 번역되었다. 이로써 그는 학술계에서의 지위를 더욱 공고히 다지게 되었다.

새뮤얼슨이 성공할 수 있었던 중요한 한 가지 이유는 대중 앞에서 용감하게 자신의 생각을 제시했다는 데 있다. 그는 결코 '권위'나 동료들에게 굴복하지 않았다. 오히려 확고하고 자신감 있게 자신의 관점을 드러내고 논증했다. 이는 용감한 사람이 가지고 있는 근성이다. 만약 새뮤얼슨이 많은 다른 사람과 마찬가지로 줄곧 권위에 충성하고 '진리는 절대 다수의 사람들 손에 장악되고 있다'는 사실을 믿었다면 경제학계에서 도태되고 큰 성공을 얻지 못했을 것이다.

 하버드 근성 배우기

부부 간에는 매우 재미있는 현상이 존재한다. 간혹 남편의 결정을 '왕의 명령'처럼 따르고 계속해서 남편의 뒤만 졸졸 쫓는 아내가 있는 가정에서 찾아볼 수 있다. 일단 곤경에 처하면 두 사람은 동시에 갈팡질팡하는 상황에 빠지게 된다. 그러면 아내는 남편이 똑똑하지 못하다는 불평을 하고, 남편은 아내가 이성적이고 건설적인 의견을 제시하지 못한다고 원망한다. 이렇게 두 사람 사이는 쉽게 틀어져 버린다.

남자들은 아내 앞에서 자신의 능력과 강한 모습을 과시하기를 원하는 한편으로, 아내가 올바른 의견을 제시해 주기를 바란다. 그런데 이 사실을 모르는 여자들이 많다. 남자들이 왜 '현모양처'를 원하는지 아는가? 자신의 일이나 인생에서 아내가 긍정적인 작용을 해 주기를 바라기 때문이다. 아내가 유익한 관점을 가지고 있다면 남편이 방향을 찾도록 도와줄 수 있다. 그러므로 현명한 아내들은 인색하게 굴지 말고 용감히 자신의 의견을 이야기해야 한다. 그렇게 되면 남편의 마음속에서 더욱 높은 지위를 차지하게 될 것이다.

STEP 1 저자세를 취하지 마라

비록 많은 사람들이 저자세를 취해 처세하는 것을 원칙으로 삼고 있기는 하지만 때로는 과도한 저자세가 스스로를 좋은 기회에서 더욱 멀어지게 만든다. 예를 들어 일을 할 때 계속 저자세를 취하면 당신은 보통 직원이라는 위치에서 제자리걸음할 수밖에 없다. 그러나 만약 기회를 포착해 적절한 시기에 상사에게 자신의 의견을 어필하면 깊은 인상을 남기고, 분명 지금과는 다른 수확을 얻게 될 것이다.

STEP 2 자신감은 매우 중요하다

자신감은 근성을 구성하는 기본 요소다. 다른 사람이 당신을 믿게 하려면 우선 스스로를 믿어야 한다. 근성은 하루아침에 만들어지는 것이 아니다. 그러므로 더욱 자신감을 키우고 스스로 자신감을 가져야 당신에게 유리한 기회를 용감하게 포착할 수 있다.

STEP 3 나설 때는 나서야 한다

주관이 또렷하고 자아 존중감이 있는 사람은 주변 사람에게 힘든 일이 닥치면 적절한 위로와 방향 제시를 해 줄 수 있다. 또한 스스로 바로 서 있기 때문에 어려움이 닥쳐도 현명하게 대처하고 극복해 곧 건강한 삶으로 복귀한다. 지나치게 타인의 의견에 휘둘리지도 않는다.

그런데 바로 서지 못한 두 사람이 가까이 있게 되면 상대에게 제대로 된 조언을 해 줄 수가 없다. 그래서 평소에는 잘 모르지만 어려움이 닥쳤을 때 상대를 원망하기 십상이다.

따라서 우리는 올바른 주관을 갖도록 반복적인 노력을 하여 자신만의 근성을 확립해야 한다. 정체성을 분명히 하고, 자기 의견을 제시할 필요가 있는 순간을 잘 분별하여 나설 수 있어야 하는 것이다.

궁핍한 환경 속에서도
즐겁게 생활하라

프랭클린 루스벨트는 다음과 같이 말했다.

"성공적인 사업은 반석처럼 튼튼한 의지와 밀접한 관계가 있다. 의지가 약하면 성공으로 가는 길에 나타나는 장애물을 절대 극복할 수 없다."

성공한 사람들에게는 한 가지 공통점이 있는데 그것은 낙관적이라는 사실이다. 그들은 자신이 마주하고 있는, 혹은 앞으로 마주하게 될 곤란이나 좌절을 두려워하지 않는다. 그들은 시종일관 확고하고, 낙관적이고, 자신감 넘치는 마음으로 용감하게 자신이 가야 할 길을 걸어간다. 이러한 근성을 가지고 있기 때문에 그들은 성공할 수밖에 없는 것이다.

낙관적인 태도는 가장 소중한 품성이다

실제로 사람들은 다양한 재난을 마주하며 살아간다. 이러한 재난은 자연재해일 수도 있고 소중한 사람과의 이별일 수도 있다. 혹은 가정 형편이 기울거나 몸에 상처를 입는 일일 수도 있다. 그러나 사람들은 용감하게 일어서서 자신 있고 낙관적인 태도로 삶을 대하고 내일을 맞이한다. 그들에게 나타나는 근성은 시간이 흐른다고 소멸되지 않는다. 오히려 낙관적이고 긍정적인 태도로 다른 사람의 존중과 흠모를 받는다. 이는 근성이 만들어 내는 역량이기도 하다.

스코틀랜드의 철학자 데이비드 흄은 이렇게 말했다.

"좋은 환경은 우리의 힘을 쓸모없게 만들고 자신의 역량을 깨닫지 못하게 한다. 하지만 역경은 이러한 역량을 눈뜨게 하고 운용하게 만든다."

한번 생각해 보자. 만약 마윈이 회사를 여는 데 실패해서 창업을 포기했다면 어떻게 지금의 알리바바가 있을 수 있겠는가? 만약 케네디가 거듭된 역경에 무너진 채 인생의 목표를 포기했다면 어떻게 뛰어난 대통령이 될 수 있었겠는가?

루스벨트는 사람들의 존경을 한 몸에 받는 대통령이었지만 신체가 불편한 사람이었다. 어렸을 때 그는 줄곧 허약하고 소심한 아이였다. 수업 시간에 그는 항상 깜짝 놀란 듯한 표정을 짓고 있었으며 숨을 쉴 때도 크게 헐떡거렸다. 책을 읽거나 암송할 때는 자신도 모르게 두 다리와 입술을 벌벌 떨었다. 말을 할 때는 늘 우물쭈물했고 몸은 마치 그의 말을 듣지 않는 것처럼 좌우로 흔들거렸다. 게다가 그의 치아는 밖으로 튀어나와 있어서 원래 보기 좋지 않은 얼굴을 더욱 못생기게 만들었다.

이러한 아이는 일반적으로 매우 민감하고 혼자 있기를 좋아한다. 그는 학우들과 노는 일이나 학교에서 만든 모임 같은 데에 참여하는 것을 피했고 친구 사귀는 것도 좋아하지 않았다. 사실 루스벨트와 친구가 되고 싶어 하는 아이는 한 사람도 없었다. 그렇지만 루스벨트는 한 번도 열등감을 가지거나 자포자기한 적이 없었다. 그는 시종일관 분투하는 정신을 유지했다. 학생들의 조소와 풍자에도 용기를 잃지 않았고 오히려 더욱 노력해야 한다고 스스로 용기를 북돋웠다. 그는 강한 의지로 자신의 다양한 두려움을 극복했다.

루스벨트는 후천적인 노력을 통해 각종 장애를 극복할 수 있다는 사실을 행동으로 보여 주었다. 그는 극복할 수 있는 결점은 최선을 다해 극복했다. 만약 극복할 수 없다면 그 결점을 최대한 이용할 수 있는 방법을 생각했다. 연설을 통해 그는 어떻게 하면 가성을 이용해 자신의 뻐드렁니를 숨길 수 있는지 배웠다. 비록 루스벨트의 연설은 다른 사람을 놀라게 하거나 두려움에 떨게 할 만한 위엄은 없었지만, 그의 결점인 목소리와 자세 때문에 연설에 실패한 적은 없었다.

루스벨트는 자신의 결점과 곤경을 마주할 때 조금도 움츠러들지 않았다. 그는 자기 자신을 전면적으로 이해하고 정확하게 평가하며 자신감과 용기를 잃지 않았다. 심지어 자신의 결점을 자본으로 만들었다.

그랬기에 그는 자신의 분야에서 최고의 자리에 오를 수 있었다.

사실 성공한 사람 중에는 결점을 가진 사람이 많이 있다. 베토벤은 청각을 잃었고, 링컨은 외모에 콤플렉스가 있었으며, 나폴레옹은 키가 작았다. 그러나 신은 그들에게 강한 의지와 고귀한 품격을 주었을 뿐 아니라 자기 자신을 정확하게 인식하는 능력을 주었다. 게다가 그들은 빛나는 업적으로 다양한 결점을 보완해 더욱 위대한 사람이 되었다. 어쩌면 우리는 그들처럼 큰 성공을 이룰 수 없을지도 모른다. 하지만 그들의 정신과 태도를 배우면 비록 곤경에 처해 있더라도 강건한 용기와 자신감을 가지고 새로운 인생을 창조할 수 있을 것이다.

어떤 일이 있어도 늘 낙관적인 태도를 유지하라

존 F. 케네디는 미국 역사상 가장 젊은 대통령이었다. 그의 지도와 추진 아래 미국은 우주과학기술 방면에서 비교적 큰 진보를 이루어 냈다. 그는 유명한 '아폴로 프로젝트Apollo Project'를 제정하고 실현해서 나라에 공헌하고 영예를 얻었다. 그렇지만 미국의 휘황찬란한 역사의 장을 써 나간 대통령이 평생 거듭된 시련을 겪었다는 사실을 아는 사람은 별로 없다.

어렸을 때 그는 허약하고 잔병치레가 많았다. 네 살 때는 성홍열을 앓다가 죽을 뻔했고 그 후에도 백일해, 홍역, 수두, 천식 등의 질병에 걸렸다. 그는 어린 시절을 거의 병상에서 보냈다. 케네디는 다른 아이들이 밖에서 신 나게 뛰놀 때 자신은 병상에 누워 링거를 맞으며 약을 먹어야 한다는 사실을 가장 고통스러워했다. 그러나 어린 시절에 다양한 즐거움을 겪지 못한 대신 그는 책을 읽는 좋은 습관을 길렀다.

케네디는 질병의 고통에 휩싸이기보다는 이 특수한 시기를 이용해 지식을 늘려야겠다고 결심했다. 그리하여 그는 역사, 철학, 전기 등 수많은 책을 읽었다. 책을 통해 자신을 갈고닦으면서 그는 점점 낙관적이고 유머러스한 성격을 길렀다. 덕분에 그는 성년이 된 이후에 많은 사람의 사랑을 받을 수 있었다.

고등학교를 졸업한 케네디는 영국의 학교에 합격했지만 간에 병이 생겨 학업을 중도에 그만두었다가 나중에 프린스턴 대학교에 진학했다. 하지만 간에 병이 재발해 어쩔 수 없이 휴학을 하고 집에서 요양을 해야 했다. 1936년에 케네디는 하버드 대학교에 입학해 열심히 학업에 힘썼고 축구부에도 들어갔다. 그러다 시합 중 등에 부상을 입어 다시는 축구를 할 수 없게 되었다. 그래도 그는 운동에 대한 열정을 포기하지 않고 학교 수영부에 들어갔다. 친구들조차도 그의 용기와 낙관적인 정신에 감탄해 마지 않았다.

케네디는 하버드 대학교를 졸업한 뒤에는 남태평양으로 가서 2차 세계대전에 참전했다. 한번은 그가 지휘하던 어뢰정이 파괴되었는데 그는 살아남은 병사들을 지휘해 열 시간 넘게 헤엄을 쳐 부대로 돌아왔다. 케네디의 이러한 경험은 낙관적이고 굳센 의지와 자신감을 지닌 사람만이 빛나는 인생을 창조할 수 있다는 사실을 보여 준다.

강자는 절망적인 상태에 있거나 돌이킬 수 없는 상황에 빠졌더라도 여전히 용감하게 일어서서 자신감을 가지고 낙관적으로 자신의 인생을 대하는 근성을 갖추어야 한다. 그들은 굴복하지 않는 근성이야말로 빛나는 인생을 실현하는 데 도움을 준다는 사실을 자신의 경험을 통해 사람들에게 증명했다.

힐맨은 미용실에서 머리를 하다가 미용사에게 키가 1미터 60센티미터도 되지 않는데 어떻게 체중이 60킬로그램이 넘을 수 있느냐는 말을 들었다. 이런 말을 들으면 누구나 기분이 매우 나빠질 것이다. 그러나 힐맨은 다른 사람이 외모를 보고 평가해도 개의치 않았다. 여전히 즐겁고 자신감이 넘쳐 보였다. 그녀가 어렸을 때부터 줄곧 이렇게 낙관적이고 자신감이 있었던 것은 아니다.

그녀는 지금까지도 자신이 처음으로 댄스파티에 참가했을 때의 정경을 기억하고 있다. 댄스파티는 소녀가 자신을 뽐낼 수 있는 가장 좋은 장소였다. 성대한 댄스파티를 준비하기 위해 그녀는 춤을 연습했고, 불편했지만 인조 다이아몬드 귀걸이를 착용했다. 하지만 결국 아픔을 견디지 못해 귀에 고약을 붙여 통증을 줄일 수밖에 없었다.

귀에 고약을 붙인 보기 흉한 모습 때문에 댄스파티에서 그녀에게 춤을 청하는 사람은 아무도 없었다. 그녀는 파티회장 구석에서 혼자 몇 시간을 앉아 있었다. 그녀는 집에 돌아와 부모님에게 댄스파티가 정말 즐거웠다고, 춤을 너무 많이 춰서 피곤할 지경이라고 이야기했다. 부모님은 댄스파티를 즐겼다는 그녀의 말에 매우 기뻐하며 잠자리에 들었다. 하지만 자신의 방에 들어간 그녀는 귀에 붙은 고약을 떼어 내고는 상심하여 밤새도록 울었다.

다음 날 그녀는 혼자 공원에서 책을 읽었다. 프랑스 에세이였는데 그 책에는 늘 현재를 잊고 미래에 대한 환상을 품고 사는 여인이 등장했다. 힐맨은 갑자기 그녀가 자신과 같다는 생각이 들었다. 책 속에 나오는 여자는 대부분의 시간을 다른 사람에게 아름다운 인상을 남기는 데 소비하고 자신이 원하는 삶을 산 적이 없었다. 그 순간 힐맨은 자신이 줄곧 시간을 아무런 의미가 없는 일에 사용했다는 사실을 깨달았다. 그때부터 그녀는 변하기 시작했고, 진정한 아름다움을 가진 여인이 되었다.

우리의 인생은 완전히 자신에 의해 컨트롤되어야 한다. 삶이 달콤한지 고생스러운지는 자신만이 가장 정확하게 알 수 있다. 그러므로 우리는 다른 사람의 말에 믿음과 용기를 잃을 필요가 전혀 없다. 또한 소중한 청춘을 다른 사람의 비위를 맞추느라 낭비해서도 안 된다.

하버드 교정에서는 당신이 다른 사람들에게 자신이 마음에 들지 않는다고, 자신감이 없다고 이야기하면 비판을 받을지도 모른다. 심지어는 미움을 살 수도 있다. 충만한 자신감을 가진 사람만이 다른 사람의 존경과 높은 평가를 얻는다.

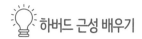
하버드 근성 배우기

자신감 있고 낙관적인 사람들이 늘 다른 사람의 존중과 인정을 받는 이유를 많은 사람이 이해하지 못한다. 그들에게 드러나는 근성에는 사람의 마음을 분발시키는 힘이 있다. 이러한 사람과 함께 있으면 당신의 하늘에도 햇빛이 밝게 빛나기 시작하고 당신의 인생도 다채롭게 변화할 것이다.

사람들에게 힘을 주는 이야기를 접해 본 사람이 많으리라 생각된다. 어떤 장애인은 비록 몸은 불편하지만 강한 의지를 갖고 있다. 그들이 신체적, 정신적으로 받는 스트레스는 일반적인 사람의 것을 훨씬 초월한다. 때로는 다른 사람들의 조롱이나 멸시를 받기도 한다. 하지만 그들은 결코 이러한 이유로 자신의 삶을 포기하지 않는다. 그들은 더욱 노력해서 뛰어난 재주를 배우고, 자신의 두 손으로 자신만의 인생을 창조한다. 이러한 과정에서 수많은 어려움을 겪고, 심지어 다른 사람의 차가운 눈초리와 차별을 받아도 아름다운 삶을 추구하는 그들의 발걸음을 막을 수는 없다. 이러한 자신감과 낙관적인 태도 때문에 그들에게서는 빛이 나고, 이는 그들만의 독특한 근성이 된다.

STEP 1 모든 일을 조금 달관한 태도로 대하라

우리는 자신의 인생이 평생 순조롭고 평안하리라 보장할 수 없다. 역경과 재난은 우리를 성장시키는 데 필수과목이다. 단련을 통해 우리는 더욱 자신감 넘치고 성숙한 사람으로 변화할 수 있다. 적극적이고 낙관적인 태도로 문제를 대하고 모든 일을 넓게 생각하면 당신은 꽉 막힌 테두리 안에서 뛰쳐나와 새로운 삶의 방향을 찾을 수 있을 것이다.

STEP 2 각도를 바꿔서 문제를 생각하라

살다 보면 많은 사람이 문제의 한쪽 면만 생각하고 다른 각도에서 사고하는 것을 이해하지 못하는 습관을 가지고 있음을 보게 된다.

예를 들어 어떤 사람은 자신이 마주하고 있는 어려움이 갈수록 곤란해져 이미 자신의 수용력을 넘어섰다고 생각하고는 잠재의식 속에서 포기하려 한다. 그러나 이는 스스로 자신의 위엄을 무너뜨리는 일과 같다. 반면 어떤 사람은 설령 어려움을 마주했다 하더라도 이는 자신이 문제에 대해 아직 완벽하게 고려하지 못했기 때문이라 생각한다. 이는 결점을 보완할 좋은 기회가 되고, 성공할 확률을 크게 높여 준다.

STEP 3 건강하고 낙관적인 심리 상태를 기르도록 하라

어떤 사람들은 매일 머리를 들 때마다 희망을 본다. 설령 밖에는 세찬 폭풍우가 몰아치더라도 그 속에서 햇빛의 숨결을 느낄 수 있다. 어떤 사람은 하루 종일 우울해한다. 설령 밖에 햇빛이 밝게 비치더라도 그의 마음속에는 먹구름이 짙게 깔려 있다. 이렇게 상반된 심리 상태는 완전히 다른 인생을 만든다.

일이 마음먹은 대로
진전되지 않을 때는 잠깐 쉬자

존 애덤스는 다음과 같이 말했다.

"이 세상에 해결하지 못할 문제는 없다. 당신이 머리를 쓰고 용감하게 맞서기만 한다면 모든 문제는 순리적으로 해결될 것이다."

주위를 둘러보면 일을 할 때 쉽게 조바심을 내는 사람이 흔히 보인다. 그들은 거듭된 난관에 부딪칠수록 사물의 본질을 보지 못한다. 갈수록 초조해하고 이성적으로 문제를 보지 못하게 되면, 불안한 감정은 더욱 커지고 성공과는 갈수록 멀어진다.

침착함은 비범한 근성이다

_____

이성적인 사람에게 곤란이나 좌절은 그들의 인생을 막는 방해물이 되지 못한다. 오히려 그들이 성공으로 나아가는 촉진제 역할을 한다. 왜냐하면 그들은 주로 냉정하고 이성적으로 일을 처리하기 때문에 문제가 발생한 경우 다른 사람들처럼 조급해하지 않는다. 만약 일을 하다가 난관에 부딪히더라도 우선 자신의 감정을 가라앉히고 조절한 다음에 사물의 본질을 본다. 이러한 경험을 많이 쌓을수록 사람은 점점 성숙하고 지혜로워진다. 그들에게서 나타나는 근성은 변화무쌍한 환경에도 놀라지 않는 지혜와 패기다.

아가사 크리스티는 영국 최고의 여류 작가이다. 그녀는 『오리엔트 특급 살인』, 『나일강의 죽음』 등 수십 편의 장편 추리소설을 썼고, 에르퀼 푸아로 같은 명탐정을 만들어 냈다.

어느 날 아가사 크리스티가 연회에 참석했다 집으로 돌아가는 중이었다. 시간이 많이 늦었지만 데려다 줄 사람이 없어서 혼자 집으로 돌아가고 있었다. 그녀는 달빛을 감상하면서 이런저런 생각을 하며 걸었다. 큰길에는 벌써 사람의 인적이 매우 드물었다.

그러던 중 위험한 일이 발생했다. 한 건물의 그림자에서 손에 날카로운 칼을 든 키가 크고 건장한 남자가 나오더니 그녀를 향해 돌진하는 것이었다. 아가사 크리스티는 도망가기엔 늦었다는 사실을 깨달았다. 만약 큰소리로 도움을 요청하면 궁지에 몰린 강도가 더 위험한 짓을 할지도 모른다고 생각했기 때문에 그녀는 그 자리에서 꿈쩍도 하지 않았다. 남자가 다가오자 그녀는 말했다.

"당신…… 도대체 무슨 짓을 하려는 거예요?"

아가사 크리스티가 겁에 질린 표정으로 묻자 남자가 대답했다.

"빨리 귀걸이를 내놔!"

강도의 말을 듣고 아가사 크리스티의 굳은 표정이 좀 풀어졌다. 그녀가 외투의 옷깃으로 목을 가리며 한 손으로 귀걸이를 빼서 땅 위에 던지고는 말했다.

"가져가요! 이제 저는 가도 되지요?"

그러나 강도는 그녀가 던진 귀걸이에는 조금도 흥미를 가지지 않았다. 강도는 그녀가 열심히 목을 가리는 것을 보고 분명 값비싼 목걸이를 하고 있을 거라고 생각했다. 그래서 강도는 귀걸이를 줍지 않고 그녀를 향해 말했다.

"목걸이를 내놔."

아가사 크리스티는 갑자기 무서워하기 시작했다.

"이봐요. 이 목걸이는 전혀 비싸지 않은 거니 그냥 내버려 둬요. 귀걸이가 훨씬 비싼 거예요."

"쓸데없는 소리 말고 얼른 내놔."

아가사 크리스티가 부들부들 떨면서 옷깃을 열어 목걸이를 빼내자 강도는 얼른 목걸이를 낚아채 도망갔다. 아가사 크리스티는 한숨 돌리고 기쁜 듯이 귀걸이를 주웠다.

사실 아가사 크리스티가 지키려던 것은 목걸이가 아니라 귀걸이였다. 강도의 주의를 돌리려고 일부러 연기를 한 것이었다. 그녀의 다이

아몬드 귀걸이는 480파운드에 달하는 고급품이었지만 목걸이는 6파운
드에 불과한 유리로 만든 제품이었다. 아가사 크리스티의 이야기는 위
기나 곤경을 맞이해도 우선 자신의 현재 상황을 냉정하게 분석해 기지
를 발휘하면 곤경에서 빠져나갈 수 있다는 사실을 우리에게 보여 준다.

나쁜 감정에 휩싸였을 때는
잠시 멈췄다 행동하라

존 애덤스는 미합중국의 일등 개국공신 중 한 사람으로서 〈독립선언
문〉의 주요 제창자이다. 그는 또한 걸출한 외교관이자 정치가로서 미
국 역사상 최초로 부통령을 지내고 제2대 대통령에 당선되었다. 애덤
스는 박학다식하고 뛰어난 지혜로 정치철학 분야에서 대단한 성취를
이룬 대통령이기도 하다.

젊은 시절의 애덤스는 성격이 급하고 거리낌 없이 솔직히 말하는 스
타일이었다. 그러나 후에 정치 무대에서 경험을 쌓으면서 침착하고 성
숙한 사람으로 거듭났다. 그는 국가의 까다로운 외교적 문제를 해결하
는 데 있어서 탁월한 성취를 이룬 사람이었다.

프랑스 정부가 미국의 300여 척에 달하는 상선을 가로막은 일로 미
국 정부의 다수가 프랑스와의 전쟁을 적극 주장한 적이 있었다. 반면
애덤스는 전체적인 국면을 고려하여 종전의 평화로운 정책을 유지해
야 한다고 생각했다. 그러나 프랑스 외교부가 미국에게 천만 달러의

대출을 요구하고 외교부장이 25만 달러의 사례금을 지불했을 때 애덤스는 전에는 없었던 분노와 치욕을 느꼈다. 자신이 줄곧 주장해 온 평화 정책이 소용 없다는 것을 깨닫고 분노에 휩싸인 애덤스는 즉각 전쟁 준비에 착수했다.

당시 연방 국회를 통제하고 대통령 내각에 있던 알렉산더 해밀턴은 극력 전쟁을 부추겼다. 하지만 해밀턴이 전쟁을 주장한 이유는 미국의 존엄을 위해서가 아니라 적대 세력에 타격을 주어 자신의 세력을 확대하기 위해서였다. 전쟁을 주장하는 측과 반대하는 측의 투쟁이 갈수록 격해지면서 애덤스는 진퇴양난에 빠졌다. 그는 이때 반드시 전쟁을 벌여야 하는지 아니면 평화를 지켜야 하는지 정확한 판단을 내릴 수가 없었다.

그렇지만 이에 대한 자세한 분석과 사고를 거쳐, 결국 국가의 전체적인 이익을 위해서는 평화 정책을 유지해야 한다는 판단을 내렸다. 게다가 애덤스는 해밀턴이 개인적인 목적 때문에 전쟁을 부추긴다는 사실을 알고 있었다.

장기간의 외교적 담판을 거친 끝에 미국과 프랑스는 드디어 1800년, 평화조약에 서명했다. 애덤스는 중요한 시기에 현명한 행동을 함으로써 미국 민중들 앞에서 위신을 세울 수 있었고, 미국인들의 열렬한 추대로 대통령에 당선되었다.

여기서 볼 수 있듯이 진정으로 지혜로운 사람은 분노의 감정에 휩싸인 다급한 상황일 때 즉시 결정을 내리지 않는다. 우선 모든 문제를 내려놓고 냉정하게 사고하고 분석한 다음 가장 이성적이고 정확한 결정을 내린다. 지혜로운 사람은 심리 상태를 조절해 성공을 얻는다. 이는 그들이 근성을 배양하는 데 있어서 중요한 수단이다.

1890년, 미국의 저명한 작가 마크 트웨인은 한 귀족 부인이 주최한 파티에 참석하게 되었다. 모두들 식당에서 웃으며 이야기를 나누는 가운데 분위기가 달아올랐다. 그러나 얼마 지나지 않아 사람들의 말소리가 점점 커져서 상대방이 무슨 이야기를 하는지 제대로 들을 수가 없었다.

마크 트웨인은 주위 모든 사람이 열심히 고함을 치는 장면을 보고 눈썹을 찌푸리지 않을 수 없었다. 고상하고 우아한 파티임에도 불구하고 마치 커다란 소동이 벌어진 듯 다들 교양 없이 크게 떠들어 댔다. 하지만 이때 자기가 큰소리를 질러 모두를 조용히 시킨다면 분명 다른 사람들의 기분을 언짢게 만들 것이었다. 한참을 고민한 끝에 좋은 방법을 생각해 낸 그는 옆에 앉은 부인에게 말했다.

"제가 이 자리를 좀 조용히 만들고 싶은데 도와주실 수 있겠습니까? 부인께서 매우 흥미로운 이야기를 듣는 것처럼 고개를 제 쪽으로 기울여 주세요. 그럼 분명 옆 사람들이 제 말을 들으려고 말소리를 줄이기 시작할 겁니다. 제가 부인에게 이야기를 하는 척만 해도 큰소리로 이야기하는 사람들이 분명 조용해질 거예요."

마크 트웨인의 이야기를 들은 부인은 괜찮은 방법이라는 생각이 들어 몸을 비스듬히 하고 고개를 그쪽으로 기울였다. 그들은 귓속말을 하는 척하기 시작했다. 과연 조금 있으니 시끄러운 목소리가 점점 잦아들었다. 사람들은 마크 트웨인과 부인이 즐겁게 무슨 이야기를 나누는지 들을 수가 없자 다들 조용히 목소리를 줄이고 그들이 무슨 이야기를 하는지 들으려 했다. 자신의 목적이 달성된 것을 본 마크 트웨인은 식사를 할 때는 파티에서의 예절을 지켜야 하며 주위 사람들을 신경 써야 한다고 모두에게 이야기했다.

마크 트웨인의 일화는 자신이 컨트롤하지 못하는 국면을 맞이했을 때 혹은 깊은 곤경에 빠졌을 때, 더욱 많이 생각하는 것이 좋다는 교훈을 이야기해 준다. 생각을 많이 할수록 목표를 달성하는 데 도움이 된다. 마크 트웨인은 매번 유머러스하고 뛰어난 기지를 발휘하는 사람이었다. 하버드 학생들은 그를 통해 사고에 능해야만 난제를 해결할 수 있다는 점을 배웠다.

하버드 근성 배우기

비가 내릴 때 어떤 사람은 창밖을 보고 마치 뜨거운 가마 속의 개미처럼 안절부절못하며 "만약 비가 계속 오면 어떡하지?" "비가 더 많이 오면 어떡하지?" "비 때문에 늦어지면 혹시나 집에 도둑이 들지는 않을까?" "비를 맞고 집에 돌아가면 분명 감기에 걸릴 텐데. 그럼 내일 일에 영향을 끼치게 될 거고 상사한테 단단히 혼이 날 거야" 등의 생각을 한다. 이 사람의 기분은 비 때문에 점점 엉망이 된다. 심지어 비를 맞으며 서둘러 집에 가느라 정말 감기에 걸려서 업무에 영향을 끼칠지도 모른다.

다양한 환경에 처해도 놀라지 않고 어떻게 하면 냉정하게 문제를 처리할 수 있을지 아는 사람은 전체적인 국면을 컨트롤할 수 있는 근성을 지닌 사람이다. 당장의 일이 순조롭게 진전되지 않으면 우선 잠시 멈추는 편이 낫다. 긴장된 생각을 풀고 더욱 객관적이고 이성적인 관점에서 현재의 문제를 대하면 가장 합리적인 해결 방안을 얻을 수 있을 것이다.

STEP 1 너무 조급해하지 마라

조급하게 일 처리를 하는 사람은 일반적으로 큰 풍랑을 견디지 못한다. 문제를 처리할 때 쉽게 당황하고 속수무책이 되는 것이다. 그러므로 우리는 평소에 몸과 마음을 갈고닦는 데 주의해야 한다. 갑작스런 일이 생겨도 제갈량처럼 놀라지 않고 침착한 태도를 유지해야 정확한 해결 방법을 찾을 수 있다.

STEP 2 일시적인 좌절 때문에 목표를 포기해서는 안 된다

많은 사람이 일시적인 좌절로 자신의 목표를 포기하는 잘못을 저지

른다. 그들은 목표를 끝까지 고집하지 않기 때문에 문제가 생기면 냉정한 태도와 이성을 잃고 금방 좌절해 패배한다. 비록 말로는 실패를 두려워할 필요가 없다고 하지만 실제로 좌절을 겪으면 목표를 포기해버린다. 이는 자기 스스로 실패를 향해 나아가는 것과 마찬가지다. 반대로 자기의 목표를 끝까지 포기하지 않는 사람은 정말로 실패를 했다고 하더라도 여전히 꿋꿋한 근성을 가지고 있다. 이러한 근성은 그의 고집이자 자신감이며 넘어지는 것을 두려워하지 않는, 어려움을 두려워하지 않는 용기이다.

STEP 3 주의력을 이동시켜라

많은 사람이 다음과 같은 경험을 했을 것이다. 시험을 볼 때 풀지 못하는 어려운 문제가 나오면 조급해지기 시작한다. 문제의 요점을 파악할 수 없고 어떻게 손을 대야 할지 모르기 때문이다. 그러나 조급해할수록 문제는 더욱 풀리지 않는다. 땀이 비 오듯 쏟아지고 아무런 실마리를 잡을 수 없어서 시험이 끝날 때까지 시간을 지체하다가 다른 문제까지 풀지 못하고 만다. 그러나 어떤 사람은 문제를 본 후 비록 초조해하기는 하지만 재빨리 정신을 가다듬고 우선 다른 문제부터 풀기 시작한다. 그런 다음 냉정하게 본격적으로 어려운 문제를 생각한다. 그렇게 하면 오히려 문제를 해결하는 방법을 쉽게 찾을 수 있다.

삶의 철학이 되는 한 줄 인문학

신념이 있는 사람은
작은 것을 위대하게,
평범한 것을 신기하게 변화시킬 수 있다.
조지 버나드 쇼

최고의 성취는
자기 자신을 단속하는 데 달려 있다.
마쓰시타 고노스케

어떤 길을 걷겠다고 선택했다면
무엇이 방해하더라도
나는 그 길을 계속 갈 것이다.
임마누엘 칸트

사람이 할 수 있는 모든 일은
좋은 본보기가 된다.
근거 없는 소문이 만연한 사회에서
용감하게 굳건한 논리적 신념을 세워야 한다.
알베르트 아인슈타인

사람들에게는 각자 이상적인 낙원이 있다.
자신이 기꺼이 추구하는 방향으로 나아가는 것,
이것이 바로 당신이 가야 할 길이다.
환경을 불평할 필요도 없고
다른 사람을 부러워할 필요도 없다.
로맹 롤랑

CHAPTER 4

배움의 열정

배움의 열정

하버드 어록에는 이런 말이 있다.

'다른 사람에게 오해를 받을 때 살짝 웃을 수 있다면 이는 소양이 밝은 것이고, 억울한 일을 당했을 때 편안하게 웃을 수 있다면 이는 도량이 넓은 것이다. 손해를 봤을 때 기쁘게 웃을 수 있다면 이는 너그러운 것이고, 어쩔 수 없는 상황에서 달관한 웃음을 보일 수 있다면 이는 경지에 오른 것이다. 위험과 재난이 닥쳤을 때 태연하게 웃을 수 있다면 이는 대범한 것이고, 멸시를 당했을 때 마음을 가라앉히고 웃을 수 있다면 이는 자신감 있는 것이다. 그리고 실연을 당했을 때 가볍게 웃을 수 있다면 이는 소탈함을 갖춘 것이다.'

넓은 도량은 일종의 풍격이자 경지, 매력이며 더 나아가 소중한 정신적 근성이다. '바다는 모든 시냇물을 받아들일 수 있을 정도로 관대하고 크다'는 말처럼 도량이 넓은 사람은 각양각색의 사람들을 모두 포용할 수 있는 역량을 지녔다. 이런 사람은 리더의 근성을 가지고 있고, 군중 속에서도 단연 돋보이는 존재다.

동료가 될 수 있는 사람을
적으로 돌리지 마라

하버드 대학교를 다니는 한 여학생이 말했다.

"하버드에서 지내는 동안 저는 어떻게 하면 다른 사람들과 잘 지낼 수 있는지를 가장 많이 배웠습니다."

이 여학생은 중국에서는 다른 사람보다 뛰어난 재능을 가진 편이었기 때문에 사람들과 사귈 때도 우월감이 강했다. 그랬던 그녀가 하버드에 다니면서부터 사람들을 대하는 태도가 달라졌다. 그녀는 진정으로 재능 있는 사람은 대부분 친구가 많고, 큰일을 이루고 싶다면 반드시 친구를 많이 사귀어야 한다는 사실을 의식하게 되었다.

하버드에 갓 입학했을 때 그녀는 사람과 사귀는 것을 매우 어려워했다. 하버드 학생은 분명 국내에서 보던 '우등생'보다 훨씬 오만할 거라고 생각했기 때문이었다. 그녀는 하버드에 재학하고 나서야 비로소 하버드 사람들이 사귀기 쉽다는 사실을 알게 되었다. 사람들은 다음과 같이 말한다.

'기계의 마찰은 자본을 축내고, 인간관계의 마찰은 마음을 상하게 한다.'

하버드 사람들은 동료가 될 수 있는 사람들의 미움을 사기보다 최선을 다해 그들과 친구가 되어 실질적인 이익을 얻는 편이 낫다고 생각한다. 그렇기 때문에 하버드 대학의 동문 관계는 매우 돈독하다. 졸업 후에도 사업적으로 서로 도움을 주는 경우가 많아서 그들은 대대로 우수한 근성을 이어 오고 있다.

누구나 자신과 관계가 좋은 사람을 다른 사람보다 좋아하기 마련이다. 만약 모든 사람과 친구가 될 수 있다면 당신은 사람들 속에서 가장 근성이 뛰어난 사람이 될 것이다. 살아가면서 우리는 널리 좋은 인연을 맺고, 동료가 될 수 있는 사람과 친구가 되도록 노력해야 한다. 별것 아닌 일로 다른 사람의 미움을 사거나 동료가 될 수 있는 사람을 적으로 돌려서는 안 된다. 소위 근성은 사람들과 교제하는 중에 생겨난다고 할 수 있다.

친구를 광범위하게 사귀는 것이 생존의 길이다

류차오에게는 테리라는 미국인 친구가 있다. 테리는 예전에 류차오의 상사였다. 류차오가 테리의 회사에서 평사원으로 일하기 시작했을 무렵에 그들은 평소 거의 접촉할 기회가 없었다. 하지만 류차오는 줄곧 테리에게 탄복하고 있었기 때문에 기회가 되면 그와 친구가 되고 싶다고 생각했다. 단지 기회가 찾아오지 않아 안타까울 뿐이었다. 게다가 그는 영어 실력이 엉망이었다. 그러나 우연히도 두 사람 모두 애연가라는 공통점을 가지고 있었다. 회사에는 흡연 구역이 설치되어 있어서 그들은 종종 그곳에서 함께 담배를 피웠다.

류차오는 이것이 좋은 기회라고 생각했지만 도대체 관계를 어떻게 맺어야 할지 알 수가 없었다. 시간이 꽤 흘렀음에도 두 사람은 함께 담배를 피우는 동안 격식을 차린 인사만 가볍게 나눌 뿐이었다.

어느 날 류차오는 이 미국인 상사가 시가를 매우 좋아한다는 사실을 알게 되었다. 그래서 그는 인터넷에서 시가와 관련된 자료를 찾아보았다. 다음번에 두 사람이 담배를 피울 때 류차오는 서툰 영어로 테리와 시가에 대해 이야기를 나누었다. 공통의 화제로 두 사람은 즐거운 대화를 할 수 있었다.

점점 친해지고 나자 테리는 때로 류차오에게 회사와 일에 대한 생각을 물었다. 그는 성실하게 자신의 관점을 제시하며 합리적이고 건설적인 제안을 했다. 테리는 줄곧 침묵을 지키던 류차오가 그렇게 성숙한 생각을 하고 있을 줄은 생각하지 못했다. 이로 인해 류차오는 불과 반년 만에 평사원에서 사업 부서의 관리자로 승진했다. 나중에 테리도 승진을 해서 미국의 본사로 돌아가게 되었다. 미국으로 돌아간 테리는 류차오에게 미국 본사로 와 업무를 맡아 달라고 부탁했고, 그는 흔쾌히 승낙했다.

미국에서 류차오는 업무 면에서 날이 갈수록 뛰어난 능력을 펼쳐 보였다. 영어 회화 실력도 갈수록 늘었다. 그렇게 류차오는 인생의 새로운 막을 열었다.

위의 이야기를 통해 우리는 인맥의 중요성을 살펴볼 수 있다. 사람이 사회 속에서 생존하기 위해서는 우호적인 인간관계가 중요하다. 인간관계의 중요성은 누구나 잘 알고 있으리라 생각한다. 그러나 실제로는 어떻게 자신의 인간관계를 관리해야 할지 모르는 사람이 많다.

사실 인맥을 만들고 관리하는 일은 결코 복잡하지 않다. 친구를 대할 때 차별하지 않고 진실한 태도로 대하는 것이 무엇보다 중요하다. 친구를 광범위하게 사귀라는 것은 사람에 따라 다른 태도를 취하라는 의미가 아니다. 누가 어떤 신분이나 지위를 가졌든지 간에 항상 겸손하고 우호적이어야 한다는 뜻이다. 이는 말하기는 쉽지만 실제로 실천하려면 결코 쉽지 않다. 사람들은 자연스럽게 상대방이 자신에게 도움이 되는지 평가를 하고 그에 따라 그들을 다르게 대하기 때문이다.

이는 원래 정상적인 것이다. 하지만 만약 당신이 성공하고 싶다면 반드시 이러한 결점을 극복해야 한다. 지금 당장은 좋을 것이 하나도 없어 보이는 사람이 장래에 당신에게 도움이 될지 아닐지 단번에 파악하기는 어렵다. 지금 눈앞에 있는 평범하기 그지없는 사람이 사실은 탄탄한 실력을 가진 사람일 수도 있다.

사람에게 인맥은 가장 중요한 재산이다. 어떤 일을 하든지, 어떤 지위에 있든지 좋은 인간관계는 당신에게 플러스 작용을 한다. 누군가를 이해하기 위해서는 우선 그 사람의 친구를 보라는 말이 있다. 그럴 정도로 인맥은 중요하다. 하버드 대학 사람들은 자신의 인맥을 관리하는 데 능하고, 하버드 동문 자체도 귀중한 인간관계가 된다.

비록 하버드 학생은 아니지만 우리도 인맥을 중시하고 주위 사람들과 좋은 관계를 맺어야 한다. 그중에서 가장 중요한 것은 사람에 따라 태도를 달리 해서는 안 된다는 점이다. 모든 사람에게 같은 태도를 유지하는 데서 한 사람의 품격과 수양이 드러난다.

실제로 좋은 인간관계를 맺으려면 반드시 다른 사람을 차별 없이 대해야 한다. 만나는 사람 모두에게 친절이 넘치는 태도를 보일 필요는 없지만 최소한 과도하게 냉담해서는 안 된다. 적정선을 넘지 않는 한에서 최대한 친절하게 타인을 대해야 한다. 광범위하고 우호적인 인간관계를 맺기 위한 비결은 될 수 있는 한 다른 사람의 미움을 사지 않는 것이다. 설령 누군가 당신에게 실례를 범했다 하더라도 근성이 있는 사람은 그 사람을 합리적으로 대해야 한다.

만약 당신이 이익을 가져다줄 것 같은 사람에게만 친절하고 자기보다 못한 사람은 냉담하게 대한다면 당신은 절대 성공할 수 없다. 진정한 성공을 거둔 사람은 신분이나 지위에 따라 친구로 삼을지 말지를 결정하지 않는다.

어느 누구도 무시해서는 안 된다. 사람들은 누구나 당신이 가지지 못한 장점과 뛰어난 부분을 가지고 있다. 인간이 발전할 수 있는 이유는 끊임없이 학습하는 법을 이해하기 때문이다. 친구를 광범위하게 사귄다는 것은, 다시 말하면 다른 사람을 보고 많이 배운다는 뜻이다. 오만한 사람과 친구가 되기를 원하는 사람은 없다. 우리는 절대 오만한 사람이 되어서는 안 된다.

사람들은 자기 자신의 능력이 대단하기만 하면 혼자서도 일을 처리할 수 있으므로 다른 사람의 비위를 맞출 필요가 없다고 생각한다. 하지만 친구를 많이 사귀는 것은 다른 사람의 비위를 맞추는 일도 아니고, 교활한 행동도 아니다. 처세의 기술이자 입신양명하기 위한 수완이다. 한 사람의 능력이 아무리 대단하다고 하더라도 많은 사람의 협력을 당해 낼 수는 없다. 오늘 당신이 다른 사람의 미움을 샀다면 내일은 분명 10명, 100명이 넘는 사람이 당신에게 적의를 품게 될 것이다.

인간관계를 유지하기 위해서는 최선을 다해야 한다

사람들은 실제 인간관계에 대해 잘못된 생각을 하고 있다. 다른 사람과 교제할 때 처음의 관계만 잘 맺으면 다음부터는 인맥으로 이용할 수 있다고 판단한다. 그러나 이는 잘못된 생각이다. 인간관계를 수립하기는 매우 쉽다. 하지만 더욱 중요한 것은 어떻게 하면 그 관계를 유지할 수 있는가이다.

사람은 누구나 감정을 가지고 있다. 내 마음대로 조종할 수 있는 게

임 속 캐릭터도 아니고, 당신이 조금 은혜를 베풀었다고 해서 평생 당신을 위해 봉사하는 도구도 아니다. 세상에 그렇게 편한 일은 없다.

하버드 대학을 다녔던 로라는 졸업 후 기자가 되었다. 그녀는 어느 유명인을 취재하기 위해 그의 집을 수차례나 찾아갔다. 그런데 성격이 매우 괴팍한 유명인은 시종일관 로라의 취재에 응하지 않았다. 그래도 로라는 결코 실망하지 않았다. 한 달 내내 그 사람이 가장 좋아하는 과자와 차를 보냈다.

정성은 사람을 배반하지 않는 법. 로라는 드디어 유명인의 호감을 얻었고 그를 성공적으로 취재할 수 있었다. 그는 강인함과 친화력을 지닌 로라의 근성에 못 이겨 취재에 응했다고 이야기했다.

만약 로라가 인간관계의 중요성을 몰랐다면, 인간관계를 어떻게 수립하고 지켜야 하는지 모르는 사람이었다면 자신의 임무를 완성해 낼 수 없었을 것이다. 또 그녀가 도중에 포기했다면 그동안의 노력도 물거품으로 돌아갔을 것이다.

인간관계에서 가장 금기해야 할 사항은 자신의 목적을 이룬 뒤 도와준 사람의 은혜를 저버리는 일이다. 다시 말해, 자기 볼일이 끝나면 연락도 하지 않다가 필요할 때만 감언이설을 하는 행동이다. 당신은 이러한 대접을 받는 상대방이 바보가 아니라는 사실을 알아야 한다. 이러한 태도는 분명 다른 사람의 반감을 산다. 때로 도와준 사람의 은혜를 저버리는 행동은 당신이 힘들게 구축해 온 인간관계를 단번에 무너뜨려서 당신의 앞길을 방해할 수도 있다.

좋은 인간관계를 맺으려면 반드시 최선을 다해 관계를 지키고 귀찮은 일을 두려워하지 말아야 한다. 기필코 잘 보듬고 보호해야 한다. 상대방에게 자주 전화를 걸고, 별일이 없어도 함께 밥을 먹고 노래를 부르러 가는 등의 방법으로 좋은 인간관계를 유지해야 한다. 어쩌면 귀찮게 느껴질 수도 있지만 이러한 노력을 해야 인간관계가 견고하고 완벽해진다. 그렇게 되면 도움이 필요한 순간에 당신에게 손을 내밀어 줄 사람이 아무도 없다는 사실을 깨닫게 되는 슬픈 일은 발생하지 않을 것이다.

친구 간에는 잦은 왕래가 필요하다. 관계를 유지하는 데 힘쓰고 자주 얼굴을 비춰야 그들도 비로소 당신을 진정한 인맥의 일부분으로 생각한다. 심지어는 당신에게 더 넓은 인맥을 가져다주기도 한다.

전화를 한 통 거는 데는 단 몇 분의 시간만 있으면 된다. 그리고 이렇게 사소한 행동이 당신에게 생각지도 못한 이익을 가져다준다. 반대로 고작 몇 분 통화하는 게 귀찮다고 연락에 소원해지면 앞으로 정말 상대방을 필요로 할 때 몇백 배의 시간과 힘을 들여야 할 수도 있다. 그렇게 되면 얻는 것보다 잃는 것이 더 많다.

그렇다면 애초에 인맥을 잘 유지하고 관리해서 앞으로 다가올 번거로운 일을 피하는 편이 훨씬 낫지 않을까? 인간관계를 유지하는 데는 사람을 진심으로 대하는 것이 가장 중요하다. 당신이 진심을 다해 다른 사람을 대하면 당신도 자연스레 진심을 얻을 수 있을 것이다. 당신이 다른 사람을 이용하려고만 하는데 어떻게 다른 사람이 당신을 성심성의껏 대할 수 있겠는가?

사람들이 인맥을 관리하는 이유는 대부분 자신에게 유용하기 때문이다. 인맥을 제대로 관리하거나 유지하지 않으면 당신이 쌓아 온 인맥은 조만간 사라져 버린다. 그렇게 되면 당신이 지금까지 들인 시간과 힘은 모두 수포로 돌아간다. 시간 낭비를 한 것일 뿐만 아니라 아무런 수확도 얻지 못하게 되므로 될 수 있는 한 조심하는 편이 좋다.

사람의 감정 교류는 상호적이다. 당신이 진심으로 상대방을 대하지 않는데 어떻게 다른 사람이 진심으로 당신을 대하겠는가? 따라서 좋은 인간관계를 유지하고 싶다면 말로만이 아니라 진심을 다해 인맥을 관리하고 유지해야 한다. 서로 자주 만나지 못해도 일주일에 한 번 인터넷상의 소통을 하는 일만으로도 돈독한 관계를 다질 수 있을 것이다.

하버드 근성 배우기

인간관계는 세상에서 가장 견고하면서도 가장 연약한 관계다. 그러므로 반드시 최선을 다해 유지하고 보호해야 한다. 하버드 사람들은 '오래 지속되는 성공은 조화로운 인간관계에 달려 있다'고 말한다. 당신의 미래도 마찬가지로 친구가 얼마나 많은가에 달려 있다. 자신의 인맥조차 지키지 못하는 사람은 근성이 뛰어난 사람이 될 수 없다.

누구든지 자신과 깊은 관계를 맺은 사람은 기꺼이 돕는다. 이는 당연한 일이다. 당신이 만약 동료가 될 가능성이 있는 사람들을 적으로 돌린다면 당신은 원하는 일을 진행시킬 수도, 성취를 이룰 수도 없을 것이다. 개중에는 자신의 능력이 다른 사람보다 뛰어난데 굳이 타인과 친교를 맺을 필요가 있느냐고 생각하는 사람도 존재할 수 있다.

하지만 모든 사람에게는 다른 사람이 가지지 못한 장점이 있다. 자만심이 강하고 다른 사람을 무시하는 사람이야말로 가장 가엾은 사람이다. 왜냐하면 최후의 순간에, 예전 자신이 무시하던 사람은 성공을 이루었는데 자기는 아직 제자리걸음을 하고 있다는 사실을 발견하게 되기 때문이다.

인간관계의 중요성을 이해하면 하버드 대학교 출신들이 왜 그들만의 독특한 근성을 가지고 있는지 알게 된다. 그들은 어떤 사람이 다른 사람에게 사랑을 받는지 잘 알고 있다.

STEP 1 다른 사람의 단점을 들추지 마라

사람은 저마다 장단점이 있기 마련이다. 이 세상에는 숨은 인재가 수없이 많다. 당신이 오늘 미움을 산 사람에게 내일 도움을 받을 상황이 생길지 어떻게 아는가? 진정한 근성을 갖춘 사람은 절대 쉽게 다른 사람의 행동을 질책하지 않는다. 그들은 사람이 완벽할 수 없다는 도리를 잘 알고 있기 때문이다. 하버드 교훈처럼 '그 사람이 왜 그렇게 행동했는지 알지 못한다면 다른 사람의 행위를 비판하지 마라. 당신도 같은 상황에서는 그렇게 행동할 수 있다'.

STEP 2 인맥을 유지하기 위해 최선을 다하라

인맥은 유지할 필요가 있다. 사람들의 환영을 받고 싶다면 다른 사람의 미움을 사지 않는 일 외에도 인맥을 유지하는 법을 배워야 한다. 사람은 누구나 감정을 가지고 있다. 당신이 주의를 기울이면 분명 환영받는 사람이 될 것이다. 하지만 다른 사람과 우정을 쌓고 나서 그것을 뒷전으로 한다면 당신이 쌓아 온 인맥은 물거품이 되고 만다.

STEP 3 자신의 목적을 이뤘다고 도와준 사람의 은혜를 저버리면 안 된다

때로 한 번만 필요하다고 생각되는 인맥도 있다. 그래서 볼일이 끝나면 다시는 연락을 하지 않는다. 그러다 수년 뒤, 당신이 그 사람을 재차 필요로 하게 되는 때가 온다면 아마 도움을 받지 못할 것이다. 자신의 목적을 이룬 뒤 도와준 사람의 은혜를 저버리고 감사할 줄 모른다면 그 결과가 어떨지 가히 짐작할 수 있을 것이다.

다른 사람의 실수를
지나치게 따지지 마라

다음과 같은 하버드 격언이 있다.

'관용은 인류의 가장 고귀한 품성이자 문명의 척도다.'

관용을 이해하는 사람은 상해를 입었다 해도 복수하지 않는다. 설령 복수할 수 있는 기회가 눈앞에 있더라도 말이다. 다른 사람에게 관용을 베풀 줄 모르는 사람은 힘든 일을 당했을 때 다른 사람의 관용을 받을 수 없다.

당신의 근성을 높여 주는 관용

하는 일 없이 빈둥거리는 게으름뱅이가 있었다. 어느 날 마을에 전도사가 전도하러 왔다. 게으름뱅이는 그를 골려 주려고 마음을 먹었다. 며칠 동안 어떻게 하면 모욕을 줄 수 있을지 생각한 그는 전도사를 보자마자 차마 들어줄 수 없는 상스러운 말을 하기 시작했다. 그런데 신기하게도 전도사는 시종일관 게으름뱅이를 아랑곳하지 않았다. 마치 그의 행동이 보이지 않기라도 하는 것처럼 말이다.

게으름뱅이는 화가 나 전도사의 앞에 가서 말했다.

"이봐요, 귀가 안 들려요? 내가 그렇게 심한 욕을 했는데 어째 대답이 없는 거요?"

이에 전도사는 예의 있는 태도로 대답했다.

"안녕하세요, 제 몸은 아주 건강합니다. 귀도 잘 들리고요. 당신의 말에 대답을 하지 않은 이유는 할 일이 있어서 한눈을 팔 시간이 없었기 때문입니다."

전도사의 말을 듣고 게으름뱅이는 한층 이상하게 생각했다.

"아무리 그래도 그렇지, 욕을 듣고도 아무런 반응이 없다니. 당신은 자존심도 없는 사람이군."

그러자 전도사가 웃으며 말했다.

"만약 누군가 당신에게 선물을 보냈는데 거절한다면 그 선물은 누구의 것이 됩니까?"

게으름뱅이가 즉시 대답했다.

"당연히 보낸 사람의 것이 되지요!"

전도사는 미소를 지으며 말했다.

"맞아요. 그래서 저는 당신의 모욕을 거절한 겁니다."

게으름뱅이는 전도사의 말을 듣자 뭔가 깨달은 듯 풀이 죽은 모습으로 사라졌다.

이것이 관용의 힘이다. 관용은 생각이 졸렬한 사람을 깨우치고 굴복시킨다. 만약 전도사가 관용 없이 게으름뱅이를 대하고 그와 똑같은 방법으로 받아쳤다면 아마 양쪽 다 상처를 입었을 것이다. 또 게으름뱅이는 전도사에게 순종하기는커녕 오히려 원한을 품었을 것이다.

관용은 타인의 마음을 굴복시킬 수 있는 일종의 근성이다. 일일이 계산하고 따지는 행동과는 완전히 반대되는 개념이다.

우리는 평소에 '위인'이라는 말을 들으면 눈앞에 높고 큰 형상이 떠오르는 것을 느낀다. 마치 마오쩌둥처럼 말이다. 그가 중국 사람들의 깊은 존경을 받는 이유는 '위인의 근성'을 가지고 있었기 때문이다.

마오쩌둥은 매우 관용 있고, 지나치게 따지지 않으며 겸손과 예의를 아는 사람이었다. 1974년에 잠비아 대통령이 중국을 방문했을 때의 일이다. 잠비아 대통령과 동행한 영부인이 마오쩌둥에게 무릎을 꿇어 예를 표했다. 그러자 마오쩌둥도 자신의 신분을 아랑곳하지 않고 무릎을 꿇어 예를 표해 사람들을 감탄시켰다. 그의 이러한 행동은 국내외 사람들에게 많은 칭찬을 받았다.

진정으로 재능 있는 사람은 다른 사람이 자신을 무시해도 전혀 개의치 않는다. 특히 다른 사람이 작은 실수를 저질렀을 때 관용 있는 태도를 드러낸다. 이것이 바로 소양이자 근성이다. 반대로 소인배 혹은 보잘것없는 지위를 가진 사람 가운데 타인이 자신을 존중하지 않는다고 늘 불평하는 사람이 있다. 일단 누군가 자신에게 미움을 사기만 하면 그는 끝까지 그 잘못을 추궁하고 절대 그냥 넘어가지 않는다. 이런 사람은 그 행동이 자신에게 존중과 이익으로 돌아올 것이라고 생각한다. 그러나 그는 가장 중요한 덕德을 잃은 셈이다.

지나치게 따지는 행동은 사람 간의 화합을 무너뜨린다

피터는 뛰어난 삽화가라서 평소 품위 있는 생활을 영위했다. 이런 사람은 어딜 가나 환영을 받게 마련이지만 오히려 피터의 친구들은 하나씩 멀어져 갔다. 심지어 아내조차도 그에게 불만을 갖고 있었다. 이는 모두 그의 '품위' 때문이었다.

친구와 함께 모임을 가질 때, 만약 식당에서 깨끗하지 않은 젓가락을 주면 그는 서비스가 엉망이라며 크게 화를 냈다. 과거에 있던 모임에서도 바로 이러한 이유로 종업원에게 큰소리로 화를 내며 몇 번이나 젓가락을 바꿔 오게 했다. 당시 그 자리에 있던 몇몇 친구들은 거북한 기분을 드러냈다. 집에 돌아온 후 부인은 그와 크게 말다툼까지 벌였다.

피터는 평소에 신문 읽기를 좋아했다. 그는 무슨 일이 있어도 매일 점심 식사 전에 신문을 읽는 일과를 빼먹지 않았다. 하루는 신문이 제때 배달되지 않자 그는 화가 머리끝까지 치밀었다. 신문 보급소에 불만 전화를 걸어 장장 한 시간 동안 설교를 했다.

신문 보급소에서는 원래 신문을 배달하는 배달원이 그날 병가를 내서 오후가 되어야 다른 배달원이 신문을 배달할 수 있을 거라고 설명해 주었다.

이러한 이유를 듣고도 그의 분노는 가라앉지 않았다. 오후에 신문을 받은 그는 신문이 늦어진 사실과 아무 관계가 없는 배달원을 혼쭐나게 야단쳤다. 그러고 나서도 분이 안 풀렸는지 신문 보급소에 전화를 해서 제때 배달을 하지 않은 배달원에게 징계를 내리라고 요구했다. 결국 그 배달원은 보름치 월급이 삭감되었다.

지나치게 따지는 그의 성격 때문에 친구들은 점점 멀어져 갔고, 동료들도 그와 함께 일하기 힘들다는 이유로 잇달아 다른 부서로 옮겨 갔다.

지나치게 따지기 좋아하며 개인의 이익만 생각하고 다른 사람을 이해하지 않는 사람은 성공할 수 없다. 옛날 사람들은 '하늘이 내린 시기' '지리적 우세' '사람과의 화합'을 성공의 세 가지 요소라 여겼고, 그중에서도 '사람과의 화합'을 가장 중요하게 생각했다. 지나치게 따지는 사람은 사람과의 화합을 잃게 되기 때문에 하늘이 내린 시기와 지리적 우세가 갖추어져도 성공할 수 없다.

항우는 일일이 따지기 좋아하는 사람이었다. 그는 부하가 공을 세우면 상을 내리기 아까워했고, 부하가 잘못을 하면 쉽게 목을 베었다. 그래서 주위 사람들은 하나둘 그를 떠나갔다. 반면 매우 방대했던 초나라 군대는 유방이라는 인재를 길러 냈다. 이는 항우에게 가장 애석한 일이라 할 수 있었다. 항우는 비록 하늘이 내린 시기와 지리적 우세를 갖추었음에도 성공을 바로 앞에 두고 실패하여, 스스로 목을 벨 수밖에 없었다.

도량이 좁은 사람은 근성도 결핍되어 있다. 그런 사람은 처세를 할 때 자신도 모르는 사이에 배척하는 마음을 형성한다. 자기 자신을 제외한 다른 사람을 배척하고, 이런 상황이 오래 지속되면 주위 사람들도 그를 배척하게 된다.

미국의 심리 전문가 윌리엄 제임스는 이런 사람에 대해 다음과 같은 결론을 내렸다.

첫째, 겉으로 아무리 대범해 보인다 하더라도 내면 깊은 곳은 편안하지 않다. 일일이 따지고 드는 행동 자체가 이미 사람으로 하여금 평정을 잃게 만들기 때문이다. 또한 자주 평정을 잃는 사람은 비교적 심각한 조급증이 생긴다. 자주 조급해하는 사람은 삶의 즐거움을 느낄 수 없을 뿐만 아니라 심지어 고통을 느끼기도 한다.

둘째, 살아가면서 마음의 균형을 잡거나 만족을 얻기가 매우 어렵다. 오히려 과도한 계산 때문에 일과 사람에 대해 불만과 분노를 느낀다. 다른 사람과 자주 의견 충돌을 일으키고 내면에 모순이 가득하다.

셋째, 마음속이 항상 꽉 막혀 있다. 매일 구체적인 일을 해야만 안심하고 생활하는 상황에서 스스로 벗어날 수 없다. 또한 항상 눈앞의 일만 보고 멀리 내다보지 못한다. 그보다 더욱 심각한 것은 계산하기를 좋아하는 사람은 세상에서 일어나는 수많은 일 중 한 가지만 계산하는 것이 아니라 모든 일을 습관적으로 계산한다는 점이다. 항상 과도하게 계산하고 마음에 묻어 두기 때문에 근심 걱정이 쌓인다. 근심 걱정이 가득한 사람이 어떻게 즐거운 삶을 영위할 수 있겠는가?

넷째, 무언가를 얻으려는 생각을 너무 많이 한다. 이런 사람은 마음 편히 생활하기가 매우 어렵다. 늘 과도하게 계산을 하기 때문에 공연히 재난과 성가신 일을 불러일으킨다.

다섯째, 긍정적이고 밝은 면이 아니라 어두운 면에만 주목한다. 문제가 생기거나 실수를 발견하면 계속 걱정하고 모든 일에 경계를 하기 때문에, 내면이 늘 어둡다. 여기서 볼 수 있듯이 지나치게 따지는 사람은 '사람과의 화합'뿐만 아니라 신용과 명예도 잃는다. 그리하여 행복과 크게 동떨어진 삶을 살게 된다.

어느 아가씨가 있었다. 그녀는 연주회를 열고 싶었지만 혹시 들으러 오는 사람이 없을까 두려워 포스터에 자기가 프란츠 리스트의 제자라고 덧붙였다.

그런데 생각지도 못하게 연주회 당일에 리스트 본인이 현장에 나타났다. 너무나도 놀란 아가씨는 바닥에 주저앉아 눈물을 흘리며 리스트에게 자신을 용서해 달라고 부탁했다. 리스트는 그런 아가씨에게 즉석에서 한 곡을 연주해 달라고 이야기했다. 그녀가 연주를 마치자 리스트가 말했다.

"당신은 지금부터 내 학생이 되었으니 연주회를 시작해도 됩니다."

그리고 리스트는 연주회의 마지막에 자신의 새로운 학생을 위해 피아노 연주곡 한 곡을 연주해 주었다.

만약 지나치게 따지기 좋아하는 사람이 이러한 일을 겪었다면 매우 화를 냈을 것이다. 어쩌면 법적인 조치까지 취했을지도 모른다. 과연 리스트처럼 넓은 도량을 베풀 수 있는 사람이 얼마나 될까? 이러한 점 때문에 리스트는 더욱 많은 사람의 사랑을 받았다.

하버드 근성 배우기

관용은 올바른 사람에게 필요한 풍모이자 일종의 근성이다. 양호한 소양이 드러나면 다른 사람의 호응을 얻을 수 있고, 서로 효과적으로 교제할 수 있다. 우리는 종종 '큰 인물은 도량이 크다'라고 말한다. 관용은 한 사람의 '성격적 공간'이다. 이 공간이 클수록 다른 사람을 더 잘 받아들인다. 그리고 주위에 사람이 많아질수록 좋은 인맥이 저절로 생겨난다.

현대사회에서 인간관계는 날이 갈수록 복잡해지고 있다. 살다 보면 우리는 낯선 사람뿐만 아니라 친한 친구와의 마찰도 피하기 힘들 때가 있다. 일시적인 충동 때문에 친한 사람의 기분을 상하게 해서 관계를 깨뜨리고, 자신이 받은 상처나 심지어 케케묵은 일까지 마음에 두고 복수할 기회를 엿보고 있다면 당장 그만두는 편이 좋다. 이는 해서는 안 되고 할 가치도 없는 일이다.

속이 좁은 젊은이가 있었다. 다른 사람에게 자주 미움을 사서 마음이 울적해진 그는 한 교수에게 가르침을 청하러 갔다. 그 교수는 지리학을 연구하는 사람이었다. 교수는 두꺼운 지도책을 집어 들고 아무 페이지나 펼치더니 그에게 내밀었다. 거기에는 각 나라, 지역, 하천, 도로 등이 묘사되어 있었다.

교수가 그에게 말했다.

"봐라. 만약 우리나라를 이 지도에 그린다면 하나의 덩어리에 불과할 거다. 우리가 사는 도시를 그린다면 작은 점에 불과할 거고, 우리는 아예 보이지도 않겠지. 어떤 일이 생겼을 때, 특히 그 일이 명예와 이익에 관련되었다면 이렇게 생각해 보는 게 어떨까? 이 넓은 세상에서 우리는 너무나도 보잘것없는 존재에 불과하다고 말이야. 그보다 더 작은 일을 일일이 신경 쓰고 마음에 담아 두는 것은 정말 가치 없는 일이지!"

깨달음을 얻은 젊은이는 그때부터 도량이 넓어지기 시작했다. 그의 인생도 즐거워졌다.

이런저런 일이 복잡하게 뒤엉키는 대부분의 이유는 작은 존재인 우리가 그보다 더 사소한 일을 지나치게 계산하기 때문이다. 우리는 소중한 시간을 사소한 일에 낭비하고 있다. 반면에 진지하게 생각해야 하는 일에 대해서는 각종 핑계를 대며 회피하고, 열심히 노력하지 않는다. 뿐만 아니라 지나치게 계산하는 버릇 때문에 주위 친구들에게 상처를 입혀서 친구들도 갈수록 줄어든다. 어느 책에서 '계산은 빈곤함의 시작이다'라고 말했다. 지나치게 따지는 사람과 교제하고 싶은 사람은 없다. 함께 일하는 것은 더더욱 원하지 않는다. 양호한 인간관계를 이용해 많은 돈을 벌 수 있었던 사람도 지나치게 따지는 습관을 가지면 기회를 잃는다. 이런 사람은 갈수록 빈곤해질 수밖에 없다.

STEP 1 자기 자신을 너무 중요하게 생각하지 마라

자신을 너무 중요하게 생각하는 사람은 자신의 작은 잘못도 받아들이기 힘들어 한다. 타인의 잘못을 받아들이지 못하는 건 말할 것도 없다. 그러면 다른 사람도 그를 받아들이지 않는다. 그러므로 인간관계에서 관용을 넓히는 것은 매우 중요하다.

STEP 2 마음을 넓게 가져라

만약 당신이 다른 사람과 주위에서 벌어지는 일을 너그럽게 받아들

일 수 있다면 당신의 인간관계가 더욱 넓어질 뿐더러 일도 순조롭게 풀릴 것이다. 개인의 이익만 생각하지도 말고, 남에게 일일이 득실을 따지려고도 하지 마라. 또한 긴 인생을 고려하면서 전체적인 국면을 중요하게 생각해야 한다. 사소한 일을 너무 따지지 말고 관용을 가져라. '바다는 모든 시냇물을 받아들일 수 있을 정도로 관대하고 크다'는 말처럼 자신과 다른 사람의 행복을 위해 관용을 가진 사람이 되도록 노력하자.

삼시를 배워서
다른 사람에게 베푸는 사람이 되자

하버드 대학교에는 수백 년 동안 다른 사람을 위해 봉사하는 전통이 내려오고 있다. 하버드 학생들은 '다른 사람을 위해 봉사하는 사람이 가장 부유한 사람이다'라는 말을 굳게 믿고 있다. 때문에 다른 사람과 가진 것을 나누고 봉사하는 사람이 매력적이라고 생각한다.

우리는 어릴 때부터 남에게 베풀며 살라고 배운다. 그러나 정말로 이를 실천하며 살아가는 사람은 몇 명이나 될까? 타인에게 하는 봉사가 왜 중요한지를 이해하는 사람은 과연 또 몇 명이나 될까?

선행을 베풀려면 우선 삼시를 배워야 한다. 이를 통해 마음속 깊은 곳에서부터 우러나오는 너그러운 마음으로 다른 사람을 대해야 한다. 물질적인 베풂뿐만 아니라 내면의 관용으로 다른 사람을 대해야 한다는 의미다.

삼시는 불교 용어다. 《대지혜론大智慧論》에서는 삼시를 다음과 같이 해석하고 있다.

'첫째, 재시財施는 사람이 스스로 지켜야 할 계율로 타인의 재물을 침범하지 않고 자신의 재물을 다른 사람에게 베푸는 일이다. 둘째, 법시法施는 다른 사람에게 설법으로 깨달음을 주는 일이다. 셋째, 무외시無畏施는 죽음을 두려워하는 일체의 중생들에게 온갖 두려움을 없애 주는 일이다.'

간단히 말해 다른 사람에게 자신이 가진 재물을 나누어 주고, 자기 생각의 유익한 점을 나누어 주고, 자기 안위만 살필 것이 아니라 다른 사람의 고통도 함께 나누라는 뜻이다.

삼시를 실천할 수 있는 사람은 군중 속에서 단연 뛰어난 존재다. 선행이란 자신이 가진 재물을 다른 사람에게 나누어 주는 것이라고만 생각하는 사람이 많다. 그리고 명성을 위해 허울 좋은 자선을 베푼다고 생각한다. 그러나 이런 사람은 '베푸는 것'의 진정한 의미를 모르고 있다. 그들이 하는 자선은 단지 쇼에 불과하고 따라서 타인의 존중을 얻을 수 없다.

인색하지 않은 사람이 환영을 받는다

얼마 전 인터넷상에 다음과 같은 이야기가 퍼진 적이 있다. 내용인즉슨 어떤 남자가 전 여자 친구에게 두 사람이 사귀는 동안 사용한 비용이 상세하게 적힌 메일을 보냈다는 것이다. 그 메일에는 심지어 영수증도 첨부되어 있었다. 남자는 데이트를 할 때 사용한 비용의 절반을 전 여자 친구에게 청구했다.

대다수의 사람들은 이야기를 보고 쓴웃음을 지었다. 여기서 우리는 자세히 한번 생각해 볼 필요가 있다. 사람들은 왜 이 이야기를 보고 쓴웃음을 지은 것일까? 그 의미는 무엇인가? 이는 어디서든 인색한 사람은 환영을 받지 못한다는 뜻이다. 사람들은 인색하게 굴지 않고, 일일이 계산하지 않는 사람을 더 좋아한다. 당신이 평소에 과도하게 따지는 성격이라고 가정해 보자. 그런데도 불구하고 스스로는 절약을 하는 것뿐이라고 생각한다면, 아마 당신은 실제로 절약한 것보다 훨씬 많은 것을 잃게 된다.

그저 소소한 이익만이 남을 뿐, 당신은 양호한 인간관계와 당연히 알아야 할 상식을 잃을 것이다. 반면 진정으로 지혜로운 사람은 적당히 포기할 줄 알면 더 많은 것이 생긴다는 사실을 인지하고 있다.

어디서든 환영받는 사람의 공통점은 인색하지 않다는 데 있다. 이는 우리 삶의 다양한 방면에서 드러난다. 어쩌면 당신은 경제적으로 넉넉지 않기 때문에 남을 도와줄 여유가 없다고 생각할지도 모른다. 하지만 지금 손에 있는 사과를 친구와 나눈다면, 달랑 두 개밖에 없는 동전 중 하나를 길가의 거지에게 베풀 수 있다면, 당신은 인색하지 않고 대범한 사람이다.

불경에서는 재물을 베풀 줄 아는 사람은 부귀하고, 타인을 위해 설법을 전하는 사람은 지혜를 전달하는 사람인 동시에 그 자신도 큰 지혜를 가졌다고 이야기한다. 또한 자신이 힘든 상황에서도 다른 사람의 번뇌와 불행을 위로하는 사람은 금생에 행복과 건강을 얻을 수 있다고 한다.

하버드 대학 교수들은 학생들에게 선행이란 자신을 칭찬하는 가장 좋은 방법이라고 가르친다. 그 가르침 덕분에 하버드 사람들은 자신만의 독특한 근성과 함께 동일한 이념과 생각을 갖고 있다. 그래서 외부 사람들도 단번에 하버드 졸업생을 쉽게 판별해 낼 수 있는 것이다. 많은 사람들 사이에서 대범하게 타인을 기꺼이 돕는 사람이 하버드 대학교 학생들인 경우가 많기 때문이다.

인색하지 않고 대범한 사람은 타인의 호감을 쉽게 얻기 때문에 상대적으로 다른 사람들보다 자신만의 사업을 일으키기 쉽다. 뿐만 아니라 그들은 타인의 도움을 받으면 더 많이 돌려줘야 한다는 원칙을 안다. 이런 사람은 타인과의 관계에서 긍정적인 순환을 형성하여 교제를 더욱 순조롭고 조화롭게 만든다.

반대로 당신이 다른 사람에게 매우 인색하고, 제 잇속만 생각하며 보답하려 들지 않으면 다른 사람들의 도움을 한두 번 받을 수 있을지는 몰라도 계속해서 받지는 못할 것이다. 그 상태로 시간이 흐르면 아무도 당신을 도와주지 않으려 할 테고, 결국 당신의 인맥은 단절되어 버린다.

성공하기를 원하는 사람은 당장의 이익만 생각할 것이 아니라 원대한 식견을 갖추어야 한다. 다른 사람에게 너그럽게 행동하는 것은 자신이 성공할 발판을 마련해 가는 과정이나 마찬가지다. 이는 그 누구도 아닌 자기 자신을 위한 것이므로 억지로 너그러운 행동을 하려고 생각지는 마라. 이러한 이치를 이해하면 당신은 성공에 한 발짝 더 다가갈 수 있다. 인색한 사람은 다른 사람에게 좋지 않은 인상을 주고 배척심이 들게 한다. 그런 부정적인 감정을 주는 사람을 과연 누가 근성을 갖춘 사람이라고 생각하겠는가?

이처럼 다른 사람과 나누기를 좋아하는 사람은 항상 환영을 받는다. 반면 인색한 사람의 인간관계는 종종 갈피를 잡을 수 없는 상황에 빠지게 된다.

잃는 게 있어야 얻는 게 있는 법, 이해득실을 따지지 마라

매우 똑똑한 소녀가 있었다. 어렸을 때부터 식구들의 총애를 한 몸에 받고 자란 그녀는 우수한 성적으로 하버드 대학교에 들어갔다. 하지만 또래 동기들과 융화되지 못하자 그녀는 매우 곤혹스러웠다.

나중에 한 친구가 그녀에게 이유를 말해 주었다. 그녀가 너무 계산적이고 지나칠 정도로 따지기 때문에 친구가 되려는 사람이 없는 것이라고 말이다. 그리고 친구는 하버드에서는 반드시 '세상은 당신이 똑똑하다고 해서 당신에게 훈장을 주지 않는다. 그러나 당신의 선행은 당신에게 영광을 가져다준다'는 말을 기억해야 한다고 덧붙였다.

그러므로 어딜 가나 환영받는 사람이 되기 위해서는 과도하게 이해득실을 따지지 말아야 한다는 사실을 우리는 기억해야 한다. 아무도 하려 들지 않는 일을 나서서 하는 사람은 다른 사람들에게 높은 평가를 받는다. 그러나 독선적이고 지나치게 계산하는 사람은 결코 환영받지 못한다.

만약 과도하게 이해득실을 따진다면, 어떤 일을 할 때마다 보답을 바란다면, 마음이 맞는 친구도 사귈 수 없고 타인의 지지를 얻기도 어렵다. 성공한 사람들은 넓은 도량과 기개를 가지고 있다. 그들은 사소한 일을 가지고 한참 동안 계산하지 않는다.

물론 아무리 계산적이지 않은 사람이라도 종종 간발의 차이로 성공을 놓치는 경우가 있다. 하지만 지나치게 계산적인 사람은 성공에 가까워질 수조차 없다. 당신이 지나치게 계산적이라면 그것은 식견이 짧고 얕기 때문이다. 이런 사람은 다른 사람보다 뛰어난 근성을 갖출 수 없다.

사실 근성이 비범한 사람은 대부분 계산적이지 않다. 그렇기 때문에 그들은 더욱 여유롭고 범속하지 않으며, 더더욱 남다른 근성을 갖는다. 또한 지나치게 계산할 가치가 없는 일을 단번에 간파하고 마음속으로 더 중요한 것, 더 큰 국면을 생각한다.

넓은 도량은 좋은 관계를 맺는 데 도움을 주고, 우리를 주목받는 사람으로 만든다. 따라서 도량을 단련하는 일은 매우 중요하다. 잃는 게 있어야 얻는 게 있다는 이치를 이해해야만 더 많은 친구를 얻을 수 있다.

미덕으로 여겨지는 품격 중에서도 계산적이지 않은 넓은 도량은 가장 얻기 어렵다. 왜냐하면 사람의 본성은 모두 이기적이기 때문이다. 넓은 도량을 갖추기 위해서는 이기적인 본성을 벗어나야 한다. 어떻게 보면 넓은 도량은 인성이 승화된 것이라 할 수 있다. 통상적으로 도량이 넓은 사람은 자제력이 매우 뛰어나서 자신의 감정을 능숙하게 컨트롤한다. 그들에게 성공의 잠재력이 있다고 이야기하는 까닭이다.

사실 이러한 이치를 이해하는 사람은 결코 적지 않다. 그러나 막상 자기 얘기가 되면 많은 사람들은 왜 자신이 손해를 봐야 하는가 생각하며 주저한다. 설령 앞으로 더 큰 이익이 생긴다는 사실을 알더라도 베풀기를 아까워한다. 그런 이들과 달리 우리는 반드시 '도량'과 '베풂'이라는 두 단어가 우리의 삶 속에 소홀히 할 수 없는 일부분으로 자리하도록 스스로 훈련해야 한다. 다른 사람을 위해 베푸는 행동은 자연스럽고 기쁜 일이다.

나누는 삶은 아름답다. 기쁜 일이 있을 때 이를 친구와 나누면 두 배가 된다. 그런데 왜 좋은 기분을 나누는 데 인색한가? 지금부터라도 다른 사람과 나누도록 하라. 그렇지 않으면 미래에 당신이 다른 사람과 기쁨을 나누려고 할 때 함께 나눌 사람이 아무도 없다는 사실을 발견하게 될지도 모른다.

자신이 가진 지식과 기쁨, 사랑을 다른 사람과 나누는 법을 배워라.

이는 사람의 가장 아름다운 인품이다. 이로 인해 당신은 더욱 큰 칭찬과 기쁨을 얻을 수 있다. 우리는 어떻게 하면 다른 사람과 나누고 삼시를 실천할 수 있을지 배워야 한다. 그렇게 하면 당신은 자신이 속한 곳에서 가장 넓은 도량을 가진 사람이 될 것이다.

어느 정도 시간이 흐른 후 되돌아보면 인간관계도 정말 좋아졌다는 사실을 발견하게 된다. 평범한 관계에 불과했던 사람과 어느 순간 매우 좋은 사이가 되었음을 깨닫게 된다. 동시에 당신은 꿈에 바라던 근성을 이미 소유하고 있다는 사실을 발견하게 될 것이다.

하버드 근성 배우기

어느 하버드 학생이 대학에 재학하면서 다른 학우들로부터 정말 많은 도움을 받았다고 이야기했다. 처음에 그는 하버드에서 자신을 기꺼이 도와주는 사람을 만나기 어려울 것이라고 생각했다. 그러나 예상과 달리 그는 학우들이 모두 기꺼이 남을 돕는다는 사실을 발견했다.

나중에 그는 하버드 사람들이 '선행은 유창한 웅변보다 더 사람의 마음을 움직인다'는 가치관을 내면화했다는 사실을 알게 되었다. 그들은 선행을 즐기는 사람이야말로 사람들 가운데서 가장 눈부시다고 생각한다. 그렇기 때문에 하버드 사람들은 다른 사람을 자주 도우며 자신의 근성을 단련시킨다.

우리는 선행을 통해 개인이 가진 장점을 잘 드러낼 수 있다. 다른 사람을 기꺼이 돕는지 여부는 당신이 근성이 뛰어난 사람이 될 수 있을지 아닐지를 직접적으로 결정한다. 만약 모든 것을 손에서 놓지 않으려 하고, 다른 사람을 돕는 데 자신이 가진 10분의 1이라도 내놓기를 원하지 않는다면, 즉 『외제니 그랑데』의 그랑데 영감 _{프랑스 작가 발자크의 소설 제목과 그 등장인물 이름}처럼 인색하기 그지없는 사람이라면 당신은 절대 사람을 감동시키는 근성을 소유할 수 없다.

STEP 1 은혜를 베풀되 보답을 바라지 마라

선행을 베풀 때 가장 중요한 점은 베푸는 기쁨을 누리는 법을 배우는 것이다. 다른 사람을 도와주면서 언젠가 보답을 받을 수 있으리라고 생각해서는 절대 안 된다. 만약 다른 사람을 도울 때마다 보답을 바란다면 당신은 근성 있는 사람이 될 수 없다. 분명 무언가를 얻을수록 불행해질 일이다.

STEP 2 자신이 가진 것을 다른 사람과 나누라

'당신이 베푼 선행은 묘비에 적힌 이름보다 당신을 더 그리워하게 만든다.'

이 말은 하버드의 교훈 중 하나다. 사람들은 누구나 유치원 때부터 자신이 가진 것을 다른 사람과 나누라고 배운다. 그러나 평생 이를 어떻게 실천해야 할지 이해하지 못하는 사람이 매우 많다. 사실 나누는

것의 참뜻은 따뜻한 정을 주고 기쁨을 얻는 일이다.

STEP 3 무작정 얻으려고만 하지 마라

선행을 베푸는 일은 무언가를 얻으려 할 때보다 훨씬 많은 수확을 가져다준다. 살아가면서 우리는 많이 얻으려는 것이 아니라 많이 베푸는 법을 배워야 한다. 다른 사람에게 무언가를 베풀수록 자신이 얻는 것 또한 많아지기 때문이다. 무작정 얻으려고만 하면 당신의 인간관계는 더욱 엉망진창이 될 것이고, 당신의 사업도 활기를 띠지 못할 것이다.

오만과 편견을
버려라

하버드 대학교 입학생이 제일 처음 배우는 명언은 '윗사람에게 겸손한 것은 본분이며, 동등한 사람에게 겸손한 것은 온화함이다. 아랫사람에게 겸손한 것은 고상함이며, 모든 사람에게 겸손한 것은 안전함이다'라는 아리스토텔레스의 말이다.

만약 당신이 하버드 대학교에 들어간다면 모든 사람이 더할 나위 없이 겸손하다는 사실을 발견할 수 있을 것이다. 저명한 교수든 뛰어난 학생이든 막론하고 다들 겸허한 태도로 다른 사람을 대한다. 그들은 세상에는 재능 있는 사람이 매우 많고, 자신의 지식은 빙산의 일각에 불과하다는 사실을 잘 알고 있다. 자신이 아직 멀었다는 사실을 알기 때문에 그들은 결코 교만하지 않다.

고대 그리스의 저명한 철학자 소크라테스는 학식이 깊고 넓어 그를 따르는 문하생이 천하에 골고루 퍼져 있었지만 항상 겸손하고 친절했다. 다른 사람이 자신의 학식을 칭찬할 때마다 그는 이렇게 말했다.

"내가 유일하게 알고 있는 것은 나 자신이 무지하다는 사실이다."

또한 영국의 화학자 에드워드 프랭클랜드는 영국 왕립학회의 회원으로 뽑혔을 때, 오언스 대학(맨체스터 대학교의 전신)에서 그를 위해 유기화학 분야의 새로운 교수직을 마련해 주었을 때, 그리고 글래스고 대학교의 명예박사로 선정되었을 때 모두 조금도 변함없이 겸손한 품격을 유지했다. 프리드리히 엥겔스는 그를 '세상에서 가장 겸손한 사람'이라 칭찬한 적이 있다. 이렇게 많은 위인이 모두 겸손했는데 우리가 어떻게 작은 성취만으로 교만할 수 있단 말인가?

사람을 대할 때는 오만하지 마라

많은 사람이 제인 오스틴의 『오만과 편견』 속 주인공들의 사랑 이야기에 큰 감동을 받았으리라 믿는다. 두 주인공 사이에 오해가 생겼을 때 독자들은 아마도 덩달아 마음을 졸였을 것이다. 미스터 다아시의 오만과 엘리자베스의 편견은 그들의 사랑을 파란만장하게 만들었고, 동시에 독자들의 마음에 깊은 영향을 미쳤다. 사실 문학작품을 떠난 현실에서도 '오만과 편견'은 종종 나타난다. 단지 이는 사랑에 있어서의 오만과 편견이 아니라 우월함에서 생겨난 오만이자 지식이 빚어낸 편견이라는 사실이 다를 뿐이다.

'소인이 득세하면 군자가 위험하다'는 말이 있다. 사람은 일단 권력을 쥐면 변한다. 이는 정상적인 현상이지만 권력이 있다고 해서 안하무인격으로 사사건건 다른 사람을 괴롭히거나 자기보다 못하다고 생각해서는 안 된다. 자고 이래 권력은 사람의 마음을 부패시키는 독약이었다. 특히 젊은 사람일수록 세상 물정을 잘 모르기 때문에 작은 권력을 쥔 것만으로도 오만해지고 자기를 대단한 사람이라고 착각하기 쉽다. 하지만 다른 사람들 눈에는 권력을 얻은 소인배로 비칠 뿐이다.

당신이 소유한 모든 것은 견고하지 않다. 그러므로 자만하지 말고 자신의 실력을 더욱 높이기 위해 노력해야 한다. 현재의 양호한 환경을 잘 지켜야 더욱 발전하고 제자리걸음하지 않을 수 있다. 그러나 오만과 편견은 이러한 생각을 말살시킨다. 당신이 오만할수록, 자신의 잘못을 보지 못할수록 편견이 생겨난다. 자기가 완전무결하다고 생각하는 사람은 시간이 흐를수록 더욱 퇴보하게 된다.

학력이 높고 책을 많이 읽었다고 해서 자신의 지식이 대단하다 생각하고는 다른 사람을 깔보며 박학다식함을 자랑하는 사람을 흔히 볼 수 있다. 그들은 진정한 재주와 근성을 가진 사람은 자기 자랑을 하지 않는다는 사실을 모른다. 진정한 근성은 스스로 자랑하는 것이 아니라 저절로 뿜어져 나오는 것이다. 그러므로 근성이 뛰어난 사람이 되려면 오만과 편견을 버려야 한다.

『오만과 편견』의 주인공 미스터 다아시는 자기가 대단한 가문 출신이므로 원하는 여자와 얼마든지 결혼할 수 있다고 생각했기 때문에 오만했다. 그렇지만 엘리자베스는 그에게 가문과 재산이 전부가 아님을 깨닫게 해 주었다. 그녀는 그의 청혼을 거절했다. 실제로 우리도 종종 남보다 조금 뛰어나다고 해서 오만해지기 시작한다. 그러나 현실은 소설이 아니다. 지나친 오만의 결과는 청혼을 거절당하는 것처럼 간단한 일로 끝나지 않는다. 뛰는 놈 위에 나는 놈 있다는 말처럼 제아무리 뛰어난 성인이라고 해도 두려워하는 것이 있다. 따라서 그 누구에게도 오만하게 다른 사람을 무시할 자격은 없다. 당신이 정말로 완전무결한 사람이 아닌 이상은 말이다. 그런데 과연 완전무결한 사람이 이 세상에 존재할까?

또 소설 속의 엘리자베스가 미스터 다아시에게 편견을 가진 이유는 그녀가 매우 총명한 여인이었기 때문이다. 미스터 다아시의 모든 행동이 어리석게만 느껴진 그녀는 처음부터 그에게 편견을 가졌다. 이는 요즘 사람들이 자기보다 학력이 낮은 사람을 깔보고 일고의 가치도 없다고 생각하는 것과 닮았다. 하지만 오히려 학력이 높지 않은 사람들이 더욱 열심히 일하고 기꺼이 희생하기 때문에 더 많은 수확을 얻는다.

실제로 능력이 있는 사람일수록 자신의 부족함을 더 잘 발견한다. 그들의 근성 또한 더욱 두드러진다. 마치 갈릴레이가 "당신은 다른 사람에게 어떠한 것도 가르칠 수 없다. 단지 그가 스스로 배우도록 도울 수 있을 뿐이다"라고 말한 것처럼 말이다. 또한 필립 체스터필드는 말했다.

244

"우리는 이야기 혹은 일상사를 대화하는 방식을 통해서 다른 사람에게 영향을 줄 수 있다. 굳이 인생의 철학적 이치 같은 것에 대해 대담을 벌일 필요는 없다."

이렇게 평범한 방식을 통해 다른 사람과 교제하고 소통해야 당신은 더욱 훌륭한 사람이 될 수 있다.

소위 말하는 '엘리트'들도 마찬가지다. 그들은 자신의 학력과 지식이 다른 사람보다 높다고 생각하기 때문에 거리낌 없이 다른 사람을 비웃는다. 그리고 종종 성적이나 졸업장만으로 한 사람의 능력을 평가한다.

오늘날 수많은 화이트 컬러가 집을 빌리고, 수도세나 전기 요금을 내는 일 때문에 걱정하고 있을 때 그들과 대비되는 블루 컬러들은 이미 먹고살 만한 상태를 뛰어넘어 중산층의 일원이 되어 있다. 지식이나 기술 모두 생계를 도모하는 수단이며, 변호사든 노동자든 직업에는 귀천이 없다. 그런데 왜 굳이 서로 비교하려 하는가?

어떤 사람은 자기가 박사까지 공부해서 높은 학력을 가지고 있으니 환경미화원을 깔봐도 괜찮다고 생각한다. 그리고 지식만이 신분과 지위의 상징이라고 여긴다. 하지만 그들은 진정한 귀족 정신과 근성을 알지 못한다.

우리는 모든 사람을 평등하게 대해야 한다. 상대에 따라 대하는 태도가 달라지는 사람은 경솔하고 천박하다.

오만과 편견을 버리라고 하는 이유는 그것이 한 사람의 참된 마음을 잃게 하고 맹목적으로 자신이 대단하다는 생각을 갖게 만들기 때문이다. 이는 한 사람의 성장 과정에 치명적인 결점이 된다. 후광과 영광은 다른 사람이 당신에게 부여하는 것이고 상대적인 개념이다. 다른 사람의 인정을 받지 못하는데 어떻게 성과를 얻을 수 있겠는가? 당신이 어느 정도 성취를 이루었다고 해서 다른 사람을 제멋대로 얕잡아 본다면 그 영광은 오래 가지 못할 것이다.

지식도 마찬가지다. 지식을 배우는 것은 더욱 잘 살기 위해서이다. 동시에 타인에게 기쁨을 주기 위해서이기도 하다. 만약 당신이 일평생 공부를 했다 하더라도 최후의 순간에 자신의 지식을 뽐내고 다른 사람을 비웃는다면 당신의 지식은 상응하는 가치를 발휘하지 못한다. 이러한 지식은 없는 거나 마찬가지다.

지식과 권력을 뽐내지 마라

외모를 치장하는 데 무척 공을 들이는 부인이 있었다. 하루는 그녀가 아이를 데리고 회사에 가게 되었다. 감기라도 걸렸는지 아이는 계속 콧물을 흘렸고 부인은 휴지로 콧물을 닦아 주었다. 그러고는 콧물이 묻은 휴지를 깨끗한 바닥에 아무렇게나 버렸다. 이때 옆에서 청소를 하던 노인이 묵묵히 다가와 휴지를 주워 쓰레기통에 집어넣었다. 조금 있다가 부인이 또 휴지를 바닥에 버리는데도 노인은 여전히 아무 말 없이 휴지를 쓰레기통에 집어넣었다.

이때 부인이 자신의 아이를 보며 말했다.

"봤지? 열심히 공부하지 않으면 커서 저런 사람이 되는 거야. 세상에서 제일 더러운 일을 하고 평생 다른 사람들에게 얕잡아 보인단다."

노인은 그 말을 듣고도 전혀 화를 내지 않았다. 오히려 매우 침착한 말투로 부인에게 물었다.

"여기는 이 회사의 사람들이 일하는 장소입니다. 회사 직원만이 들어올 수 있는데 당신은 무슨 일로 오셨습니까?"

부인은 고개를 들더니 매우 교만한 투로 말했다.

"난 이 회사 부서의 책임자예요!"

노인은 아무 말 없이 휴대전화를 가지고 누군가와 통화를 했다. 얼마 안 있어 회의실에서 한 젊은이가 나왔다. 부인은 단번에 그 젊은이가 회사의 사장이라는 사실을 알아보았다. 그때 노인이 사장에게 말했다.

"부서 책임자 뽑는 일을 다시 생각해 보았으면 좋겠소."

사장은 고개를 끄덕이며 대답했다.

"알겠습니다, 회장님. 다시 신중하게 고려하겠습니다."

노인은 마지막으로 웅크리고 앉아 아이에게 의미심장한 말투로 이야기했다.

"애야, 사람은 열심히 공부하는 것도 중요하지만 어떻게 하면 제대로 된 사람이 될 수 있을지도 배워야 한단다. 그거야말로 우리가 공부를 하는 목적이지. 네가 아무리 많은 지식을 배우고 대단한 권력을 가졌다 하더라도 우선 네 주위의 모든 사람을 존중해야 한단다. 왜냐하면 네가 볼품없다고 생각한 사람이 어쩌면 네 운명을 바꾸어 놓을 사람인지도 모르거든."

사람은 누구나 자신을 뽐내고자 하는 본능이 있으므로 이는 크게 비난할 것은 아니다. 그러나 당신이 근성이 뛰어난 사람이 되고 싶다면 이러한 본능과 싸움을 벌여야 할 것이다. 제갈량은 말했다.

"마음이 담박하지 않으면 뜻을 펼칠 수 없고, 고요하지 않으면 원대한 이상에 이를 수 없다 非淡泊無以明志 非寧靜無以致遠."

이러한 사상이 있었기 때문에 제갈량은 중국인들의 추앙을 받는 근성을 배양할 수 있었다.

오늘날에도 우리는 진정한 능력을 지닌 사람들은 결코 자신을 대단하다고 이야기하지 않는다는 사실을 발견할 수 있다. 이는 자신을 낮추는 미덕이다. 우리는 스스로 대단하고, 근성이 뛰어나다고 말하는 일은 자제해야 한다. 그보다 우리를 알고 있는 주위의 모든 사람들이 이렇게 칭찬한다면 당신은 이미 성공한 셈이다.

아마 모두들 수컷 공작이 교미를 할 때 아름다운 꼬리 깃털을 펼쳐서 암컷 공작을 유인한다는 사실을 알고 있을 것이다. 한번 생각해 보자. 당신이 끊임없이 사람들 앞에서 자신을 뽐내기만 한다면 수컷 공작과 다를 게 뭐가 있는가? 다른 사람에게 환심을 얻으려 하는 행동은 본능에 휘둘리는 데에 지나지 않는다. 인간은 스스로 억제할 수 있기 때문에 고귀한 존재다. 만약 당신이 본능조차 억제하지 못한다면 제대로 반성을 해 볼 필요가 있다.

정말 능력 있는 사람은 자신의 장점을 과시하지 않는다. 자신을 과시하기를 좋아하는 사람일수록 그 중심에는 자신감이 없다. 그렇기 때문에 스스로 과시해서 결점을 숨기고 만족을 얻는 것이다. 하지만 이는 만족이 아니라 타인을 속이고 스스로를 마비시키는 행위에 불과하다.

살다 보면 우리는 진짜 부자라고 불리는 사람들이 절대 자신이 가진 것을 과시하지 않는다는 사실을 발견할 수 있다.

세계 최고의 부자 빌 게이츠의 어머니가 중국을 방문했을 때의 일이다. 당시 그녀는 판다 곰을 위해 매우 큰 금액을 기부했다. 주위 사람들 모두는 이 노부인이 누군지 몰랐다. 그들은 그녀에게 왜 그렇게 많은 돈을 기부하는지 물어보았다. 그녀는 아들이 매우 부자라며, 부자가 선행을 하지 않으면 무엇을 하겠느냐고 이야기했다. 사람들이 그녀에게 아들이 어떤 일을 하는지 묻자 노부인은 컴퓨터와 관련된 일을 하고 있다고 대답했다. 나중에서야 사람들은 그녀가 바로 빌 게이츠의 어머니라는 사실을 알게 되었다.

신분을 과시하지 않고 선행을 베푼 그녀는 사람들의 존경을 받았다. 반대로 당신이 필사적으로 자신을 과시해도 베푸는 데 인색하면 제아무리 부자라고 해도 다 소용없는 일이다.

스스로 과시하는 일은 다른 사람에게 자신의 무지와 약점을 폭로하는 것이나 마찬가지다. 사람의 후광은 말을 통해서가 아니라 착실한 노력을 통해 생겨난다. 다른 사람이 당신을 인정해야 비로소 진정한 당신의 능력과 지위가 드러난다. 당신이 과시할수록 다른 사람은 더욱 당신을 무시할 것이다. 이 사실을 앎에도 자신이 매우 대단하다 생각하며 도처에 자신의 능력을 떠벌리고 다닌다면 이는 당신이 진정한 능력을 갖추지 못했음을 의미한다.

반대로 당신이 겸허하고 신중한 사람이라면 다른 사람은 알아서 당신을 중요하게 생각할 것이다. '짖는 개는 사람을 물지 못한다'는 말이 있다. 조금 거친 표현이기는 하지만 그 도리는 일맥상통한다. 허세를 부리는 사람은 여기저기 스스로 자기가 대단하다고 떠벌리고 다닌다.

하버드 대학교에 다니는 중국인 학생 팅팅은 갓 대학에 입학했을 무렵 하버드 학생들이 분명 교만할 거라고 생각했다. 중국에서는 명문학교 학생들이 일반적으로 교만했기 때문이다. 그녀는 하버드에 와서야 이들은 그렇지 않다는 사실을 몸소 체험했다. 하버드 학생들은 온몸과 마음을 공부에 열중하고, 자신과 나라를 위해 노력하고 있었다. 이러한 정신 때문에 하버드 학생들은 평범하지 않은 근성을 지니고 있는 것이다.

그러므로 진정한 근성과 능력을 갖추고 싶다면 겸손을 배우고 쉽게 자기 자신을 과시하지 않는 데서부터 시작해야 한다. 그래야만 당신은 더욱 침착하고 겸손한 이미지를 가질 수 있고, 다른 사람도 당신을 신임하게 된다.

💡 하버드 근성 배우기

많은 사람이 스스로 학식과 능력이 있다고 생각하면서 다른 사람을 깔보고, 그것이 근성의 표현이라고 착각한다. 하지만 진정으로 근성이 뛰어난 사람은 겸손하다. 그는 자신의 지식과 능력을 자만하지 않는다.

하버드 대학교에서는 그저 평범하게 보이는 사람들 모두가 진정한 재능을 가졌다. 그 옛날 평범하고 내세울 것 없었던 오바마가 미국의 대통령이 될 줄 누가 알았겠는가? 당시 하버드에서 오바마가 미국 대통령이 될 거라고 생각한 사람은 아무도 없었다. 그렇지만 그를 낮게 평가하는 사람도 없었다. 하버드 사람들은 겸손하게 사람을 대하는 법의 중요성을 잘 알고 있기 때문이다.

STEP 1 자신에게 충실하고 다른 사람을 중시하라

만약 당신이 다른 사람을 멸시하고 자신의 지식과 능력을 뽐낼 만큼 한가하다면 이는 당신이 충분히 노력하고 있지 않으며 공부에 쏟아붓는 시간이 부족하다는 뜻이다. 부족한 점이 있는 사람은 다른 사람을 비웃을 자격이 없다. 그러므로 당신의 시간을 자신을 위해 충실하게 보내도록 하자. 다른 사람의 장점을 많이 볼수록 당신 자신이 얻는 것도 많아진다.

STEP 2 시야를 넓혀라. 당신에게는 아직도 부족한 점이 매우 많다

　사람들이 자신을 과시하는 이유는 부족한 부분이 많기 때문이라는 사실을 모르는 사람이 많다. 당신이 시야를 넓히면 부족한 점을 의식하게 되고, 이에 저절로 자신을 과시하지 않을 것이다. 모든 오만과 편견은 무지에 기인한다. 많은 사람이 하버드에 들어가기 전에는 자기가 세상에서 제일 뛰어난 천재라도 되는 것처럼 생각한다. 그러나 하버드에 들어가면 자신이 아직도 많이 부족하다는 사실을 깨닫는다. 하버드에서 자기보다 대단한 사람을 많이 만나기 때문이다.

STEP 3 착실하게 천천히 진보하라

　처음부터 대단해지려고 하지 말고 한 걸음씩 앞을 향해 나아가라. 이것이야말로 사람이 발전하는 데 바람직한 과정이다. 단번에 하늘 높이 뛰어오를 수 있는 사람은 아무도 없다. 그저 비참하게 넘어질 뿐이다. 하버드에 갓 입학한 학생들은 모두 그곳의 농후한 학습 분위기에 깜짝 놀란다. 설령 새벽 4시라 하더라도 하버드 대학의 도서관은 공부하는 사람들로 붐빈다. 하버드 사람들은 누구나 다 뛰어난 엘리트이지만 결코 자만하지 않는다. 왜냐하면 하버드에 와서야 비로소 엘리트일수록 더 많은 공부가 필요하다는 사실을 깨닫게 되기 때문이다.

다른 사람과 자신의 성과를
나누는 법을 배우라

하버드 사람들은 대부분 자기가 가진 것을 다른 사람과 기꺼이 나눈다. 그들은 말한다.

"당신에게 기쁜 일이 있을 때 그것을 다른 사람과 나누면 기쁨은 두 배가 된다. 당신이 슬픔에 빠져 있을 때 그것을 친구와 나누면 슬픔은 반으로 줄어든다."

우리는 사회에서 생존하기 위해 다른 사람과 자신의 성과를 나누는 법을 우선적으로 배워야 한다. 대부분의 일은 한 사람만의 힘으로는 이루어 내지 못한다. 당신의 성과는 종종 다른 사람의 도움 덕분에 이뤄진 것이다. 성공을 즐길 때는 반드시 우선 다른 사람과 자신의 성과를 나누는 법을 배우도록 해야 한다.

사심을 버리면 더 큰 수확을 얻는다

네덜란드의 어느 상인이 아프리카를 시찰하러 갔다가 매우 우아하고 아름다운 꽃을 발견했다. 상인은 그 꽃씨를 가지고 유럽으로 돌아와 자신의 꽃밭에 심었다.

이듬해, 꽃이 매우 아름답게 피어났다. 상인은 이 꽃으로 큰돈을 벌 수 있겠다는 생각을 하기 시작했다. 그래서 그의 이웃이 꽃씨를 얻고 싶다고 이야기했을 때 거절하며 그 꽃이 유럽 대륙 전체에 퍼지고 나면 그때서야 다른 사람에게 씨를 나누어 줘야겠다고 생각했다.

그런데 다음 해가 되었을 때 꽃이 전년처럼 아름답게 피지 않았다. 그리고 그 이듬해는 더 좋지 않았다. 꽃이 아예 피지조차 않은 것이다. 이상하게 생각한 상인은 식물학자를 찾아가 꽃의 상태를 살펴봐 달라고 부탁했다.

식물학자는 상인의 꽃밭을 한 바퀴 둘러본 다음 물었다.

"옆에 심은 꽃은 무엇인가요?"

상인이 대답했다.

"그건 다른 사람의 꽃밭입니다. 꽃도 물론 그 사람 것이고요."

식물학자가 말했다.

"당신이 꽃밭에 심은 귀한 꽃은 옆에 심어진 꽃과 종류가 다릅니다. 그래서 봄에 화분이 불어올 때 다른 종류의 화분을 받기 때문에 품질이 매년 떨어질 수밖에 없습니다."

식물학자의 설명을 듣고 꽃씨를 나누지 않은 자신의 옹졸함을 크게 깨달은 상인은 꽃씨를 이웃에게 나누어 주었다. 그 다음 해 상인의 꽃은 크고 아름다운 꽃을 피웠다. 그 꽃을 보며 상인과 그의 이웃은 매우 기뻐했다.

이야기에 나오는 상인 같은 사람은 실제로도 매우 많다. 하지만 그와 달리 도량이 넓고 자신이 가진 것을 다른 사람과 기꺼이 나누는 사람은 항상 자기만 생각하는 사람보다 훨씬 환영을 받는다.

다른 사람의 환영을 받는 사람은 원래 가지고 있는 능력에 좋은 관계까지 더해져서 일을 할 때도 고기가 물을 만난 것처럼 일이 순조롭게 풀린다. 이처럼 좋은 관계는 당신이 자신의 분야에서 정상에 오르는 데 큰 도움을 준다. 그러나 다른 사람의 도움을 받고도 성과를 나누지 않고 꼭꼭 숨기기만 한다면 나중에는 아무도 당신을 도우려 하지 않을 것이다. 일단 다른 사람의 지지와 도움을 받지 못하면 업무도 순조롭게 진행되지 못한다. 설령 당신의 능력이 뛰어나다 해도, 상사가 아무리 당신을 신임한다 해도 큰 발전을 이루기 어렵다.

그러므로 당신을 도와준 사람들과 성과를 나누는 법을 배워야 한다. 당신이 성과를 얻을 수 있었던 근본적인 이유는 그들의 도움 덕분이다. 당신은 그들에게 감사하는 법을 배워야 한다. 하지만 많은 사람이 사소한 성과를 얻고 나면 다른 사람이 자신의 공로를 가로챌까 두려워 꼭꼭 숨기기만 한다. 그래 놓고 상사 앞에서는 모든 공을 완전히 자신에게만 돌린다. 그들은 그렇게 하면 더욱 큰 칭찬을 받을 거라고 생각한다. 눈앞의 이익만 보다가 앞으로 다가올 더 큰 이익을 놓칠 수 있다는 사실은 알지 못한 채 말이다.

당신을 도와준 사람은 어쩌면 보답을 바라지 않을 수도 있다. 그러나 좋은 성과를 얻고도 그들과 나누지 않는 것은 인간적으로 너무한 일이다. 성과를 얻었을 때 이를 다른 사람과 나누면 당신은 두 배의 기쁨을 누릴 수 있다. 뿐만 아니라 앞으로 더 많은 사람이 당신을 도우려고할 것이다.

마찬가지로 우리는 일을 할 때 사심이 없어야 한다. 성과는 누구나만들 수 있는 것이다. 상사의 눈에는 일이 돌아가는 상황이 일목요연하게 보인다. 따라서 다른 사람과 성과를 나누었다고 해서 당신에게불이익이 있지는 않을까 걱정할 필요는 없다. 오히려 상사는 당신을단체정신이 뛰어난 사람이라 생각하고 더욱 높이 평가할 것이다. 우리는 대범하게 다른 사람과 자신의 성과를 나눌 줄 알아야 한다.

올바른 사람이 되기 위해서는 우선 사심이 없어야 한다. 사심이 없는 사람의 눈앞에는 천지가 넓게 펼쳐진다. 다른 사람과 나누는 법을배우면 당신은 분명 기쁨을 얻게 될 것이다. 반면 매일 사소한 것을 지나치게 따지고 들면 피곤해질 뿐이다. 사소한 성과를 얻었다고 해서그것에 집착하고, 혹시나 다른 사람이 자신의 공로를 빼앗아 가지는않을까 전전긍긍하면 너무 피곤하지 않을까? 확실히 직장에서의 경쟁은 매우 격렬하다. 그렇다고 그 현실이 사사건건 소심하게 계산을 해야 한다는 것을 의미하지는 않는다. 직장에서 다른 사람과 당신의 성과를 나누는 법을 배우면 당신의 능력을 더욱 드러낼 수 있다.

로맹 롤랑은 다른 사람을 행복하게 하려면 우선 자신이 먼저 행복해야 한다고 이야기했다. 다른 사람의 마음에 햇빛을 나누어 주려면 우선 자기 마음에 햇빛이 있어야 한다. 삶의 진정한 즐거움은 자신이 가진 것을 나누는 데 있다. 퀴리 부인은 상금을 전부 기부했지만 그로 인해 결코 빈궁하지 않았다. 또한 그렇게 사심 없는 마음으로 나누었기 때문에 퀴리 부인의 과학적인 성과는 더욱 눈부셨다.

자신의 작은 성과를 손아귀에 꼭 쥐고만 있으면 상사는 당신을 옹졸한 사람이라고 생각할 것이다. 그보다는 성과를 모두와 함께 나누는 편이 훨씬 낫다. 업무상의 성과는 국가 기밀이나 전매특허 기술처럼 비밀을 지켜야 할 만큼 대단한 것이 아니므로 다른 사람도 조만간 다 알게 된다. 자신의 성과를 스스로 공개하는 것과 다른 사람이 발견할 때까지 기다리는 것은 완전히 다르다.

현대사회는 서로 협력하고 공생하는 사회다. 한 사람의 능력이 아무리 뛰어나다 해도 혼자서는 성과를 얻기 힘들다. 그래서 요즘 기업들은 인재를 선발할 때 지원자가 단체 협력 정신을 가지고 있는가를 주로 살핀다. 그중에서도 특히 다른 사람과 성과를 나눌 줄 아는지, 성과를 얻고 나서 그 공을 독차지하려 드는지 여부가 기업이 인재를 선발할 때 가장 중요하게 고려하는 부분이다.

다른 사람과 나눈다는 것은 공을 탐내지 않는 것, 즉 겸허함을 의미한다. 이는 젊은이들에게 매우 중요하다. 뉴턴조차 자기가 거인의 어깨 위에 서서 성공을 얻은 것뿐이라고 이야기했다. 뉴턴 같은 사람도 이렇게 겸손한데 평범한 우리가 어떻게 뻔뻔스럽게 모든 영광을 독차지할 수 있겠는가? 회사 대표의 입장에서 무모하게 공을 탐내는 부하 직원은 언제 터질지 모르는 시한폭탄이나 마찬가지다. 이러한 사람은 다른 사람의 장점을 보지 못하고 다른 사람의 의견을 듣지 않아, 일을 할 때 매우 쉽게 실수를 저지르기 때문이다. 이러한 사람은 어떤 회사에서도 환영받지 못한다.

갓 대학을 졸업한 두 사람이 있었다. 그들은 같은 기업에 들어가 같은 업무를 맡았다. 그러나 일이 순조롭게 끝난 후 갑은 을을 속이고 먼저 성과를 사장에게 보고했다. 그러면서 이 일은 자기 혼자서 했다고 이야기했다.

사장은 갑의 이야기를 듣고 그가 매우 재능 있는 사람이라고 생각했다. 그래서 수습 기간이 끝나면 그를 정식으로 채용해야겠다고 마음먹었다. 을은 이러한 상황을 알고 있었지만 사장에게 자초지종을 제대로 설명해도 좋은 결과를 얻지 못할 것이라 생각하고는 그 회사를 떠나 다른 곳에 일자리를 찾았다. 결과적으로 늘 공로를 자신에게 돌린 갑은 얼마 지나지 않아 사장에게 못된 행동이 들통 나 해고를 당했다. 반면 다른 사람과 나누고 협력할 줄 알았던 을은 자신의 분야에서 최고의 위치에 오르게 되었다.

어느 방면에서든지 다른 사람과 성과를 나누는 법을 배우면 우리의 삶과 일에 큰 도움이 된다. 무엇이든지 혼자 즐기는 것은 함께 즐기는 것만 못하다. 광고에 나오는 말처럼 '모두가 좋은 게 정말로 좋은 것'이다.

나누면 더 많은 것을 얻게 된다

미국《포춘Fortune》지에 다음과 같은 문장이 실린 적이 있었다.

'창조에 능한 사람은 반드시 은혜를 베풀 줄 아는 사람이다. 또한 다른 사람과 나눌 줄 아는 사람이기도 하다.'

나눔은 인간관계에서 매우 중요한 정신이다. 근성이 있는 사람은 다른 사람과 자신의 성과를 나누는 데 절대 인색하지 않다. 다른 사람과 성과를 나누면 인간관계가 더 좋아질 뿐 아니라 더욱 많은 것을 얻게 된다. 왜냐하면 한 사람의 생각보다는 여러 사람의 전면적인 생각이 훨씬 낫기 때문이다. 자신의 성과를 다른 사람과 나눈다면 우리가 더욱 완벽하게 일을 할 수 있도록 더 많은 사람이 우리를 도울 것이다.

제니는 한 회사의 행정 직원이다. 그녀는 평소에 일을 하면서 단체 정신에 대해 생각해 본 적이 없었다. 그녀는 매일 자신의 업무를 확실히 파악한 다음 열심히 일을 하기는 했지만 절대 동료들과 소통하거나 협력하는 법이 없다. 자신의 성과를 다른 사람에게 이야기하지도 않았다. 다른 사람과 함께하라고 사장이 직접 명령을 내린 업무도 제니는 될 수 있는 한 동료들과 함께하지 않고 혼자 처리할 방법을 생각했다.

그 결과 제니에게 맡겨진 일은 날이 갈수록 쌓여만 갔다. 혼자서는 도저히 끝낼 수 없을 정도였다. 때문에 동료들이 업무를 처리하는 속도도 종종 늦어지곤 했다. 시간이 흐르자 많은 사람들이 제니에게 업무를 나누라고 권하게 되었다. 그렇지만 제니는 다른 사람과 업무를 나눈다면 자신의 업무 능력이 떨어진다는 것을 의미한다고 여겼으므로, 그녀는 사장에게 좋지 않은 이미지를 심어 줄 거라 생각했다. 그래서 매번 다른 사람과 분담하기를 거절했다. 그녀가 맡고 있는 고객 자료는 절대 다른 사람이 손을 댈 수 없었다.

제니는 혼자 일하는 것이 본인에게도 좋고 앞으로의 발전에도 도움이 된다고 생각했다. 그러나 사장이 암암리에 제니가 사람들과 잘 어울리지 못한다고 불평하고 있다는 사실은 꿈에도 생각지 못했다. 결국 제니는 업무를 제대로 처리할 수 없었을 뿐만 아니라 동료들과의 관계도 어색한 상태가 되었다.

만약 제니가 자신의 문제점을 솔직하게 드러낼 수 있었다면 나쁜 결과를 초래하지는 않았을 것이다. 일을 할 때 가장 중요한 점은 바로 소통하는 법, 협력하는 법, 나누는 법을 배우는 것이다. 무슨 일을 하든지 자기 자신만 생각한다면 사실 본인도 힘들다. 사회에서 처세를 할 때 가장 중요한 점은 다른 사람과 나누는 법을 배우는 것이다. 어떻게 하면 일을 즐겁게 할 수 있을까? 방법은 매우 간단하다. 마음속의 계산을 줄이고 다른 사람과 더 많이 나누는 법을 배우면 된다.

다른 사람과 기꺼이 나누는 사람은 좋은 인간관계를 얻을 수 있고 더욱 많은 칭찬을 받는다. 그러나 그보다 중요한 점은 강한 내면을 얻게 된다는 사실이다. 강한 내면을 가진 사람은 진정한 성공을 얻을 수 있다. 또한 자신의 성공과 기쁨을 나누는 데 인색하지 않은 사람은 다른 사람들로부터 진정한 존경을 받을 수 있다.

물론 일을 할 때 우리는 전적으로 대가만 치러서는 안 된다. 항상 어느 정도는 계산을 해야 한다. 하지만 이것은 당신이 어떤 일을 하든지 간에 속셈에 능해야 한다거나 사사건건 자기만 생각해야 한다는 의미는 아니다. 적절한 시기에 생각을 바꾸고 다른 사람과 자신의 성과를 나누는 것은 결코 어려운 일이 아니다. 만약 이를 지킬 수 있다면 당신은 일과 삶에서 새로운 기회를 맞이할 것이다.

자신이 얻은 성과는 반드시 자신의 것만으로 하고 함부로 다른 사람과 나누어서는 안 된다고 생각하는 사람이 많이 있다. 그렇지만 하버드에서는 자신의 연구 성과를 다른 사람과 나누고 토론하는 사람들의 모습을 어디서나 볼 수 있다. 그들은 자신의 성과를 감추기만 하면 앞으로의 발전에 아무런 도움이 되지 않는다는 사실을 잘 알고 있다.

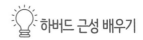 **하버드 근성 배우기**

근성이 있다는 것은 다른 사람이 당신에 대해 느끼는 일종의 견해이다. 근성을 가지고 싶다면 다른 사람이 당신을 보는 견해를 바꾸어야 한다. 근성을 배양하는 다양한 방법 중에서도 다른 사람과 나누는 것을 배우는 법이 가장 효과적이다. 도량이 넓은 사람은 언제든지 환영을 받지만 도량이 좁은 사람은 멸시를 받는다.

STEP 1 마음을 넓게 가지면 더욱 근성을 갖출 수 있다

모든 사람이 다 당신을 좋아해 주기를 바라는 건 불가능하다. 하버드 대학교에는 다음과 같은 말이 전해 내려오고 있다.

'당신은 모든 사람이 당신을 좋아하게 할 수는 없다. 그러나 다른 사람이 당신을 싫어하는 이유를 줄일 수는 있다.'

그러므로 사사건건 지나치게 따지지 말고 다른 사람을 위한 일을 많이 하라. 그러면 당신 자신도 더욱 많은 것을 얻을 수 있다.

STEP 2 선택적으로 나누는 법을 배우라

비록 나누는 법을 배워야 한다고 이야기하기는 하지만 이는 결코 자신의 모든 것을 하나도 남김없이 다른 사람에게 이야기하거나 주라는 말이 아니다. 우리는 어떤 것을 나누고 어떤 것을 보류할지 선택하는 법을 배워야 한다. 우선 선택하는 법을 배운 다음 나누면, 당신은 자신

이 아무것도 잃지 않았을 뿐더러 오히려 더 많은 것을 얻었다는 사실을 알게 될 것이다.

STEP 3 혼자 성공할 수 있는 사람은 없다

제아무리 역량이 대단한 사람이라 하더라도 혼자서 성공을 이룰 수는 없다. '한 사람의 호걸에게는 세 사람의 조력자가 있다'는 말처럼 아무리 위대한 사람이라고 해도 도움이 필요하고, 도움이 있어야 성공한다. 그렇다면 도움은 어디서 오는 것일까? 대부분 나누는 것에서 비롯된다. 만약 당신을 도와준 사람과 성과나 이익을 나누려 하지 않으면 그 누가 당신을 돕겠는가? 또한 오로지 자기만 생각하는 사람이 어떻게 근성을 갖출 수 있겠는가?

기꺼이 공헌하는
사람이 되어라

하버드 대학교와 다른 대학의 가장 큰 차이점은 무엇일까? 그것은 하버드의 학생들은 자신이 최초로 희생과 공헌을 하는 사람이 되기를 원한다는 점이다. 그러나 다른 대학 학생들은 종종 스스로 모험을 하려 들지 않는다. 사실 하버드 대학이 학생들에게 가르치는 것을 한마디로 총괄하면 다음과 같다.

'곡을 연주하기 위해서는 반드시 먼저 음계를 배워야 하고, 성공을 얻기 위해서는 반드시 대가를 우선 치러야 한다. 대가를 치르는 것은 때로 매우 고통스럽다. 하지만 성공은 고통의 산물이다.'

하버드 대학생들은 자신들이 용감하게 최초로 희생이나 공헌을 하는 사람이 되어야 한다는 사실을 잘 알고 있다. 위험이 클수록 큰 보답을 얻을 수 있다. 만약 늘 앞뒤를 너무 재느라 우유부단하거나 희생하려 하지 않는다면 수확을 얻을 수 없다.

보답은 대가와 늘 정비례한다

미국의 한 5성급 호텔에서 있었던 일이다. 호텔 사장이 웬일인지 로비 구석에 서 있었다. 그는 손님들이 자신의 앞을 지나갈 때마다 미소를 띠고 인사를 건넸다. 사장이 왜 그곳에 서 있는지 이상하게 생각한 어느 종업원이 사장에게 가서 그 이유를 물었다.

그러자 사장이 이유를 알려 주었다. 방금 전에 순찰을 하다가 지금 자신이 서 있는 자리의 천장에서 물이 떨어져 카펫이 젖어 있는 것을 발견하고는 손님들에게 불편을 끼치지 않기 위해 그곳에 서서 몸소 떨어지는 물을 막고 있다고 말이다.

종업원은 사장의 말을 듣고 재빨리 수리실에 연락을 했다. 상황을 알아보니 수도관 하나가 터져서 현재 수리 중인데 수리를 마치려면 한 시간이 넘게 걸린다고 했다. 그 결과 사장은 한 시간이 넘게 그 자리에서 떨어지는 물을 맞고 있었다. 중간에 종업원이 그를 대신해 서 있겠다고 했으나 사장은 이곳은 당신이 있을 자리가 아니니 어서 가서 맡은 일을 보라면서 이를 거절했다. 훗날 누군가 일을 책임지는 사장의 태도를 칭찬하자 그는 담담하게 말했다.

"그것은 저의 일입니다. 아마 서비스업에 종사하는 사람이라면 누구라도 그렇게 했을 겁니다."

이야기 속의 사장은 얼마든지 자신을 대신할 사람을 찾을 수 있었음에도 불구하고 자신의 책임을 회피하지 않았다. 오히려 용감하게 자신을 희생하고 공헌했다. 이는 일종의 용기이자 근성이다.

용기는 젊은이에게 반드시 필요한 소질이다. 젊은이에게 필요한 것은 돈 많고 권력 있는 아버지도, 멋진 외모도 아니다. 반드시 용기가 있어야 용감하게 자신의 책임을 담당할 수 있다. 사람들은 일을 할 때 무의식적으로 이익을 추구하고 손해를 피하려는 경향이 있다. 그게 잘못이라는 건 아니다. 그러나 항상 미지의 것이나 책임을 앞에 두고 기꺼이 희생하며 그 일을 맡은 사람들이 있다는 사실을 알아야 한다. 우리가 알고 있는 많은 영웅들은 생사의 갈림길에 놓였을 때도 자신의 위치를 지켰다. 때로 우리는 개인의 사소한 이익을 희생할 필요가 있다. 그렇게 하면 동료와 상사가 당신을 다시 볼 것이다. 그런데 왜 그렇게 하지 않는가?

어떤 일을 하든지 대가와 보답은 늘 정비례한다. 다른 사람에 비해 더 많은 것을 얻으려면 더욱 많은 대가를 치러야 한다. 희생과 공헌을 두려워하면 보답도 얻을 수 없다. 용감하게 최초로 희생이나 공헌을 한 사람은 대부분의 경우 타인과 다른 특별한 보답을 받기 마련이다.

좋은 일은 앞을 다투어 제일 처음으로 하려 들지만 이득이 안 된다는 게 한눈에 보이는 일은 자신에게 이로울 게 하나도 없다며 나서려고 하지 않는 사람이 있다. 하지만 때로는 좋은 점이 하나도 없어 보이고 매우 힘들게 느껴지는 일이 오히려 당신에게 매우 큰 수확을 가져다줄 수 있다.

직장은 결국 직장이지 전쟁터가 아니다. 따라서 용감하게 최초로 공헌하는 사람이 된다고 해서 생명의 위험에 빠지지는 않는다. 대부분 상사들은 이를 통해 부하 직원을 시험한다. 모두를 놀라게 할 정도의 큰일을 할 수 있는 사람인지 아니면 평범한 사람에 불과한지, 당신에게 용기와 기개가 있는지를 살펴보는 것이다.

성공한 사람이 되기 위해서는 반드시 용감하게 공헌하는 소질을 갖추어야 한다는 사실을 하버드 학생들은 잘 알고 있다.

'만약 당신이 한 단계 더 높이 올라가려면 다른 사람의 예상을 초월하는 일을 해야 한다.'

하버드 학생들은 이 말을 명심하고 있다. 그렇기 때문에 그들은 비범한 근성을 가지고 있는 것이다.

우리는 영웅을 숭배한다. 그렇다면 영웅이란 무엇인가? 영웅이란 다른 사람이 하지 못하는 일을 용감하게 한 사람이다. 전해지는 말에 의하면 토마토가 중국에 처음 전래되었을 때 사람들은 선명하고 아름다운 토마토의 빛깔을 보고 독이 있을 거라 의심했다고 한다. 그들은 토마토를 '늑대의 과일'이라고 부르며 단지 관상용 식물로 재배할 뿐 용감하게 먹어 볼 생각은 못했다.

그러던 어느 날, 한 사람이 필사의 결심을 품고 토마토를 한 입 먹어 보았다. 그 결과 토마토에 독이 없을 뿐만 아니라 맛도 매우 좋다는 사실을 알게 되었다. 그리하여 토마토를 처음 먹어 본 사람은 용사가 되었다. 오늘날에는 거의 모든 사람이 토마토를 먹어 본 적이 있고, 토마토를 먹는 일은 매우 일상적이 되었다. 그러므로 우리는 용사가 될 수도 없고, 사람들의 머릿속에 기억될 수도 없다. 우리는 최초로 토마토를 먹은 사람이 아니기 때문이다. 성공을 얻으려면 토마토를 최초로 먹은 사람처럼 용감하게 시험해 보는 태도를 배워야 한다.

물론 모든 대가가 그에 상응하는 보답을 가져오지는 않는다. 종종 정말로 많은 대가를 치렀음에도 힘과 시간을 헛되게 공헌한 것일 뿐인 결과가 나올 때도 있다. 그렇다고 해서 결코 낙심해서는 안 된다. 그리고 손해라고 생각해서도 안 된다. 한 번 시도를 해 보았을 때 성공하면 이는 행운인 것이고 실패를 해도 도리에 어긋나는 것은 아니라는 사실을 알아야 한다.

당신이 용감하게 공헌과 희생을 하기만 하면, 정말 손해를 보았다고 하더라도 별거 아니다. 왜냐하면 실패는 당신에게 경험을 제공해 주기 때문이다. 우리는 알프레드 노벨이 다이너마이트를 발명해 명성을 떨쳤다는 사실을 알고 있다. 그러나 다이너마이트를 실험하느라 노벨과 가까운 사람들이 부상을 입고, 심지어 목숨을 잃은 사람까지 있었다는 사실을 아는 경우는 별로 없다. 헛된 대가를 치를까 두려워하지 마라. 대가를 치러야 보답이 있고, 용감하게 희생과 공헌을 해야 성공할 확률도 더욱 높아지는 법이다.

이해관계를 확실히 한 후 행동하라

비록 용감하게 대가를 치러야 한다고 말하기는 하지만 일의 옳고 그름은 반드시 살펴야 한다. 분명 풍성한 보답이 있겠지만 해서는 안 되는 일도 있다. 하찮은 이익을 탐내느라 하지 말아야 할 일을 하는 것보다는 사람들 틈에서 소극적으로 방관하는 편이 차라리 낫다. 다른 사람과 자신에게 해를 끼치는 일은 절대 해서는 안 된다.

직장에서 일을 할 때도 반드시 용기가 있어야 한다. 책임을 맡는 건 결코 당신을 번거롭게 하는 일이 아니다. 상사가 당신의 능력을 인정했기 때문에 책임을 맡기는 것이다. 자신이 반드시 책임져야 하는 일마저 책임지지 않는 사람이 어떻게 다른 일을 잘할 수 있겠는가? 노인들이 종종 "손해 보는 것이 이득이다" "손해 보는 것이 복이다"라고 이야기할 때가 있는데 이는 맞는 말이다. 직장에서 손해를 보는 것은 결코 나쁜 일이 아니다. 처음으로 손해를 본 사람은 아마도 큰 이익을 얻게 될 것이다. 한신韓信이 노인을 위해 신발을 주워 준 이야기처럼 말이다. 길거리에서 수많은 사람이 오가는 중에 한신만이 노인을 위해 신발을 몇 번이나 주워 주었다. 이는 다른 사람들 눈에 매우 별 볼일 없는 일로 비쳤다. 그렇지만 한신은 그 덕택에 노인에게서 절세의 병법을 전수받았고, 결국에는 유방을 도와 한나라를 제패했다.

하지만 우리는 한신이 최후에 유방의 손에 죽었다는 사실을 기억해야 한다. 그가 자신의 재능을 너무 과시하고 물러날 때를 몰랐기 때문이다. 우리는 최초로 희생과 공헌을 하는 사람이 되어야 하고, 타인의 눈에 용기 있는 사람이 되어야 함과 동시에 한창 전성기일 때 결단성 있게 물러나는 도리도 알아야 한다. 상앙과 한신 같은 사람이 마지막에 결과가 좋지 않았던 이유는 물러날 때를 알지 못했기 때문이다.

당신의 행위가 타인의 이익과 충돌할 때 그리고 당신이 몸과 마음의 균형을 잡을 수 없을 때가, 곧 물러나야 할 때이다. 사람은 너무 욕심을 부리면 안 되는 법이다. 당신이 이미 최초로 공헌과 희생을 한 사람이 되었다면 언제 물러나야 할지도 알아야 한다. 그러지 않고 더 큰 공을 세워 다른 사람의 공로를 덮어 버리면 다른 사람들은 연합해서 당신을 겨누기 시작할 것이다. 그렇게 되면 당신은 일상생활이나 업무를 하는데 매우 큰 방해를 받을 수밖에 없다.

어떤 일을 할 때 우리는 반드시 시기를 선택해야 한다. 지혜로운 사람은 장비張飛처럼 중요한 시기에 말꼬리에 나뭇잎을 달아 먼지를 일으켜 자기편에 사람이 많은 것처럼 위장할 줄 안다. 최초로 희생과 공헌을 하는 사람이 되고 싶다면 우리는 시기를 선택하는 법을 배워야 한다. 충동적인 생각을 버리고 어떤 일을 하든지 목적이 있어야 한다. 목적이 없는 희생과 공헌은 아무런 가치가 없다.

다만 이해관계를 확실히 한 다음 행동해야 한다. 최초로 희생과 공헌을 하는 사람은 충동적인 사람이 아니다. 우리는 스스로 자신의 행동이 어떤 효과를 불러오는지 자세히 고찰한 다음 행동을 결정해야 한다. 그래야만 이익을 얻고 최초의 희생양이 되는 상황을 막을 수 있다.

무슨 일이든지 행동으로 옮기기 전에 이성적으로 생각해야 한다. 용감하게 최초로 희생 혹은 공헌을 한 사람도 같은 고민을 했을 것이다. 자신이 왜 그 일을 하는지 이해한 다음 행동에 옮겨야 의미가 있다. 그렇지 않으면 보잘것없는 용기를 과시하는 데에 지나지 않는다. 의미 없는 희생보다는 나아가야 할 때 나아가고, 물러서야 할 때 물러서는 편이 낫다. 마르크스는 이렇게 말했다.

"만약 300퍼센트의 이윤을 남길 수 있는 일이 있다면 사람들은 어떠한 범죄도 서슴지 않을 것이다."

마찬가지로 충분한 이익이 없다면 우리가 왜 최초의 사람이 되려고 하겠는가? 만약 이익과 위험이 정비례한다면 주도적으로 나서자. 나서지 않으면 당신은 영원히 성공할 수 없지만 나서면 실패할 가능성은 절반에 불과하다.

최초로 희생이나 공헌을 하는 것이 무조건 좋은 일만은 아니지만 나쁘다고도 할 수 없다. 우리 모두는 이러한 생각을 가지고 우리 손에 들어온 기회를 포착해야 한다.

🔆 하버드 근성 배우기

사람들이 용감하게 최초로 희생과 공헌을 하는 이유는 이것이 성공으로 가는 길에 반드시 필요한 부분이기 때문이다. 희생과 공헌을 기꺼이 받아들이는 사람만이 근성이 어디서 오는지 진정으로 깨달을 수 있다. 대가를 치르지 않으면 분명 많은 것을 얻지 못할 것이다. 세상은 공평하다. 그러므로 대가를 치르려 하지 않는 사람은 영원히 수확을 얻을 수 없다.

STEP 1 공헌은 당신에게 더 많은 것을 준다

때로 당신은 자신의 공헌이 매우 억울하다고 생각할 수도 있다. 그러나 사실 공헌과 희생은 당신에게 더 많은 것을 가져다준다. 하버드의 많은 학생들은 주도적으로 공헌을 한다. 그들은 일단 성공을 하면 더욱 많은 것을 얻을 수 있다는 사실을 알고 있기 때문이다. 그러나 지나치게 따지면 결국에는 아무것도 얻지 못한다.

STEP 2 마음속에 승산이 있다면 방향을 정하고 공헌하라

희생과 공헌도 나아갈 방향이 있으므로 맹목적으로 진행해서는 안 된다. 마음속에 특정한 기준 없이 무슨 일에든 제일 앞에 나서는 것은 현명하지 못하고 우둔한 행동이다. 우리는 어떤 일을 할 때 마음속으로 그 일이 지닌 가치를 가늠해 보아야 한다. 가치가 높지 않으면 괜한 희생이나 공헌을 할 필요는 없다. 만약 높은 위험이 높은 보답을 가져오는 경우라면 한번 시도해 볼 만하다.

STEP 3 득실을 지나치게 따지지 않으면 당신은 조만간 성공할 것이다

많은 사람이 어떤 일을 할 때 득실을 지나치게 따진다. 그러나 대부분의 경우 별다른 소용이 없는 행동이다. 일을 많이 할수록 얻는 것도 많아진다. 어쩌면 지금 당장 성과를 보지 못할 수도 있지만 결국에는 당신의 희생을 대가로 무언가를 얻게 될 것이다. 근성은 득실을 지나치게 따지지 않는 데에서, 개인의 공헌에서 비롯된다.

삶의 철학이 되는 한 줄 인문학

세상에서 가장 아름다운 것은
생각과 마음씨가 정직하고 엄격한 친구다.
그 이상의 것은 없다.
알베르트 아인슈타인

당신이 사과를 한 개 가지고 있고
나도 한 개 가지고 있을 때 서로 교환하면
우리는 여전히 각각 사과 한 개씩을 갖게 된다.
그러나 당신에게 한 가지 생각이 있고
내게도 한 가지 생각이 있을 때
그것을 교환하면
우리는 각각 두 가지 생각을 갖게 된다.
조지 버나드 쇼

좋은 커피는 친구와 함께 맛보아야 하는 것처럼
좋은 기회도 친구와 함께 나누어야 한다.
우리는 반드시 다른 생명과 함께
우리의 지구를 나눠야 한다.
레이첼 카슨

언제나 기꺼이
다른 사람에게 자신의 것을 나누어 주고
다른 사람에게서는 조금 얻어야 한다는 사실을
기억하라.
막심 고리키

자신을 과대평가하는 사람은
반드시 다른 사람을 과소평가한다.
그리고 다른 사람을 과소평가하는 사람은
다른 사람을 억압한다.
새뮤얼 존슨

CHAPTER 5

대담한 행동

대담한 행동

하버드 사람들의 성공 이야기는, 사람들의 신뢰를 받고 신뢰할 수 있는 친구를 많이 가진 사람이 가장 귀중한 보물을 가진 것이라는 사실을 우리에게 알려 준다. '많은 사람의 신뢰를 받는 것'은 우리가 가진 재산의 기초가 된다. 여기서 볼 수 있듯이 성실함은 사람에게 있어서 가장 가치 있는 인격적 지표라 할 수 있다. 성실함은 강한 인력을 가진 정신적 근성이다. 그것은 당신을 물질적인 부와 정신적인 부의 경지로 인도한다.

살아가면서 우리는 생각하는 바와 말하는 바를 일치시키며 자신을 진실하게 마주한 다음, 다른 사람과 사회를 마주해야 한다. 또한 내면의 욕망에 굴복하지 않으면 내면의 각종 두려움에도 복종하지 않을 수 있다. 마찬가지로 자신의 실수를 솔직하게 드러내는 것, 이 또한 사람이 반드시 지켜야 할 성실함의 지표가 된다.

잔꾀를
부리지 마라

근성에는 한 사람의 인격적인 매력이 가장 많이 반영된다. 인격적인 매력을 가질 수 있는 방법은 매우 많다. 그중에서도 중요한 것은 의심할 여지없이 성실함이다. 그러나 성실함은 매우 광범위한 개념이다. 도대체 어떤 사람을 성실하다고 이야기할 수 있을까? 다른 사람에게 성실한 사람으로 인정받기 위해서는 그들에게 당신의 진실함을 느끼게 하는 것이 최고로 간단한 방법이다.

하버드 대학은 학생들에게 항상 성실하고 착실하게 일하는 것이 인간으로서의 기본 원칙이라고 가르친다. 성실하지 않다는 것은 사람의 인생에서 최대의 오점이 된다. 이는 종종 아무것도 얻지 못함을 의미하기 때문이다. 또한 다른 사람과 교제할 때 성실한 태도는 사람들에게 깊은 인상을 남긴다. 반면에 잔꾀를 부리는 행동은 당신이 진정한 친구를 사귈 수 없음을 의미한다.

다른 사람과 교제할 때 하지 말아야 할 첫 번째 행동이 바로 잔꾀를 부리는 일이다. 당신과 교제를 하는 사람 중에 과연 바보가 있는지 한 번 생각해 보기 바란다. 다들 똑똑하다. 그들이 아무 말을 하지 않는다고 해서 남의 덕을 보려는 당신의 마음을 모르는 것은 아니다. 그저 입 밖으로 꺼내고 싶지 않을 뿐이다. 이미 뒤에서는 당신의 좋은 이미지는 물론 근성도 다 사라져 버렸을지 모른다. 잔꾀를 부리는 행동은 다른 사람과 교제할 때 금기시해야 할 사항이다.

다른 사람들이 모두 당신보다 현명하다고 생각하라

잔꾀를 부리기 좋아하는 사람은 대부분 지혜롭지 못하다. 당신 주위의 친구들과 동료들을 살펴보라. 잔꾀를 부리기 좋아하는 사람 중에 근성을 갖추었다고 느낄 수 있는 사람이 있는가? 근성을 배양하는 다양한 요소 중에서 가장 중요한 것은 착실하고 진중한 태도다. 그러나 잔꾀를 부리는 사람은 대부분 자만한다. 이는 그들이 다른 사람을 자신보다 어리석다고 생각하기 때문이다. 다른 사람들은 그들에게 매우 경솔하다는 느낌을 받으며 일찌감치 그들의 생각을 꿰뚫고 있다. 다른 사람의 눈에 그들은 그야말로 어리석기 그지없고, 배울 만한 구석이라 곤 전혀 없는 사람으로 비칠 뿐이다.

근성이 뛰어난 사람이 되고 싶다면 자신의 본질을 향상시켜야 한다.

이는 당신이 어떤 책을 읽었는지, 어떤 옷을 입었는지, 어떤 맛있는 음식을 먹었는지를 말하는 것이 아니다. 중요한 것은 침착하고 넓은 도량이다. 겸손은 일종의 미덕이고 이러한 미덕을 가진 사람은 종종 근성을 가지고 있다. 사실 근성은 내면에서 비롯되어 겉으로 드러나는 감각이다. 스스로 근성이 부족하다고 한탄하며 다른 사람의 근성에 감복할 시간에 당신이 아는 사람들 중 근성이 뛰어난 사람을 많이 관찰해 보라. 그러면 당신은 그들이 착실하고 겸손하게 자신을 낮추는 사람이라는 사실을 발견할 수 있을 것이다.

앞에서도 밝혔듯이 소크라테스는 학문에 조예가 매우 깊었지만 다른 사람들이 그를 칭찬할 때마다 오히려 겸손하게 자신을 낮추며 이야기했다.

"내가 유일하게 알고 있는 것은 바로 나 자신이 무지하다는 사실이다."

잔꾀를 부리려는 생각이 들 때 소크라테스의 말을 떠올려 보자. 뉴턴도 다음과 같은 명언을 남겼다.

"나는 거인의 어깨 위에 서 있는 것에 불과하다."

누가 누구보다 똑똑한지 비교할 필요는 없다. 시시각각 다른 사람을 자신보다 현명하다고 생각하는 사람이야말로 진짜 현명한 사람이다.

겸손하게 자기를 낮추는 것은 비굴한 일이 아니라 일종의 소양이자 넓은 도량이다. 사람은 자신의 부족한 점을 알아야 다른 사람의 장점을 배울 수 있다. 이를 해낼 수 있다면 낫 놓고 기역 자도 모르는 무식한 사람이라 하더라도 그의 몸에서는 자연스럽게 일종의 근성이 뿜어져 나올 것이다. 자기가 가장 잘났고 다른 사람은 자기보다 못하다고 생각하는 사람들을 근성이 있다고 이야기할 수 있을까? 잔꾀 부리기나 좋아하는 사람은 평생을 가도 '모든 시냇물을 받아들이는 바다'가 무엇인지 이해하지 못한다. 그들은 늘 일시적인 허세와 자만이 자기에게 만족감을 준다고 생각한다. 그리고 평소에 함부로 말을 하지 않는 진정한 대가가 한마디했을 때 그 말에 깊은 무게가 담겨 있다는 사실을 알지 못한다.

근성을 갖추려면 우선은 스스로에게 다음과 같이 이야기해야 한다.

"나는 대단한 사람이 아니다. 모든 사람은 내가 배울 만한 점을 가지고 있다. 내게는 아직도 개선해야 할 부족한 점이 많이 있다. 나의 부족함을 알아야 발전할 수 있다."

이렇게 겸손한 정신에서 진정한 근성이 드러난다.

하버드 학생들은 어떻게 남다른 근성을 가지고 있는 것일까? 그들이 자신에게서 항상 부족한 점을 찾으며, 겸손하고 진실하게 다른 사람을 대할 줄 알기 때문이다. 그들이 보기에 사람들은 누구나 빛나는 부분을 가지고 있어서 그 누구도 멸시할 수 없는 것이다. 이는 오늘날 많은 사람에게 결핍된 생각이기도 하다.

다른 사람과 교제할 때 부디 무시하는 마음을 가지지 않기를 바란다. 그들은 당신이 알지 못하는, 다른 사람보다 뛰어난 점을 가지고 있다. 당신 스스로 대단하다고 여겨 봤자 아무런 소용이 없다. 다른 사람이 당신을 대단하다고 생각해야만 진짜 대단한 것이다. 누구나 한번쯤은 무협 소설을 읽은 적이 있으리라고 생각한다. 무협 소설 속에서는 다른 사람들이 얕잡아 보는 평범한 사람들이 절대적인 신공을 몸에 숨기고 있는, 속세를 벗어난 달인인 경우가 많다. 반대로 겉으로 보기에는 대단해 보이지만 결국에는 무능한 사람이라는 인상을 남기는 인물도 있다. 최근 몇 년간 사극이 크게 유행하고 있는데 여기에서도 최후에 웃는 사람은 황제의 총애를 받는 사람이 아니라 자신을 낮추는 사람이라는 사실에 주목해야 한다.

자신을 낮추는 것은 일종의 미덕이다. 잔꾀를 부리는 사람은 허황되고 겸손의 미덕이 부족하다. 그들은 다른 사람들의 눈에 별다른 재능도 없으면서 괜히 소란만 피우는 사람으로 비춰질 뿐이다. 그러므로 다른 사람과 교제하는 과정에서 우리는 그들이 나보다 현명하다는 의식을 가져야 한다. 그래야만 어떤 일을 할 때 잔꾀를 부리지 않고, 자기 꾀에 자기가 넘어가는 실수를 저지르지 않을 수 있다.

사소한 이익 때문에 잔꾀를 부리지 마라

사소한 이익을 위해 온갖 머리를 쓰고, 아주 작은 이익도 놓치지 않는 사람은 다른 사람의 미움을 받는다. 사람들이 한 번 보고도 마음속에 경외심을 품는 사람은 다른 사람과 쩨쩨하게 자신의 이익을 따지지 않는다. 모두들 '공융양리孔融讓梨│공융이 어릴 때 큰 배를 먹고 싶었음에도 형에게 양보했다는 일화

'를 알고 있을 것이다. 이를 위선적이라고 생각해서는 안 된다. 실제로 겸손하게 양보하는 사람은 끝까지 다른 사람들에게 기억되고 상응하는 보답을 받는다.

그렇다면 근성이 있는 태도란 무엇인가? 근성이 있다는 것은 과도하게 따지지 않고, 경박하지 않고, 교만하지 않다는 뜻이다. 만약 당신이 무슨 일을 하든지 다른 사람과 우열을 가리려 한다면 스스로 근성이 있는 사람이라 생각할 수 있겠는가? 물론 그렇지 않다.

다른 사람과 잘 지내기 위해 가장 중요한 원칙은 성실함이다. 다른 사람이 당신을 믿을 만한 가치가 있는 사람이라고 생각한다면 다른 사람들 눈에 당신은 근성을 갖춘 사람이다. 우리 주위에는 부자가 아님에도 다른 사람들의 눈에 절대적으로 근성이 뛰어나 보이는 사람이 있다. 그 이유는 무엇일까? 그들은 진심으로 다른 사람을 대하고 잔꾀를 부리지 않기 때문이다.

근본적인 시비를 가려야 하는 일을 앞에 두고 우리는 확실히 스스로 정한 원칙을 굳게 지킬 필요가 있다. 하지만 일반적인 일에 대해서는 그렇게 피곤하게 굴지 않아도 된다. 일일이 따지지 않으면 오히려 다른 사람에게 도량이 넓은 사람이라는 인상을 준다. 작은 이익을 위해 잔꾀를 부리면 당신의 전체적인 이미지는 단번에 떨어질 것이다. 근성은 말할 것도 없다.

'군자는 마음이 평탄해 거리낌이 없고, 소인은 늘 근심한다 君子坦蕩蕩 小人長戚戚.'

모두들 이 말을 잘 알 것이라 믿는다. 그런데 머리로는 알고 있지만 진정으로 실천하는 사람은 과연 몇이나 될까? 사람은 누구나 어느 정도 사심을 가지고 있다. 때문에 이익을 앞에 두고는 누구든지 그것을 차지하고 싶어 한다. 이는 크게 비난할 일은 아니다. 그렇지만 사람을 사람이라 부를 수 있는 까닭은 사람에게는 생각이 있고, 어떤 것이 옳은 일이고 의미 없는 일인지 분별할 수 있어서이다. 작은 이익 때문에 다른 사람 앞에서 잔꾀를 부리는 행동은 무의미한 일임이 분명하다.

확실히 이익은 사람의 마음을 동요시킨다. 부디 눈앞의 이익 때문에 당신의 두 눈을 가리지 마라. 세속적인 유혹을 뿌리치지 못할 때 다음과 같이 생각해 보자.

'이것이 진정으로 나에게 좋고 맞는 일인가?'

'나는 정말 이것을 원하는가?'

이를 생각하고 납득하게 되면 눈앞의 이익 때문에 갈팡질팡하는 일은 없을 것이다.

근성은 일종의 신기한 물건이다. 외부의 물질적인 데에 속박되지 않을 때 당신의 근성은 자연스레 강대해지기 시작한다. 반면 작은 이익을 위해 자기 생각을 과시하고, 스스로 총명하다고 생각해 이를 믿고 지나치게 잔꾀를 부리다 보면 자기 꾀에 자기가 넘어가는 결과를 부르고 만다.

사람들은 모두 근성을 갖춘 사람이 되기를 원한다. 그 이유는 무엇일까? 근성을 갖추었다는 것은 사람에게 좋은 칭찬이기 때문이다. 만약 당신이 못생겼더라도 근성을 갖추었다면 당신의 내면은 겉으로 드러날 것이다. 이러한 사람은 어디를 가든지 말을 하지 않아도 사람들에게 주목을 받는 인물이 된다. 반대로, 사람들이 늘 의심을 품은 눈초리로 대하는 사람이 있다고 생각해 보자. 어느 날 그의 성실과 신용은 제로가 되어 있을 것이다. 그러면 그는 근성을 갖추었다고 할 수 없다. 제아무리 부자라 하더라도 근성을 갖추지 못하면 타인의 눈에 성공한 사람으로 비칠 수 없다.

사소한 이익을 위해 잔꾀를 부리는 행동을 하면 소탐대실하는 결과를 낳는다.

루이와 제리는 같은 시기에 한 회사의 신입 사원으로 입사했다. 수습 기간에 두 사람은 매우 열심히 일했다. 그러나 수습 기간이 끝난 뒤 회사는 제리 한 사람만 회사에 남기기로 했다.

루이는 이를 받아들일 수 없었다. 그래서 책임자를 찾아가 논쟁을 벌였다. 책임자는 루이를 힐끔 쳐다보더니 그가 수습 기간에 제출한 정산용 영수증을 꺼내며 말했다.

"설마 이렇게 쓴 돈이 한 푼도 빠짐없이 회사를 위해 쓴 거라고 장담할 수는 없겠지?"

영수증을 본 루이는 잠자코 있었다. 수습 기간 동안 루이는 종종 회사 명의로 개인적인 물품을 구입하고는 영수증을 청구했던 것이다. 그는 자신이 완벽하게 일을 처리했다고 착각했지만 그러한 행동이 진즉에 발각되었을 것이라고는 생각하지 못했다. 저지른 일이 드러나자 루이는 그저 묵묵히 회사를 떠날 수밖에 없었다.

우리는 루이와 같은 사람을 흔히 볼 수 있다. 누군가는 '모두들 다 하는 일인데 나라고 어떠냐'는 생각을 할지도 모른다. 그저 얼마 되지 않는 돈에 불과한데 말이다. 이러한 행동은 별거 아닌 것처럼 보이지만 모든 사람이 경멸하는 행동이다. 당신이 아무리 재능과 학력을 갖추었다 하더라도 작은 이익을 탐하면 큰 성공을 이루지 못할 가능성이 높다.

성공하고 비범한 근성을 갖추고 싶다면, 첫째로 필요한 조건은 잔꾀를 부리지 않고 작은 이익을 탐내지 않는 일이다. 잔꾀를 부리며 작은 것을 탐하는 일은 현명하지 못한 바보 같은 행동이다. 일단 다른 사람의 눈에 당신의 이미지가 고정되면 그것을 바꾸기는 정말 어렵다. 앞으로 당신이 가야 할 인생의 길에 아마도 큰 영향을 끼치게 될 것이다.

💡 하버드 근성 배우기

잔꾀를 부리면 일시적인 성공을 얻을 수 있을지는 모르지만 최후에 웃는 것은 항상 진실하게 다른 사람을 대하는 사람이다. 당신이 다른 사람에게 잔꾀를 부리면 그 사람도 당신에게 잔꾀를 부리지 않으리란 법은 없다.

상대방은 그저 잔꾀를 부리고 싶지 않아서 되받아치지 않을 뿐이다. 근성은 잘못된 길에서는 단련할 수 없다. 근성을 제대로 단련할 수 있는 길은 진심으로 사람을 대하는 것이다.

STEP 1 스스로 똑똑하다고 생각하지 마라

'자기 꾀에 자기가 넘어간다'는 말이 있다. 이는 중국에서뿐만 아니라 하버드에서도 교수들이 학생들을 가르칠 때 자주 사용하는 명언이다. 하버드 학생들이 똑똑한 것은 의심할 여지가 없지만 올바르게 똑똑하다는 것이 중요하다. 매우 높다고 생각되는 산에 올라도, 세상에는 그보다 높은 산이 있기 마련이다. 당신이 오늘 오만하게 굴었다면 아마 당신의 내일은 고통스러울 것이다.

STEP 2 다른 사람을 진심으로 대해야 진정한 우정을 얻을 수 있다

사람들은 종종 묻는다. 자기가 그렇게 많은 사람을 알고 있는데 왜 진정한 친구는 하나도 없는 것이냐고. 답은 매우 간단하다. 아는 사람이 많다고 해서 그들과 교제를 할 때 서로 진심으로 대한다고는 할 수 없기 때문이다. 당신은 아마도 자기가 똑똑하다고 생각하고는 어디서든지 친구의 덕을 보려 할지도 모른다. 이는 사람들이 정말 싫어하는 행동이다. 실제로 다른 사람을 위선적으로 대한다면 당신의 근성이 당신의 내면을 여실히 반영하여, 다른 사람에게 신임을 받지 못하게 될 것이다. 그러면 자연스레 진정한 우정을 얻을 수 없다.

STEP 3 진심을 근성으로 바꿔라

진심과 근성이 서로 무관하다고 생각하지 마라. 진심을 가진 사람은 분명 자신을 잘 수양하는 사람이고, 그의 근성은 자연히 다른 사람보다 뛰어날 수밖에 없다. 그러나 위선적인 사람은 아무리 아는 것이 많아도 그저 위선적인 사람에 불과하다. 다른 사람이 우러르기는커녕 근성조차 갖추지 못한 사람으로 볼 것이다.

부도덕한 수단을
멈춰라

하버드 학생들은 종종 이렇게 말한다.

"사람이 진정으로 위대하다는 것은 그의 선행을 보고 느낄 수 있다."

하버드 학생들은 결코 부도덕한 수단을 사용하지 않고도 자신을 더욱 위대하게 만든다. 그리고 고상한 품행 덕분에 다른 사람들은 그들을 정말로 위대하다고 생각한다.

도덕은 한 사람의 근성을 이루는 주춧돌이 된다. 근성은 도덕이라는 기초 위에 세워진다. 선량한 사람, 올바른 사람이 되고자 하는 사람은 근성을 갖춘 사람이다. 많은 사람이 자기는 왜 근성이 부족한지, 왜 늘 사람들에게 잊히는지 의문을 가지고 있다.

이러한 생각을 가진 사람들은 근성이 무엇인지 이해하지 못한다. 근성을 배양하는 기본 조건은 그 사람에게 내포되어 있다. 그 조건을 진정으로 내포하고 있는 사람은 외로움을 견딜 수 있다. 한편 성공을 함에 있어서 노력하지 않고 부도덕한 수단을 취하려는 사람들이 있다. 어쩌면 그들은 금방 성공을 얻을 수 있을지는 모른다. 하지만 절대 인격이 고상한 사람은 될 수 없다. 고상한 인격은 근성을 배양하는 선결 조건 중 하나다.

정직은 가장 좋은 품격이다

근성을 갖추려면 우선 바르고 굳센 마음이 있어야 한다. 바르고 굳센 마음을 가진 사람만이 비로소 다른 사람들로부터 존경을 받고, 그들의 눈에 좋은 이미지로 비친다. 맹자는 "나는 공명정대하여 조금도 부끄럼 없는 용기를 가지고 있다吾善養吾浩然之氣"고 말했다. 우리는 맹자의 용모를 자세히는 모르지만 그가 근성이 뛰어난 사람이라는 사실은 인정할 수 있다.

정직한 사람은 반드시 다른 사람이 그에게 호감을 갖게 만든다. 근성은 일종의 감각이라는 사실을 알아야 한다. 근성을 갖고 싶다면 우선 다른 사람의 마음에 들어야 한다. 가장 간단한 방법은 다른 사람이 당신을 사귈 가치가 있고, 신임할 수 있는 사람이라고 느끼게 만드는 것이다. 그러기 위해서는 우선 정직해야 한다.

수단을 가리지 않고 성공을 얻는 사람은 절대 사람들의 존경을 받을 수도, 근성이 있다고 말할 수도 없다. 젊은이들은 종종 홍콩 영화에 등장하는 불량한 생활을 선망하며 주인공이 멋지고 근성이 있다고 생각한다. 그러나 이를 과연 근성이라고 부를 수 있을까? 분명 그렇지 않다. 그들은 단지 부랑아일 따름이다.

하버드를 졸업한 학생이 그곳에서 배운 가장 고귀한 가르침은 바로 정직한 행동의 준칙을 유지하는 일이다. 그들 중 아무도 이를 부정하지 않는다. 그래서 하버드 학생들은 장래에 어떤 분야에 종사하든 모두 정직하다는 공통점을 가지고 있다.

정직한 사람은 사람들에게 사랑과 존경을 받는다. 왜냐하면 모두 그 사람이 어려운 일이 있으면 주도적으로 나서서 자기를 도와준다는 사실을 알고, 믿고 있기 때문이다. 어쩌면 사람들은 진정한 근성이 무엇인지 모를 수도 있다. 혹시 어떤 사람과 교제할 때 그 사람을 보고 한번에 매우 마음에 든다고 생각한 적이 있지 않은가? 그 이유는 그 사람이 근성을 갖추었기 때문이다. 이러한 사람은 친화력을 가지고 있고 다른 사람과 교제하기 매우 쉽다.

'얼굴에는 마음이 드러난다'는 말이 있다. 당신의 마음이 어두우면 외부에 드러나는 근성도 떨어진다. 당신의 내면이 정직하고 밝아야 외면도 자연스레 더욱 근성을 갖추게 된다. 정직한 사람은 말을 하고 일을 하는 데 원칙을 가지고 있다. 그들은 대단한 신분이나 지위를 가지지 못했을 수도 있지만 결코 예의를 잃지 않는다. 사람들이 추구하는 근성이란 이러한 것이 아닐까?

많은 사람에게 있어서 도덕은 모호한 개념이다. 맹자는 말했다.

"한 그릇 밥과 국을 얻으면 살고 얻지 못하면 죽는 간절한 상황이라도, 누군가 소리를 지르며 밥과 국을 주면 받고 싶은 마음이 사라지고, 발로 차서 주면 거지도 받지 않는다. 아무리 많은 녹봉이라도 예와 의를 따져서 받지 않으면 그것이 무슨 소용이 있겠는가!"

이것이 도덕이고 정직이다. 정직한 품성을 배양하는 데 있어 기본은 부도덕한 일을 하지 않는 것이다. 부도덕한 일을 하지 않는 사람은 근성의 기초를 형성하는 셈이다.

소위 말하는 근성이란 풍격이다. 이는 예쁜 옷을 차려입는 등의 외적인 부분을 말하는 게 아니다. 행동거지를 예의에 맞게 하는 것을 의미한다. 진정한 풍격은 당신의 일거수일투족, 일상적인 생활에서 드러난다. 외모가 아무리 아름다워도 나쁜 일만 하면 근성이 있다고 할 수 있겠는가? 사람들의 존경을 받는 영웅의 용모가 아주 못생겼다고 할지라도 우리는 그들에게서 근성을 느낄 수 있다. 정직은 가장 좋은 근성이라고 할 수 있다. 왜냐하면 정직은 사람이 가지고 있는 모든 미덕의 종합체이기 때문이다. 정직한 사람은 다른 사람에게 근성이 부족하다는 소리를 듣는 것을 두려워하지 않고, 오로지 자신의 내면을 고수하는 데 신경을 쓴다. 이렇게 너그러운 마음씨가 근성을 결정한다.

모든 일에 지름길은 없다

서점에 가면 성공의 비결에 대한 책을 쉽게 볼 수 있다. 텔레비전도

예외가 아니다. 부자가 되기 위한 비법을 담았다는 책 광고도 보인다. 그런 내용을 담은 책과 광고는 종종 매우 선동적이다. 우리는 어떤 일에도 지름길은 없다는 사실을 인식해야 한다. 성공도 마찬가지고, 근성을 배양하는 것도 마찬가지다.

근성이 뛰어난 사람이 되고 싶다면 자신에게 가혹한 기준을 요구해야 한다. 바르지 않은 길이나 부정한 수단을 취해서는 절대 안 된다.

어떤 사람은 근성을 간단하게 예의로 귀결시킨다. 그러나 그것만으로는 부족하다. 한 사람의 근성은 대부분 그의 내면이 강한지 아닌지에 달려 있다. 근성은 내면에서 형성되어 외면으로 드러나는 감각이기 때문이다. 단순한 예의로 근성을 설명하기엔 부족하다. 예의는 단지 형식에 치우친 것일 뿐이라, 예의 바르다고 해서 반드시 근성이 뛰어나다고는 할 수 없다. 근성이 뛰어난 사람은 비록 예의를 이해하지 못했다 하더라도 일거수일투족에서 근성이 드러난다. 그들의 근성은 오랜 기간 쌓여져 왔기 때문이다. 그들은 다른 사람과 비교할 수 없는 정직한 마음을 가지고 있다.

우리는 어떤 일을 하든지 지름길을 가면 안 된다는 사실을 기억해야 한다. 지름길을 가는 사람은 쉽게 나쁜 길이나 굽은 길로 빠지고 이는 결국 자신에게 해가 된다. 비열한 수단을 써서 얻은 것은 모두 더러운 것이다. 악당이 매일 선한 일을 한다고 해도 그의 돈이 더러운 것이라는 사실은 바뀌지 않는다. 머릿속에 나쁜 생각만 가득하고 정당하지 못한 수단을 사용해서 다른 사람과 경쟁하는 사람은 성공할 수 없다.

그들의 생각이 올바르지 않기 때문이다. 그들은 강철을 만들기 위해서는 백번 담금질을 해야 한다는 도리를 이해하지 못할 것이다.

지름길을 가려는 사람은 근성의 진정한 의미를 깨닫지 못한다. 또한 일을 할 때는 마음을 가라앉혀야 한다는 사실도 이해하지 못한다. 사람은 다양한 경험을 거친 후에야 비로소 사물의 의미를 이해하는 경우가 많다는 사실을 알아야 한다. 이러한 경험은 당신에게 지름길을 제공하지는 않지만 매우 귀중한 재산이 된다. 많은 일을 경험하고 일련의 도리를 깨달으면 당신은 자연히 다른 사람에게 없는 근성을 갖게 된다. 하지만 이를 감내하지 못하면 당신은 다른 사람보다 훨씬 적은 수확을 얻게 될 뿐만 아니라 자연히 근성도 습득하지 못할 것이다.

성공으로 가는 유일한 지름길은 근면함이라 이야기할 수 있다. 천재라고 해도 노력하지 않으면 보잘것없는 사람이 되어 버리고 만다. 지름길을 택한 사람은 마지막 단계에 이르러서야, 그들이 생각했던 지름길이 사실 크게 돌아온 길에 불과했다는 사실을 발견한다. 반면에 착실하게 한 걸음씩 올라간 사람들은 벌써 종점에 서 있다.

부도덕한 방법으로 근성을 얻기란 불가능하다. 당신의 행동과 인품이 바르지 못하면 자연히 정직한 근성도 생기지 않는다. 강인하고 정직한 인품이야말로 모든 근성의 바탕이 되기 때문이다. 당신의 내면은 외면으로 드러난다. 옛사람들이 이런 말을 했다.

"하늘은 장차 큰 임무를 맡기고자 하는 사람에게 반드시 먼저 의지를 시험하는 고통을 준다. 그 다음 뼈마디가 꺾어지는 고난을 당하게 하며 그 몸을 굶주리게 한다. 그리고 생활을 빈곤하게 만들고 혼란에 빠뜨린다. 그렇게 해서 참을성을 길러 주어 지금까지 하지 못했던 일도 하게 한다."

많은 사람이 이 말을 들어 본 적이 있을 것이다. 그러나 이 말이 근성과 관계가 있다고 생각해 본 적 있는가?

근성이 있는 사람은 자신만의 이야기를 가지고 있다. 마음에 어두운 면이 있는 사람은 무슨 일을 해도 정당하지 않은 길을 가려고 한다. 그러면 결국 성공할 수 없다. 손빈과 방연의 이야기가 명확한 예이다. 방연은 실력을 갖추지 못했음에도 불구하고 진보하려 하지 않고 오로지 어떻게 하면 원수를 무찌를 수 있을지만 생각했다. 그 결과 일시적으로 승리할 수 있었을 뿐 끝에 가서는 손빈에게 패하고 말았다. 그리고 방연은 참혹한 죽음을 맞이했다.

어떤 일을 하든지 부도덕한 방법으로 이기는 것은 불가능하다. 설령 목적을 이룬 것처럼 보일지 몰라도 단지 일시적인 승리에 불과하다. 다른 사람이 진정으로 믿고 복종하지도 않는다. 근성의 배양도 같은 이치다.

따라서 근성을 배양하는 동시에 우리는 반드시 올바른 방법으로 일을 해야 한다. 이 두 가지는 매우 밀접한 관계가 있다. 일을 처리하는 과정에서 부도덕한 수단을 사용하는 게 습관이 되어 있다면 이는 당신의 인격에 문제가 있다는 뜻이다. 인격에 문제가 있는 사람은 근성이 좋을 수 없다. 설령 수많은 책을 읽었다고 하더라도 허투로 읽은 것이나 다름없다.

착실하게 일하고 정직하게 행동하는 것은 근성을 가진 사람의 공통된 특징이다. 당신의 내면이 정직해야 강대한 근성을 갖출 수 있고 그것이 외면으로 드러날 것이다.

💡 하버드 근성 배우기

사람의 가장 소중한 품격은 정직이다. 정직한 사람만이 마음이 평탄할 수 있고, 그래야만 비로소 대범해지고 근성을 형성할 수 있다. 그렇기 때문에 정직을 가장 좋은 근성이자 사람에게 가장 소중한 품격이라 말하는 것이다. '지나간 일을 잊어야 마음에 사심이 없고 천지가 넓어진다'는 말은 일종의 도량이자 근성을 일컫는다. 군자는 마음이 평탄하고 거리낌이 없다. 정직한 사람만이 비범한 근성을 가지기 쉽다.

STEP 1 정직한 사람이 존경을 받는다

정직한 사람은 사람들에게 사랑과 존경을 받는다. 왜냐하면 모두 어려운 일이 있으면 그 사람이 주도적으로 나서서 자기를 도와준다는 사실을 알고 믿고 있기 때문이다. 어쩌면 사람들은 진정한 근성이 무엇인지 모를 수도 있다. 혹시 어떤 사람과 교제할 때 그 사람을 보고 한 번에 매우 마음에 든다고 생각한 적이 있지 않은가? 그 이유는 바로 그 사람이 근성을 갖추었기 때문이다. 이러한 사람은 친화력을 가지고 있고 다른 사람과 교제하기 매우 쉽다.

STEP 2 정직은 내면의 근성이 가장 잘 드러난 것이다

부도덕한 방법으로 근성을 얻는 것은 불가능하다. 당신의 행동과 인품이 바르지 못하면 자연히 정직한 근성도 생기지 않는다. 강인하고 정직한 인품이야말로 모든 근성의 바탕이 되기 때문이다. 당신의 내면은 외면으로 드러난다.

말을 했으면 반드시 지키고
지키지 못할 말은 아예 하지 마라

신용은 근성을 배양하기 위한 중요한 조건이다. 근성을 갖춘 사람은 반드시 말한 바를 지킨다. 왜냐하면 그들은 신용과 근성이 뗄 수 없는 긴밀한 관계를 맺고 있다는 사실을 알기 때문이다. 흔히들 '뱉은 말은 엎지른 물과 같다'고 한다. 한 번 말을 뱉으면 반드시 지켜야 한다. 그것이 아무리 힘들어도 약속을 했다면 쉽게 뒤집어서는 안 된다. 이러한 정신에 근성이 드러난다.

하버드 대학에서는 학생들에게 신용은 사람이 사회에 발을 붙이기 위한 밑바탕이라는 사실을 반드시 명심하라고 한다. 신용은 근성을 배양하는 데 중요한 부분이다. 약속을 잘 지키는 사람에게는 매력적인 근성이 넘쳐 난다. 반면 이랬다저랬다 하는 사람은 근성도 좋지 않다.

대부분의 경우 우리는 신용은 신용이고 근성은 근성으로, 서로 상관이 없다고 생각한다. 그러나 이 두 가지는 밀접한 관계가 있고 우리의 삶에 엄청난 영향을 끼친다. 이런 연유로 우리는 평소에 하는 약속을 소홀히 해서는 안 된다. 아무리 작은 약속이라도 이는 우리의 신용을 대표하고, 다른 사람 눈에 비치는 우리의 이미지와도 관계가 있다. 다른 사람에게 한 약속을 단 한 번이라도 어기면 당신의 전체적인 이미지는 단번에 무너진다. 아무리 보완하려고 해도 쉽게 보완되지 않는다. 그러므로 다른 사람에게 좋은 이미지를 심어 주고 근성이 뛰어난 사람으로 보이기 위해서는 신용을 소중히 여겨야 한다. 말에 신용이 없고 이랬다저랬다 하는 사람을 그 누가 근성이 좋다고 생각하겠는가?

근성을 배양하는 데 신용이 매우 중요하다는 사실을 부디 소홀히 하지 않기를 바란다. 다른 사람과 교제할 때 종종 사소한 일이 우리의 전체적인 이미지를 무너뜨릴 수 있다는 사실을 기억하라.

이랬다저랬다 하는 사람은 절대 근성을 갖출 수 없다

미국의 16대 대통령 링컨은 어렸을 때 집이 매우 가난했다. 철이 들면서부터 그는 아르바이트로 번 돈을 생활비에 보탰다. 아무리 어려운 상황일지라도 그는 공부의 끈을 놓지 않고 지식에 대한 갈구는 매일 늘어 갔다.

어른이 된 링컨은 유명한 변호사가 되었다. 한번은 돈이 많은 부자가 링컨에게 변호를 부탁했다. 부자의 진술을 듣고 링컨이 말했다.

"죄송합니다만 선생님은 유죄입니다. 제가 선생님을 변호하지 않는 것을 양해해 주시기 바랍니다."

그러자 부자가 말했다.

"당신이 저를 도와준다면 아무리 보수가 많이 들지라도 기꺼이 지불하겠습니다."

이에 링컨이 말했다.

"정말 죄송합니다. 만약 선생님을 변호하게 되면 제 마음은 '링컨, 당신은 거짓말을 하고 있어!'라며 소리를 지를 겁니다. 그렇게 되면 저는 양심의 가책을 받겠지요."

결국 링컨은 부자를 변호하지 않았다.

몇 년이 지난 어느 날, 링컨은 한 노예주가 노예를 채찍질하는 광경을 보았다. 링컨은 그 행동이 매우 야만적이라는 사실을 깊이 느꼈고 그 노예의 운명을 비탄하면서 맹세했다.

'언젠가 반드시 고통스러운 노예들을 구하고 말겠어!'

그리하여 링컨은 대통령 선거에 나가기로 결심했다. 그렇게 해야만 노예들을 모진 고통에서 구할 수 있기 때문이었다.

나중에 링컨은 미국 대통령에 당선되자 자신의 맹세를 실현해 노예를 해방시켰다. 이처럼 약속을 철저히 지키는 성격 때문에 그는 미국 역사상 가장 위대한 대통령 중 한 사람이 될 수 있었다.

『하버드 가훈哈佛家訓』이라는 책에는 다음과 같은 이야기가 나온다.

멕시코의 대통령 비센테 폭스가 어느 대학의 강연에 초청을 받았다. 한 학생이 그에게 물었다.

"대통령께서는 정치에 참여하면서 거짓말을 한 적이 있었나요?"

폭스는 대답했다.

"아니오, 한 번도 없습니다."

그러자 아래의 학생들이 잇달아 의문을 드러내며 작은 소리로 소곤거리기 시작했다. 심지어 어떤 학생은 작게 웃기도 했다.

학생들은 그의 대답을 정치인의 쇼라고 생각했다. 왜냐하면 거의 모든 정치가들이 국민들을 향해 그럴싸하게 이야기하기 때문이다. 학생들이 자신을 의심하는 것을 보고도 폭스는 화를 내지 않고 그들에게 말했다.

"여러분, 이 사회에서 제가 성실한 사람이라는 증명을 하기란 어려울지도 모릅니다. 하지만 여러분은 이 세상에 아직도 신용이 존재하고 그것이 우리 주위에 있다는 사실을 믿어야 합니다. 제가 이야기 하나를 들려드리겠습니다. 여러분은 듣고 나서 곧 잊어버릴지도 모르지만 저에게는 매우 의미 있는 이야기입니다."

폭스 대통령은 학생들에게 한 이야기를 들려주었다.

하루는 농장의 지주가 정원에 있는 정자가 많이 낡은 것을 보고 업자를 불러서 헐어 버릴 준비를 하고 있었습니다. 그의 아들은 정자를 허무는 일에 크게 흥미를 갖기 시작하더니 아버지에게 말했습니다.

"아빠, 어떻게 정자를 허무는지 보고 싶어요. 제가 학교에서 돌아올 때까지 기다렸다가 하시면 안 돼요?"

아버지는 고개를 끄떡여 대답했습니다. 그러나 아이가 학교에 간 뒤 인부들이 재빨리 정자를 허물어 버렸지요.

학교에서 돌아오자마자 아이는 정자가 이미 없어진 것을 발견하고는 의기소침해서 아버지에게 말했습니다.

"아빠, 저한테 거짓말을 하셨네요."

아버지가 의아해하며 아들을 바라보는데 아들이 계속해서 말했습니다.

"저랑 약속하셨잖아요. 제가 돌아온 다음에 허무시겠다고요."

이에 아버지가 대답했습니다.

"얘야, 아빠가 잘못했다. 내가 한 약속은 반드시 지켰어야 하는 건데."

그리하여 아버지는 다시 인부들을 불러 모아 오래된 정자가 있었던 자리에 도로 정자를 세우게 했습니다. 정자가 세워지자 그는 아들을 불러온 다음 인부들에게 말했습니다.

"이제 그 정자를 허물어주게."

폭스가 계속 말했다.

"저는 이 아버지를 압니다. 그는 결코 부유하지는 않았지만 아이의 앞에서 자신의 약속을 지켰지요."

학생들은 이야기를 들은 후 물었다.

"그 아버지의 이름이 뭔가요? 그에 대해 알고 싶어요."

폭스가 대답했다.

"그는 이미 세상을 떠났습니다. 그렇지만 그의 아들은 아직 살아 있습니다."

"그렇다면 그의 아들은 어디 있나요? 그는 분명 성실한 사람이 되었을 거예요."

폭스는 침착하게 말했다.

"그의 아들이 지금 여기 서 있습니다. 바로 접니다. 멕시코의 대통령, 비센테 폭스입니다."

그는 말을 이어 갔다.

"제가 여러분에게 말하고자 하는 바는 아버지께서 저에게 했던 것과 마찬가지로 저도 이 나라를, 이 나라의 한 사람 한 사람을 대하고 싶다는 것입니다."

그 말에 강연을 듣던 학생들은 연이어 박수를 치기 시작했다.

앞의 두 이야기는 모두 신용이 우리에게 얼마나 중요한지 말해 준다. 사람은 돈이 없을 수도 있고, 일이 없을 수도 있고, 가진 것이 없을 수도 있다. 그러나 자신이 일을 할 때 적용하는 원칙은 반드시 고수해야 한다. 신용은 그 가운데서도 매우 중요하다.

맹자는 다음과 같이 말했다.

"사람이 바라는 것 중에 삶보다 더 귀한 것이 없다면 삶을 얻기 위해 무슨 방법인들 쓰지 못하겠는가? 만약 사람이 싫어하는 것 중에 죽음보다 더 나쁜 것이 없다면 죽음을 피하기 위해 무슨 일인들 하지 않겠는가? 그런데도 살기 위해 쓰지 않는 방법이 있고, 죽음을 피할 수 있는데도 하지 않는 일이 있다. 그러므로 사람에게는 삶보다 더 원하는 것이 있고, 죽음보다 더 싫어하는 것이 있다고 할 수 있다. 현명한 사람만 그런 마음이 있는 것이 아니라 사람이라면 누구나 가지고 있다. 단지 현명한 사람은 그 마음을 잃지 않을 뿐이다."

맹자는 이를 통해 어떤 사람이 근성이 있고 어떤 사람은 그렇지 않은지 설명하고 있다.

신용을 대하는 사람들의 태도는 각각 다르다. 사소한 약속도 귀찮아하며 지키지 않는 사람이 있는 반면, 다른 사람과 한 약속을 조금도 주저하지 않고 끝까지 지키는 사람도 있다. 이를 비교했을 때 약속을 다 지킨 사람은 신용과 근성이 있는 사람이다. 그는 분명 다른 사람들 눈에 대단한 이미지로 비칠 것이다. 아무리 사소한 일이라고 해도 아무렇지 않게 생각해서는 안 된다. 큰 문제는 사소한 일에서부터 발생한다.

일을 할 때 이랬다저랬다 하는 것은 단순히 신용의 문제만이 아니다. 더 크게 이야기하면 인품, 인격의 문제다. 이랬다저랬다 하는 사람은 종종 사람들에게 도덕상의 결함이 있다는 평가를 받는다. 품행에 큰 문제가 있는 사람이 어떻게 좋은 근성을 갖출 수가 있겠는가?

자신이 한 말을 반드시 지키는 행동은 매력적인 근성이다. 남녀를 막론하고 분명 매력적이다. 이러한 사람의 정신에는 다른 사람이 가지지 못한 굳센 기운이 있기 때문이다. 만약 당신이 처음에 한 약속을 지키지 못했다면 다음번에 어떤 일이 생겼을 때는 쉽게 입을 열지 않는 편이 좋다. 그렇지 않으면 심각한 결과를 맞이할 수 있다. 당신이 약속하지 않은 일을 해냈을 때는 주위로부터 칭찬을 듣지만, 반대로 약속한 일을 해내지 못하면 경멸을 받을 것이다.

근성은 일종의 수양이다. 많은 사람의 생각과 달리 수양은 그리 광범위한 개념이 아니다. 매우 좁기 때문에 타인은 생활 속 사소한 부분에서 당신의 수양과 근성을 느낄 수 있다. 누군가 유행하는 옷을 입고 우아한 행동을 한다 하더라도 몸을 구부려 불쌍한 아이의 얼굴에 입을 맞추려 하지 않는다면 그 사람은 근성을 갖추지 못했다고 평가할 수 있다. 마찬가지로 다른 사람과 약속한 바를 쉽게 바꾸는 사람에 대해 어떻게 근성을 논할 수 있겠는가? 이랬다저랬다 하는 사람은 절대 뛰어난 근성을 가질 수 없다.

근성은 일종의 무형의 산물이다. 그것은 현재 우리의 삶 속에 다양하게 나타난다. 그러나 충분한 범위 내에서 자신이 가진 예의를 발휘했다고 해서 그것을 근성으로 생각해서는 안 된다. 근본이 다르기 때문이다. 진정으로 근성을 가진 사람은 언행에서 특유의 매력이 뿜어져 나온다. 이는 꾸밀 수 있는 것이 아니다.

어떤 일을 하든지 우리는 본질적으로 자신에게 엄격해야 한다. 절대 이랬다저랬다 하지 말고 될 수 있는 한 자신의 약속을 이행해야 한다. 이는 근성을 배양하는 간단한 문제가 아니라 사람의 됨됨이를 나타내는 기본적인 준칙이다.

많은 사람이 어떻게 하면 빨리 근성을 배양할 수 있는지 생각한다. 그들은 근성을 물질적인 것으로 만들어 버리지만 근성은 물질적인 것이 아니다. 대부분의 경우 우리가 인류의 기본적인 도의를 지키면 이는 근성이 있다고 이야기하기에 충분하다. 맹자가 말한 것처럼 '현명한 사람만 그런 마음이 있는 것이 아니라 사람이라면 누구나 가지고 있다. 단지 현명한 사람은 그 마음을 잃지 않을 뿐'이다.

약속을 굳게 지키는 것과 고지식함은 다른 개념이다

우리는 근성이 좋은 사람은 반드시 다른 사람과 한 약속을 지킨다고 생각한다. 하지만 사정은 절대적이지 않으므로 때로는 상황을 봐야 한다. 근성을 갖춘 사람은 고지식한 사람이 아니다. 융통성 있는 사람이다. 현명한 그들은 약속을 이행할 때 오로지 한 가지 방법만 생각하지 않는다. 한 가지 방법만 생각하는 것은 종종 자신에게 해가 된다.

누군가 당신에게 도움을 요청해서 당신이 승낙했다고 가정해 보자. 그런데 그가 사람을 죽여 달라고 한다면 당신은 약속을 지키겠는가?

당연히 그렇지 않을 것이다. 당신이 정말 그 약속을 지킨다면 그것은 근성이 있는 것이 아니라 고지식한 것이다.

김용의 『의천도룡기』를 읽어 본 적이 있으리라 생각한다. 이야기의 주인공 조민과 장무기는 많은 이들의 사랑을 받는 인물이다. 장무기는 조금 고지식한 사람이다. 그러나 조민이 장무기에게 세 가지 조건을 들어 달라고 요구했을 때 그는 꾀를 부리며 말하는 세 가지 조건이 인의에 위배되어서는 안 된다고 이야기한다.

이 상황을 보면 장무기는 매우 근성이 있는 사람이다. 확실하게 승낙하기 위해서는 이성적인 판단이 필요했다. 자신이 할 수 있고 도의에 맞는 일을 다른 사람이 제시했을 때에야 그는 비로소 승낙을 한다. 이러한 사람은 진정한 근성을 갖춘 사람이다. 그들은 약속을 굳게 지키는 것과 고지식함이 완전히 다른 개념이라는 사실을 알고 있다.

성공을 향해 나아가기 위해 우리는 다양한 수단을 취한다. 그렇지만 자신의 양심에 위배되는 일이나 부도덕한 일을 해서는 안 된다. 근성이 있는 사람이 되려면 고지식한 사람이 되어야 함을 의미하지는 않는다. 상황을 구체적으로 분석해야만 진정한 근성이 있는 것이다.

'사물이 궁극에 달하면 변화가 일어나고, 변화가 일어나면 길이 열리고, 길이 열리면 오래 지속된다窮則變 變則通 通則久'는 말을 들어 본 적이 있을 것이다. 약속을 지키는 데도 이 말이 적용된다. 어떤 일이든지 끊임없이 발전하기 마련이므로 오랜 기간 융통성 없는 규칙을 지키는 것은 아무런 의미가 없다.

근성은 가만히 앉아 있다고 저절로 생겨나지 않는다. 많은 일을 경험하면서 천천히 단련되는 것이다. 따라서 우리는 살아가면서 반드시 다양한 일을 겪고 거기서 경험을 흡수해야 한다. 그런 다음에야 진정한 근성을 가질 수 있다. 만약 당신이 고지식하고 아무것도 모르는 사람이라면 이 사회에서 계속 생존해 나갈 수 있을지조차 알 수 없다. 그런 상황에서는, 물론 근성도 논할 수 없다.

모두들 사람은 모름지기 신용을 가지고 있어야 하며, 입 밖으로 꺼낸 말은 반드시 지켜야 한다고 이야기한다. 그러나 이 또한 일의 상황을 보고 임기응변으로 대해야 한다. 당신이 다른 사람에게 약속을 했는데 그 사람이 부탁한 일이 나쁜 일이라면 당신은 그 약속을 지키겠는가? 그렇지 않을 것이다.

곽정은 약속을 지키기 위해 자신의 딸인 곽부를 양과에게 시집보내려 했다. 그렇지만 곽정은 양과와 딸의 심정은 고려하지 않았다. 거듭된 오해가 쌓인 끝에 거만하고 난폭한 곽부는 양과의 팔 한쪽을 잘라버린다. 비극은 이렇게 생겨났다. 곽정이 협객이 아니라고 할 수는 없지만 그렇다고 전통적인 의미의 근성을 갖췄다고 할 수도 없다. 그에게는 기민함과 임기응변이 부족했기 때문이다.

거듭 말하지만 약속을 굳게 지키는 것이 고지식함을 의미하지는 않는다. 약속을 지킬 때는 구체적인 상황을 살펴야 한다. 어떤 일이든지 모두 정해진 기준에 따라 진행될 수는 없다. 반드시 구체적인 상황에 따라 처리해야 한다. 아무것도 고려하지 않고 오로지 한 가지 기준에 따라 일을 처리하는 사람이 있다면 그는 근성을 갖춘 게 아니다. 단지 요령을 모르는 고지식한 사람이라고밖에 할 수 없을 것이다. 왜냐하면 그는 신용의 진정한 함축적 의미를 깨닫지 못했기 때문이다.

신용은 물론 중요하다. 하지만 과도하게 고지식하면 융통성 없는 사람이 된다. 하버드 대학교에서 대부분의 학생은 신용을 매우 중시한다. 그러나 그들은 구체적인 상황에 따라 사정을 분석할 줄 알고, 그에 따라 자신의 약속을 실천한다. 신용을 지키는 것 자체는 자신을 더욱 수양시키지만, 그로 인해 나쁜 일을 하게 된다면 아무런 의미가 없다.

하버드 근성 배우기

말을 하는 것은 간단하다. 그저 위아래 입술을 움직이기만 하면 쉽게 약속을 할 수 있다. 그렇지만 약속한 바는 반드시 지켜야 하고, 입 밖으로 꺼낸 말은 반드시 해야 한다. 그래야만 의미가 있다. 약속을 끓인 맹물처럼 여기는 사람은 근성을 갖춘 사람이 될 수 없고, 다른 사람과 좋은 관계를 유지할 수 없다. 그들이 하는 말을 믿는 사람이 아무도 없고, 그와 친구가 되고 싶어 하지도 않기 때문이다. 즉, 약속을 중요시하지 않는 사람은 결국 사람들에게 미움과 버림을 받는다.

STEP 1 약속을 하기 전에 많이 생각하라

많은 사람이 약속을 할 때 머리에 생각이 떠오르는 대로 입을 열고 말을 한다. 근본적으로 결과나 그 일을 자신이 완성할 수 있을지에 대해서는 생각하지 않는다. 말을 하기 전에 우리는 반드시 생각해야 한다. 어떤 말을 어떠한 상황에 해야 하는지, 그 말을 했을 때 어떤 대가를 치러야 하는지 말이다. 이를 이해한 다음 약속을 해야 한다. 생각 없이 말을 하고 지키지 않을 바에는 차라리 말을 하지 않는 편이 낫다.

STEP 2 약속한 일에는 최선을 다해야 한다

다른 사람에게 어떤 일을 하겠다고 대답했을 때는 최선을 다해 지켜야 한다. 질질 끌거나 하지 않으려 들거나 해선 안 된다. 분명히 약속한 일을 지키는 데 최선을 다하지 않으면 이를 승낙하지 않았을 때보다 더 심각한 결과를 초래한다. 근성은 신용과 약속에 집중하는 태도에서 비롯된다. 만약 당신이 이 두 가지를 제대로 해내지 못하면 기본적으로 근성이 부족한 것이다.

STEP 3 자신의 능력을 헤아려서 약속하고, 약속한 일은 될 수 있는 한 지켜야 한다

당신이 어떤 일을 하는 과정에서 그것이 자신의 수용 범위를 초과한다는 사실을 발견한다면 어찌 됐든 최선을 다하기만 하면 된다. 고지식하게 가장 좋은 결과를 얻어야 한다고 생각할 필요는 없다. 최선을 다하기만 하면 그걸로 되는 것이다. 이 세상에는 원래 그렇게 완벽한 일은 없다. 근성은 고지식함과 다르다. 근성을 갖고 싶다면 임기응변을 배워야 한다.

빈말, 큰소리,
상투적인 말을 끊어라

하버드에서는 학술적인 강연을 제외하고는 사람들이 모여서 끊임없이 자신의 의견을 이야기하는 장면을 보기 힘들다. 식당에서조차도 학생들은 밥을 먹으며 공부를 한다. 어쩌다 작은 소리로 이야기하는 사람들을 볼 수 있는데 그건 분명 학술적인 문제를 토론하기 위해서다. 하버드 학생들은 '술술 쏟아져 나오는 웅변보다, 행동이 다른 사람의 마음을 움직인다'는 사실을 잘 알고 있다. 근성이 뛰어난 사람이 되기 위해서는 우선 자신의 의견을 적게 말하는 법을 배워야 한다. 특히 빈말, 큰소리, 상투적인 말을 그만두어야 한다.

원자바오 총리가 양회兩會 |중국의 전국 인민 대표 대회와 정치 협상 회의를 이르는 말-역주|를 마친 후 기자 간담회를 열었다. 기자 간담회는 거의 하루 종일 진행되었는데 원자바오는 질문에 매우 느린 속도로 대답했다. 하지만 기자회견

이 진행되는 동안 그가 한 말에는 빈말이나 상투적인 표현이 없었다. 한마디도 군더더기가 없었고 한마디 한마디에 많은 정보가 담겨 있었다. 그래서 기자 간담회가 매우 긴 시간 동안 진행되었음에도 모두들 열심히 귀를 기울여 들었다. 원자바오는 우리가 공인하는 학문적인 근성을 가진 지도자라 할 수 있다.

다른 사람과 이야기를 할 때 빈말이나 상투적인 말을 하고 큰소리를 치는 것은 치명적인 결함이다. 그것은 당신의 근성에 직접적인 영향을 끼쳐서 다른 사람들이 당신을 수준 낮고 불성실한 사람이라고 생각하게 만든다. 그러므로 우리는 다른 사람과 교제하는 과정에서 반드시 빈말이나 상투적인 말, 큰소리치는 말을 하지 말고 정제되고 문체를 갖춘 표현을 써야 한다. 말을 잘하는 사람은 다른 사람들의 눈에 근성이 비범한 사람으로 비친다.

말이 많으면 실수하기 쉽다는 사실을 기억하라

우리는 때로 거짓말이나 빈말을 하거나 큰소리를 친다. 그 상황에서 실제로 무슨 말을 해야 좋을지 잘 모르기 때문이다. 그러나 정말 할 말이 없는 상황에서는 말을 하지 말아야 한다. 이때는 말이 많아질수록 실수도 많아진다. 말이 많으면 실수하기 쉽다는 것은 결코 빈말이 아니라 실제적인 행동 지침이다. 한번 생각해 보자. 우리가 별거 아닌 일을 술술 늘어놓을 때, 과연 그 말 속에는 유용한 말이 몇 마디나 있겠는가?

모두들 자신의 주위를 관찰해 보자. 근성과 지위가 있는 사람 중에 말이 많은 사람이 과연 몇이나 되는가? 말이 많은 사람은 대부분 소인이다. 진정한 대인은 쉽게 입을 열지 않고, 한 번 입을 열면 그 말에는 반드시 무게가 있다. 기자 간담회에서의 원자바오 총리처럼 모든 말이 다 심사숙고를 거친 뒤에 나온다. 한참을 생각한 후에야 입을 열고, 입에서 나온 모든 말은 깊은 뜻을 지니고 있다. 이것이 내면의 소양이며 근성이다.

하버드 대학 사람들은 모두 말이 많지 않다. 그리고 절대 빈말이나 상투적인 말을 하지 않는다. 왜냐하면 그들은 그러한 말을 하는 게 시간 낭비이자 최종적으로 자신에게 손해라는 사실을 잘 알고 있기 때문이다. 말을 많이 하지 않아도 그 안에 충분한 내용을 담고 있으면 된다. 말을 많이 하는 사람은 대부분 내면적인 소양이 부족하고 심사를 감추지 못하는 사람이다. 그렇기 때문에 그들은 전도가 유망하지 않다.

근성을 갖추려는 사람들은 간결하지만 완벽한 뜻을 담고 있는 말을 하도록 자신을 단련해야 한다. 말이 많으면 반드시 유지해야 하는 비밀도 다른 사람들에게 들키고 만다. 근성이 있는 사람은 한 권의 사전과도 같아서 반드시 그것을 펴고 뜻을 곱씹어 봐야 재미를 느낄 수 있다. 말이 많은 사람은 한 장의 사진에 지나지 않아서 한 번 보면 그걸로 끝이다. 근본적으로 다시금 곱씹어 볼 가치가 없다. 이는 우리가 자신의 근성을 만들 때 반드시 주의해야 하는 점이기도 하다.

앞서 이야기했듯이 무협 소설에는 종종 평범해 보이고, 별다른 말을 하지 않는 사람이 진정한 절세 고수인 경우가 많다. 그러나 걸핏하면 허세를 부리는 사람은 재능도 없고 소란만 피우는 소인배에 지나지 않는다. 시대와 지위를 막론하고 사람의 말투와 태도는 근성을 결정하는 중요한 요소이다.

하버드가 왜 미국 대통령의 요람인지 아는가? 하버드 사람들은 대부분이 연설가이다. 말을 청산유수같이 하는 사람이 연설가라고 생각해서는 안 된다. 진정한 연설가는 요점을 잘 말한다. 중요한 점은 이것이다. 그리고 말은 해야 할 때 하고, 하지 말아야 할 때는 하지 않아야 한다. 따라서 하버드에서 오랜 기간 연마한 학생들은 정치의 길에 들어섰을 때 늘 자신의 풍부한 매력이 담긴 연설을 통해 다른 사람들의 마음을 움직일 수 있다.

근성을 갖춘 사람은 분명 다른 사람이 돌이켜 음미할 만한 가치가 있는 사람이다. 만약 당신이 그렇게 하여 다른 사람이 당신의 풍부한 내재적 소양을 느낄 수 있다면, 이는 당신이 진정한 근성을 가지고 있음을 의미한다. 다른 사람을 만나자마자 큰소리를 친다면 얼마 지나지 않아 좁은 도량이 다 드러나고 말 것이다. 그런 사람은 내재적인 소양뿐 아니라 근성도 부족하다. 자고 이래 두 종류의 사람만이 말이 많다. 하나는 능력이 없는 사기꾼이고, 다른 하나는 세상 물정을 잘 모르는 젊은이다. 둘 중에 어디에 속하든 세상 사람 누구도 근성이 있다고 그들은 부르지 않는다는 사실만은 분명하다.

근성을 갖추기 위해서 첫째로 명심해야 할 점은 말이 많으면 실수하기 쉽다는 사실이다. 말이 많은 사람은 표현욕이 강하고 쉽게 만족하지 못한다. 주위에 있으면 피곤할 타입이다. 이런 사람을 과연 근성이 있다고 할 수 있겠는가? 반대로 말이 적은 사람은 욕망이 그렇게 많지 않다. 그들은 '욕심을 버리지 않으면 심지를 분명히 할 수 없고, 평안하지 않으면 먼 곳에 이르지 못한다'는 사실을 잘 알고 있다. 이런 사람들의 겉으로 드러난 마음가짐이야말로 근성이라 부를 수 있다.

모든 말에는 요점이 있어야 한다

말을 할 때 요점이 있어야 한다는 것은 얼핏 간단해 보이지만 사실 그렇게 쉬운 일이 아니다. 원자바오 총리의 기자 간담회를 다시 예로 들어보자. 총리의 말 한마디 한마디는 왜 그렇게 느렸을까? 이는 그의 말 한마디 한마디가 모두 심사숙고를 거친 후에 나온 것이고 빈말이나 쓸데없는 말이 없었기 때문이다. 마찬가지로 중국의 개국대전開國大典 영상을 보면 마오쩌둥 주석이 개국대전에서 한 모든 말이 긴밀하게 관련 있고 세밀하며 조리 있음을 부인할 수 없을 것이다.

이 세상에서 가장 짧은 편지는 빅토르 위고의 편지이다. 당시 그는 자신의 글을 출판사에 보내 놓고 회신을 기다리는 중이었다. 그런데 오래 기다려도 회신이 없자 출판사에 편지를 한 통 보냈다. 편지에는 단지 물음표(?)만이 쓰여 있었다. 얼마 지나지 않아 출판사가 그에게 답장을 보내왔다. 그 편지에는 단지 느낌표(!)만이 쓰여 있을 뿐이었다. 그러고 나서 며칠 뒤, 세상을 깜짝 놀라게 한 소설『레미제라블』이 출판되었다. 이러한 일화 또한 간결한 말의 중요성을 드러낸 예라 할 수 있다.

하버드 대학교에서 공부하는 많은 학생들은 대부분 과묵하다. 왜냐하면 그들은 한담을 나누느라 자신의 시간을 낭비하면 미래에 더욱 큰 노력을 치러야 다른 사람을 따라잡을 수 있다는 사실을 잘 알기 때문이다. 하버드 학생들과 달리 당신이 말을 많이 한다면, 다른 사람은 당신을 내재적 소양이 부족한 사람이라고 생각할 것이다. 내재적 소양이 부족한 사람이 근성을 배양하기란 더욱 어려운 법이다.

어떤 상황에서든지 말은 간단명료해야 하고, 그 안에는 중심 내용이 있어야 한다. 만약 당신이 한참 동안 많은 말을 해야 비로소 전하고자 하는 내용이 확실해진다면 그것은 결론을 귀납하는 능력이 매우 낮음을 의미한다. 사람들은 자연히 당신이 일을 처리할 때 효율적으로 시원시원하게 처리하지 못한다고 생각하게 된다.

그런데 당신이 그런 평가를 듣지 않기 위해 말을 간결하게 한다고 해도, 중요한 부분을 소홀히 한다면 아무리 말을 빠르고 짧게 해도 전혀 쓸모가 없다. 중심 내용을 말하지 않으면 쓸데없는 소리를 한 것이나 마찬가지이기 때문이다. 그러므로 말을 할 때는 간결함에 주의하며 중심 내용을 소홀히 해서는 안 된다. 이를 지키면 간결한 말로도 요점을 파악할 수 있다.

따라서 말을 하기 전에는 반드시 많이 생각해야 한다. 이 말을 해야 하는지 하지 말아야 하는지 확실하게 생각하고 글자 하나하나 세심하게 신경 써야 한다. '말을 금처럼 아끼라'는 속담처럼 말이 많을수록 좋다는 생각은 버려야 한다. 조조의 모사 양수는 말이 많고 속도도 빨라서 국면을 제대로 보지 못했고 결국에는 목숨을 잃고 말았다. 마찬가지로 조조의 셋째 아들 조식보다 훨씬 못한 재능을 가진 장남 조비가 최후의 승자가 되었던 까닭은 그가 말수가 적고 인내할 줄 알았기 때문이다.

어떤 사람은 인간관계가 말에 의해 유지된다고 생각한다. 말을 하지 않으면 다른 사람과 소통을 할 수 없다는 이유에서이다. 그러나 여기서 이야기하고자 하는 것은 말을 많이 하지 말고 적게 하라는 것임을 기억하라. 다른 사람과 소통할 때, 관건이 되는 순간 중요한 말 한마디를 하는 것은 평범한 순간의 열 마디, 백 마디보다 훨씬 유용하다.

평소에 당신이 말이 많다면 사람들은 당신을 경솔한 사람이라고 생각할 것이다. 그렇게 되면 중요한 순간 사람들의 머릿속에 단번에 떠오르는 인물은 당신이 될 수 없다. 이런 상태로 오랜 시간이 지나면 당신은 다른 사람들의 눈에 믿지 못할 사람으로 비치게 된다. 반대로 당신이 평소에 과묵하고 말수가 적지만 중요한 순간에 자신만의 견해를 제시한다면 모두들 자연스레 당신을 능력 있는 사람이라고 생각할 것이다. 그렇게 되면 중요한 상황에 자연스럽게 당신을 떠올리고 사람들 속에서 당신의 위치도 향상될 것이다.

한 사람의 근성은 대부분 그 말에서 드러난다. 당신이 어떤 말을 하느냐에 따라서 당신이 어떤 사람인지 드러난다. 근성이 뛰어난 사람이 되고 싶다면 반드시 당신의 입을 단속해야 한다. 매번 말을 하기 전에 꼼꼼히 생각하라. 말을 하고 싶으면 먼저 마음속으로 과연 이 말을 해야 되는지 아닌지 3초 생각한 다음, 정말로 말할 필요가 있는 말만 하도록 하라. 이는 근성을 수련하는 과정에서 매우 중요한 한 걸음이다.

💡 하버드 근성 배우기

자기 방면에서 우수한 재능을 드러내지만 다른 사람에게 근성이 없다는 인상을 주는 사람들이 있다. 그들 자신이 아무리 생각해 봐도 이해가 되지 않는다. 그러다가 나중에서야 모두들 그들이 말이 너무 많고 종종 거짓말이나 빈말을 하기 때문에 그렇다는 사실을 발견한다. 말이나 글에 내용이 없는 것은 두려워해야 할 일이다. 하버드 사람들은 말한다.

"사고는 자기 뜻대로 해도 되지만 표현을 할 때는 그 방법을 신중하고 조심히 고민해서 해야 한다."

이러한 생각이 그들을 이끌고 있기 때문에 하버드 사람들의 말은 항상 급소를 찌르고 군더더기가 없다. 그래서 그들은 다른 사람에게 신중하다는 인상을 준다.

STEP 1 쓸데없는 말은 한 글자라도 덜 말해라

대부분의 경우 우리는 언어를 통해 교착된 국면을 타파하길 좋아한다. 하지만 이는 모든 사람에게 다 적용되는 것이 아니다. 만약 당신이 상황에 맞는 화제를 찾을 수 없다면 최선의 방법은 한마디라도 덜하는 것이다. 말이 적은 사람은 종종 다른 사람에게 신비한 느낌을 주고, 그들은 자기도 모르는 사이에 당신을 신임하게 된다.

STEP 2 될 수 있는 한 상투적인 말을 하지 마라

사람이 말을 하는 목적은 타인과 교류하기 위해서다. 그러므로 거짓말이나 빈말, 상투적인 말은 완전히 시간을 낭비하는 꼴이다. 의미가 없는 상투적인 말을 하는 데 시간을 낭비하기보다는 자신을 충실히 하려고 생각하는 편이 낫다. 스스로 내면을 제약하고 침착함을 유지하면 자연스레 더욱 근성을 갖추게 될 것이다.

STEP 3 적은 말로 대량의 정보를 표현하라

이는 간단하면서도 심오한 말로 큰 뜻을 이야기하라는 것이다. 즉, 어떻게 하면 간결하게 이야기할 수 있는가를 의미한다. 정제되고 간명한 언어로 자신의 생각을 드러내는 것은 근성을 가진 사람의 공통적인 특징이다. 만약 당신이 자신의 생각을 나타내기 위해 말을 많이 하고 같은 말을 계속 반복한다면 설령 당신이 이야기하는 것이 재미있다고 하더라도 아무도 들으려 하지 않을 것이다.

성실함의 가치에 대해
충분히 인식하라

많은 사람이 성실함을 중시하지 않는 이유는 그것이 얼마나 가치 있는지 모르기 때문이다. 그들은 성실함에 별다른 의미를 두지 않는다. 성실함이 실질적인 이익을 가져다준다고도 여기지 않는다. 우리가 근심 없이 살아가는 데 있어 성실함이 얼마나 귀한 재산인지 모르기 때문에 하는 생각이다. 성실하지 않으면 당신은 아무것도 이룰 수 없다.

하버드 대학교의 벽에는 학생들에게 경각심을 일으켜 주기 위해 다음과 같은 말이 쓰여 있다.

'일하지 않고 수확을 기도하는 사람은 아무것도 이루지 못한다.'

이 말은 절대 입에 발린 표현이 아니다. 하버드 학생들 대대로 경험을 통해 얻은 교훈이다.

성실함은 큰 영향을 미친다. 사람들이 한 사람을 평가할 때 그가 얼마나 성실한지 관찰하는 것만 봐도 성실함의 가치가 얼마나 중요한지 알 수 있다. 당신의 위치와 나이를 막론하고 다른 사람이 당신을 관찰하고 평가할 때 대부분은 당신이 일을 할 때 성실한지 아닌지를 본다.

그러므로 만약 당신이 성실함을 가치 없다고 생각한다면 완전히 틀린 것이다. 사람들의 모든 품성 가운데 가장 가치 있는 것이 성실함이다. 성실함을 소홀히 하면 당신은 심각한 타격을 입을 것이다. 사람은 성실하지 않으면 바로 설 수 없다. 성실함은 입신양명의 근본이라는 사실을 알아야 한다.

맹자는 이렇게 말했다.

"성실이라 하는 것은 하늘의 도리고, 성실하고자 생각하는 것은 사람의 도리이다."

다시 말해 성실함은 자연의 법칙이며, 인류가 성실하려는 것은 본성이라 할 수 있다는 뜻이다.

성실함의 중요성을 소홀히 해서는 안 된다

성실함은 모든 일의 기본이자 사람이 살아가는 근본이다. 성실함이 우리와 멀리 떨어져 있다고 생각하지 마라. 성실함은 우리의 생활 속에 있다.

어떤 상인이 갑작스럽게 법원의 소환장을 받았다. 소환장에는 그가 부채를 상환하지 않았기 때문에 은행이 그를 기소했다고 쓰여 있었다. 상인은 매우 이상하다고 생각했다. 왜냐하면 그는 경제적으로 여유로운 까닭에 은행에 돈을 빌릴 일이 없었기 때문이다.

결국 법원에 가서야 그는 어찌 된 영문인지 알게 되었다. 10여 년 전에 그가 신용카드를 한 장 발급받아 1.5만 원 정도를 사용한 적이 있었다. 당사자조차 잊고 있었던 일을 10여 년이 흘러 은행이 회계감사를 하다가 발견하고 법원에 그를 기소한 것이었다.

상인은 은행에 큰 빚을 진 것도 아니고, 고의로 갚지 않은 것도 아니다. 그럼에도 그가 기소를 당했다는 것은 성실과 신용이 현대사회에서 얼마나 중요한지 보여 주는 사례이다. 액수의 많고 적음이 문제가 아닌 것이다. 협의를 바탕으로 은행이 급한 일을 해결해 주었으면 당신도 반드시 제때에 돈을 갚아야 한다. 이를 소홀히 하면 아무리 적은 액수의 빚이라도 당신에게는 치명적인 타격이 될 수 있다.

성실함은 사람의 인격을 드러내는 한편 많은 도움을 주기도 한다. 묵자는 다음과 같이 말했다.

"다른 사람과 일을 도모할 때는 그 사람에게서 얻을 것을 먼저 봐야 하고, 다른 사람과 일을 할 때는 먼저 그 사람의 성실함을 보아야 한다."

"남을 이롭게 하는 사람은 다른 사람도 그를 이롭게 한다."

이를 총괄하면 만약 다른 사람에게서 무엇을 얻으려면 당신이 먼저 무언가를 주어야 한다는 것이다. 우리는 무언가를 받고자 원한다면 먼저 베풀어야 한다. 바로 그러한 도리를 말하는 것이다.

성실함은 하버드 대학이 학생들에게 가르치는 귀중한 가치이기도 하다. 성실함은 사람이 근심 없이 살아가기 위한 바탕이며, 성실하지 못한 사람은 절대 근성을 가질 수 없다. 왜냐하면 근본이 없기 때문이다. 성실함은 인격의 근본이므로 이를 중요하게 생각하는 사람만이 고상한 인격을 가질 수 있다. 성실함의 중요성을 소홀히 하면 언젠가 다른 사람의 도움을 필요로 할 때 아무도 당신을 도와주지 않는다. 당신은 그제야 자신이 궁지에 빠졌다는 사실을 발견하게 될 것이다.

다른 사람과 함께 일을 할 때는 자기만 생각하지 말고 좋은 것을 먼저 다른 사람에게 주어라. 사람들이 모두 이렇게 한다면 조화로운 사회를 세우는 일은 어렵지 않을 것이다. 당신이 성실함을 중요하게 생각하고 남이 원하는 것을 준다면, 그 사람은 반드시 당신에게 보답할 것이다. 모든 사물은 상호적이기 때문이다. 오늘 당신이 성실하게 사람을 대하면 훗날 다른 사람도 당신을 성실하게 대할 것이다. 반대로 무슨 일이든지 눈치를 주고 나쁜 마음으로 대하면, 다른 사람도 절대 당신에게 좋은 기색을 비치지 않을 것이다. 우리는 일을 하거나 처세를 할 때 항상 성실해야 한다.

사람은 누구나 이기적이다. 이는 인간의 천성이어서 피하기 힘들다. 우리는 살아가면서 자신의 생각과 반대되는 행동을 스스로에게 가혹하게 요구하는 사람을 보기도 한다. 그러나 억지로 만든 성실함은 결코 순수하지 못하다. 성실한 품성을 갖고 싶다면 진실해야 한다. 당신은 성실이 상호적이라는 사실을 알아야 한다. 성실하게 다른 사람을 대하면 때로 손해를 보는 듯해 도 실제로는 당신이 가장 큰 이익을 본다. 당신의 마음이 크게 자라날 것이기 때문이다.

사람은 감정적인 동물이다. 당신이 성실하게 다른 사람을 대하면 분명 그 사람은 감동을 받는다. 그리고 성실한 태도로 보답을 할 것이다. 자기는 남을 불성실하게 대하면서 다른 사람이 자신을 성실하게 대해주기를 바랄 수 있겠는가? 우리는 성실함의 중요성을 소홀히 해서는 안 된다. 성실함은 당신 일생의 승패를 좌우하는 중요한 요소이다.

"남을 이롭게 하는 사람은 다른 사람도 그를 이롭게 한다"는 묵자의 말은 몇천 년이 흐른 오늘날에도 마찬가지로 적용된다. 우리가 다른 사람의 요구를 만족시켜야 다른 사람도 마찬가지로 우리의 요구를 만족시켜 준다. 이는 자연의 법칙이자 사회의 법칙이다. 이러한 법칙 안에서 성실함은 큰 작용을 발휘한다. 이를 이해하면 왜 사람들이 모두 성실함을 중요시 생각하는지, 성실함을 소홀히 하면 얼마나 심각한 결과를 유발하는지 깨닫게 된다.

성실함은 어리석음이 아니다

하버드 대학교 교수들은 학생들을 다음과 같이 가르친다.

"만약 당신이 다른 사람보다 지혜롭다면 이는 당신의 성실함을 통해 겉으로 드러난다."

총명한 사람은 대부분 성실하다. 왜냐하면 그들은 불성실할 때 얼마나 심각한 결과가 발생하는지 알기 때문이다. 조금 더 현실적으로 이야기해 보도록 하자. 현재 당신 신용카드의 신용 등급이 높지 않다면 당신은 장래에 집을 사거나 차를 사기 위해 돈을 빌리려고 해도 빌릴 수 없어 곤란해질 것이다. 이를 통해 평소 성실함이 얼마나 중요한지 짐작할 수 있다.

그렇다면 성실함이란 무엇일까? 다른 사람의 말을 그대로 받아들이고 행동하는 것일까?

많은 사람이 다음과 같은 말을 들어본 적이 있을 것이다.

'바보에겐 바보의 복이 있다.'

'하늘은 어리석을 정도로 성실한 사람을 아낀다.'

나는 여기에서만은 분명 똑똑한 사람들이 남을 속이기 위해 이런 말을 생각해 냈다고 이야기하고 싶다. 확실히 우리는 성실해야 하고, 성실한 태도로 다른 사람을 대해야 한다. 하지만 성실함이 어리석음을 의미하지는 않는다. 성실한 태도로 사람을 대하는 것은 멍청하게 다른 사람에게 자기의 모든 것을 내주라는 뜻이 아니다.

우리는 항상 이 같은 말을 기억해야 한다.

'사람을 만날 때 말은 조심스레 삼가고, 자신의 마음속을 전부 보이지 마라.'

이는 우리에게 성실하지 말라는 이야기가 아니라 반드시 성실함과 어리석음을 구별할 줄 알아야 한다는 의미이다. 그렇다면 무엇을 성실함이라 할 것인지 예를 들어 보기로 하자. 물건을 파는 사람은 거짓 없이 상도를 지키며 장사를 해야 한다. 이것이 성실함이다. 그렇다면 무엇을 어리석음이라 할 것인가? 손님이 캐묻는다고 물건을 들여온 원가까지 말해 버리는 것, 이것이 어리석음이다. 사람은 사회 속에서 살아가다 보면 필연적으로 다양한 상황에 처한다. 무슨 일을 하든지 고지식하면 이 사회에 오랫동안 발붙일 수 없다.

실제로 어느 정도 성취를 이룬 사람 중에 바보는 없다. 그러나 그들은 여전히 다른 사람들을 성실하게 대한다. 이는 성실함을 추구하는 일이 어리석은 짓이 아니라는 사실을 설명해 준다.

성실함은 어리석기는커녕 현명한 처세 방법이라 할 수 있다. 성실한 사람들은 잔꾀를 부릴 때보다 성실할 때 그들에게 돌아오는 이익이 훨씬 많다는 사실을 알고 있다. 인터넷에서 자신은 매일 새로운 기름으로 튀김을 튀기고, 나쁜 식용유는 사용하지 않는다고 호언장담한 튀김집 청년처럼 말이다. 그의 튀김은 다른 가게에 비해 비싸지만 사려는 사람의 발길이 끊이지 않는다. 청년의 수입은 그로 인해 갑절이 되었다.

우리가 처세를 할 때는 성실함뿐만 아니라 자신을 보호하는 일도 중요시해야 한다. 세상에는 도덕을 지키지 않는 사람이 많기 때문이다. 당신이 다른 사람을 성실하고 진실한 태도로 대할지라도 매번 똑같은 보답이 돌아오지는 않는다. 우리는 자신의 도덕적 원칙의 기초에 어긋나지 않으면서도 정도에 맞게 다른 사람을 대할 줄 알아야 한다. 이러한 방법은 크게 비난할 것이 없다. 어찌 됐든 다른 사람에게 진심을 드러낼 수만 있으면 그걸로 된 것이다.

성실함은 때와 사람에 따라 변화해야 한다. 성실함으로 우리를 대하지 않는 사람이나 적을 성실하게 대할 필요는 없다. 그들이 우리를 성실하게 대하지 않는 까닭은 그들의 인품에 문제가 있기 때문이다. 이런 사람을 대할 때 굳이 예의를 차릴 필요는 없다. 적당한 정도로 그들을 가르쳐도 괜찮다. 그렇지 않으면 손해가 우리 자신에게 돌아오기 때문이다.

성실함의 가치는 우리의 인격적 가치이다. 성실함을 중시하는 일은 우리의 인격을 중시하는 것과 마찬가지다. 그러므로 부디 성실함이 우리에게 주는 의미를 소홀히 하지 말자.

🔆 하버드 근성 배우기

많은 사람이 성실하지 않은 이유는 성실함을 잃었을 때 어떤 대가를 치러야 하는지 잘 모르기 때문이다. 특히 근성을 높이기 위해 성실함은 결코 없어서는 안 될 조건이다. 성실함은 바른 기운이며, 바른 기운은 근성을 낳는다. 성실함을 추구하는 것은 근성을 배양하는 가장 기초적인 요소라 할 수 있다.

STEP 1 모든 일은 능력을 헤아리고 행해야 한다

때로 우리가 성실하지 않은 까닭은 불성실해서가 아니라 승낙한 일이 실제로 자기 능력의 범위를 초과하기 때문이다. 그러므로 우리는 어떤 상황에서도 자신의 능력을 헤아리고 행하는 법을 배워야 한다. 자신의 역량을 분별하지 못하면 우리는 허풍을 떤 사람이 되고 지금껏 쌓아 온 근성도 사라진다.

STEP 2 자신이 한 약속을 중시하라

어떤 때든지 군자의 말은 천금의 무게를 지녀야 한다. 이는 케케묵은 사상이 아니라 사람으로서 지켜야 할 기본적인 도덕적 규범이다. 약속을 성실히 지키는 것을 이해하지 못하는 사람은 절대 근성을 갖춘 사람이라 할 수 없다.

STEP 3 적절한 융통성은 당신의 성실함에 해를 끼치지 않는다

성실하다고 해서 융통성이 없다고 생각해서는 안 된다. 사실은 전혀 그렇지 않다. 우리의 성실함에 해를 입히지 않는 범위 내에서 적절한 융통성을 발휘하는 것은 좋은 일이다. 때로는 너무 직접적인 것도 좋지 않다. 소위 말하는 근성은 부드러우면서도 강한 것이고, 너무 소박해서도 안 된다.

불성실한 태도를
변화시켜라

'잘못을 알고 이를 고치면, 그보다 더 큰 것이 없다知錯能改 善莫大焉'는 말이 있다. 잘못을 저지르고 나서야 고치는 것은 소 잃고 외양간 고치는 격이기는 하지만 적어도 늦지는 않다. 특히 성실함과 관련된 잘못은 제때 고쳐야 한다. 우리는 누구나 잘못을 저지른다. 당신은 어쩌면 다른 사람에게 어떤 일을 하겠다고 약속했는데 그것을 지키지 못해서 마음속으로 가책을 받고 있을 수도 있다. 그러나 이는 별거 아니다. 당신이 잘못을 제때 고치기만 한다면, 앞으로 다시는 그러지 않겠노라고 맹세한다면 당신의 잘못은 용서받을 수 있다.

하지만 당신이 잘못을 저질렀다는 사실을 분명히 알면서도 고치려 하지 않으면 이야기가 달라진다. 당신의 소양과 이미지는 파괴적인 타격을 받는다. 따라서 자신이 잘못을 저질렀다는 사실을 알았다면 반드시 이를 고치려는 실질적인 행동을 해야 한다. 그저 말로만 끝내서는 안 된다. 잘못을 알고도 고치지 않는 것은 잘못을 모르는 것보다 더 악질적인 행동이다. 다른 사람들도 이를 받아들이지 못할 것이다.

어떤 상황에서든지 잘못을 저질렀다는 사실을 발견하는 즉시 고쳐야 한다. 그리고 개선의 여지가 명확하게 보이는 행동을 해야 한다. 그렇지 않으면 당신의 이미지에 매우 좋지 않은 영향을 받는다.

다른 사람이 당신의 잘못을 발견하기 전에 반성하라

자기반성은 매우 중요한 일이다. 어릴 때 다음과 같은 말을 배운 적이 있을 것이다.

'나는 매일 세 가지로 나를 반성한다. 다른 사람과 일을 도모함에 충성스럽지 못한 부분은 없었는가? 친구와 사귐에 믿음이 없지는 않았는가? 배웠던 것 중에 몸에 익히지 않은 것은 없었는가?'

몇천 년 동안 전해진 증자의 이 말은 오늘날까지도 사람들의 말과 행동을 지도하는 데 큰 의의가 있다.

제때 반성하는 습관을 기르면 우리는 나쁜 버릇을 자연스럽게 고칠 수 있다. 저질러서는 안 되는 사소한 잘못을 제때 스스로 고칠 수 있는 것이다. 자기반성이 모든 사람에게 중요한 까닭이다. 잘못을 저질렀다고 해도 당황하지 않고 고칠 수 있다면 이는 대단한 것이다.

사람이면 누구나 잘못을 저지른다고 해도, 잘못을 스스로 발견하고 고치는 것과 다른 사람이 발견해서 당신에게 고치라고 요구하는 것은 완전히 다른 개념이다. 모든 사람이 타인의 잘못을 너그럽게 받아들이지는 않는다. 만약 당신이 한두 번 잘못을 저질렀다면 다른 사람들도 아마 너그러운 마음으로 당신이 잘못을 고치도록 도움을 줄 것이다.

그렇지만 평생 다른 사람이 도와주기를 바랄 수는 없지 않은가? 물론 불가능하다. 당신은 아직 어리다는 둥, 경험이 부족하다는 둥 다양한 변명을 찾을 수 있을지도 모른다. 그러나 그것들이 당신이 잘못을 저지른 이유가 되지는 않는다. 스스로 제때 잘못을 발견하고 고쳐야 진짜로 잘못을 고치는 것이다. 그러면 다른 사람 눈에 비치는 당신의 이미지도 점차 좋아지기 시작할 것이다. 그중에서도 성실함과 관련된 잘못을 저질렀을 때는 다른 사람의 지적에 의존해 고쳐서는 안 된다.

미셸은 대학을 다닐 때 과 대표를 맡았다. 그녀는 평소 학우들 사이에서 인망이 두터웠다. 모두들 무슨 일이 생기면 그녀를 찾아갔고, 그녀의 말을 기꺼이 믿었다. 그런데 어느 날부터 미셸은 다른 학우들이 자기를 그다지 신임하지 않는다고 느꼈다. 학우들은 일이 생겨도 더 이상 그녀를 찾아오지 않았다.

미셸은 매우 괴로웠다. 과 대표인데도 불구하고 학우들이 더 이상 그녀를 신임하지 않았기 때문이다. 그렇게 되면 자신의 능력을 펼치기가 힘들어지기에 적잖은 타격이었다. 왜 자신이 갑자기 환영을 받지 못하게 되었는지 확실히 알기 위해 그녀는 여러 사람에게 그 이유를 물어보았다. 하지만 다들 그녀에게 직접 말하기 껄끄러워 하며 어물어물 넘기거나 심지어는 요리조리 피해 다니기도 했다. 이를 보고 더욱 이상하다고 생각한 미셸은 결국 친한 친구를 찾아가 억지로 추궁했다.

친구는 어쩔 수 없이 미셸에게 사정을 설명했다. 미셸은 시원시원한 성격이기는 하지만 다른 사람과의 약속을 쉽게 잊어버렸다. 그러는 바람에 친구들이 그녀에게 도움을 청한 일을 몇 번이나 제대로 지키지 않았다. 평소라면 대수롭지 않게 넘어갔을 수도 있지만 때마침 최근 과에서는 임기 만료로 학생 위원을 교체하는 선거를 앞두고 있었다. 미셸의 경쟁 상대는 이러한 일을 대대적으로 들추어내서 미셸을 폄하하며 미셸이 부탁을 받고도 지키지 못한 일들을 학우들 사이에 퍼뜨렸다. 그리하여 원래 인망이 두터웠던 미셸은 여러 사람에게 비난을 받는 대상이 되어 버렸다.

미셸의 사례는 결코 특별한 경우가 아니다. 많은 사람이 다른 사람 뒤에서 험담을 한다. 우리는 이러한 행동을 경멸함과 동시에 반드시 자기를 반성해야 한다. 그들은 왜 굳이 당신을 비판하는 것일까? 어쩌면 당신은 그들이 질투를 하고 있다고 생각할지도 모른다. 그러나 아니 땐 굴뚝에 연기가 나지는 않는다. 당신은 능력을 갖춘 사람이지만 분명 잘못도 저질렀을 것이다. 잘못을 저지르게 되면 쉽게 다른 사람과 비교당하고 헛소문이 생긴다.

완벽한 사람은 없다. 그러므로 우리 모두 자기를 반성하는 습관을 길러야 한다. 다른 사람에게 잘못이 발견되어 책망을 듣기보다는 스스로 더 많이 반성하고 고치는 편이 낫다. 매일 자신을 반성하고 제때 고치면 시간이 흐른 뒤 당신은 아마 완전히 다른 사람이 되어 있는 자신을 발견하게 될 것이다.

그러니 제때 반성하는 습관을 기르는 일은 우리에게 매우 중요하다. 다른 사람들에게 다 알려질 정도로 문제가 심각해지기 전에 먼저 스스로 고쳐야 한다. 불성실한 태도 때문에 꼬투리를 잡히거나 번거로운 일에 휘말려서는 안 된다.

잘못을 고칠 때는
변명을 찾거나 질질 끌어서는 안 된다

당신이 저지른 잘못을 스스로 발견하든 아니면 다른 사람이 발견하든 매우 중요한 주의 사항이 하나 있다. 잘못을 고칠 때 절대 질질 끌어서는 안 된다는 점이다. 당신의 불성실한 태도로 말미암아 잘못이 발생했다면 무조건 제때 고쳐야 한다. 문제를 발견하고도 즉시 고치지 않고 질질 끌기만 하면 당신이 애써 구축한 좋은 이미지와 근성이 사라져 버린다. 그리고 다른 사람들에게 몇 번이고 타일러도 잘못을 고치지 않는 사람이라는 인상을 주게 된다.

피터는 한 회사의 신입 사원이다. 이 업계에 막 발을 들인 그는 종종 업무상의 실수를 저질렀는데 스스로 이를 인식하지 못했다. 그러자 선배들이 그에게 몇 마디 주의를 주었다. 그런데도 피터는 선배들의 지적에 주의를 기울이지 않았다. 선배들이 뭐라고 하기만 하면 그는 늘 "알겠습니다. 더 이상 말씀하지 마세요"라고 대답하며 그들을 내쫓았다. 여전히 아무것도 이해하지 못하는 상태로 말이다.

업무가 익숙하지 않으면 실수를 하기 마련이므로 충분히 이해할 수 있는 일이다. 하지만 여러 차례 주의를 주어도 고치지 않는 것은 매우 악질적인 행동이다. 이는 업무적인 문제가 아니라 인품의 문제이다. 피터가 자주 실수를 저지르면서도 고치려 하지 않자 모두들 그를 포기해 버렸다. 괜한 창피를 자초하지 않으려 피터가 실수를 저질러도 지적하지 않았다. 역시나 얼마 지나지 않아 피터는 더 큰 실수를 저질러서 사장과 고객의 기분을 상하게 만들고 말았다. 결국 그는 사장이 뭐라고 하기도 전에 스스로 직장을 그만두었다.

주위를 둘러보면 피터 같은 사람이 적지 않다. 이는 일종의 현상이라 할 수 있다. 한 집단에도 피터 같은 사람들이 수없이 존재하고, 심지어 우리 자신이 피터일 수도 있다. 그러므로 우리는 잘못을 저질렀을 때 반드시 그 이유를 자문해 보고, 즉시 수정해서 다시는 같은 잘못을 반복해 저지르지 말아야 한다.

또한 우리가 주의해야 할 사항이 하나 더 있다. 잘못을 저질렀다는 사실을 분명히 알면서도 고치지 않는 것이다. 즉, 자신의 잘못을 실질적으로 개선하려 하지 않는다는 것인데, 이는 매우 치명적이다. 무엇보다 성실함과 관련된 잘못을 실질적으로 개선하지 않는 것은 고치려 하지 않는 것보다 훨씬 나쁘다. 자신에게 문제가 있다는 사실을 분명히 알고도 고치지 않는 것은 인간성의 본질적인 문제이기 때문이다.

사람은 무슨 일을 하든지 자신에게 자제력을 요구해야 한다. 만약 자신이 잘못을 저질렀다는 사실을 아는데도 고치려고 하지 않는다면 이는 그 사람의 자제력이 매우 약함을 의미한다. 그런 사람이 앞으로 과연 무슨 일을 할 수 있을까? 자제력은 우리가 무슨 일을 하든지 갖춰야 할 능력이자 올바른 사람이 되기 위한 기본적인 조건이다. 예를 들어 당신이 불명예스러운 일을 하려고 한다 치자. 당신에게 자제력이 있다면 행동으로 옮기기 전에 스스로 자제할 수 있지만 자제력이 없다면 자신의 행동을 합리화시킨 다음 제멋대로 행동할 것이다. 자신의 잘못을 제때 고치는 데서 자제력의 중요성이 드러난다.

우리의 목적은 근성을 갖춘 사람이 되는 것이다. 몇 번이고 타일러도 잘못을 고치지 않는 사람을 근성을 갖춘 사람이라고 이야기할 수 있을까? 아니라고 생각한다. 우리의 생활 속에는 불확정적인 요소가 너무나 많고, 근성을 배양하는 것도 하루아침에 가능한 일이 아니다. 하지만 작은 일부터 제대로 해 나간다면 그 사람 자체에서 근성이 뿜어져 나오리라 믿는다. 반면 가장 기본적인 성실함조차 지키지 못한다면 근성을 갖추기란 불가능하다.

우리는 잘못된 점이 있으면 반드시 고친다는 원칙을 지켜야 한다. 성실함과 관련된 문제는 아무리 작은 것도 크게 확대될 수 있다. 모든 일은 생각이 안 나서 못하는 게 아니라 그저 하지 않는 것뿐이다. 무슨 일을 하든지 일의 대소에 상관없이 전체적인 국면을 살필 줄 아는 사람은 진정으로 근성을 갖춘 사람이 될 수 있다.

하버드 근성 배우기

대부분의 경우 우리는 자신의 문제점을 알고는 있지만 고집스럽게 고치려고 들지 않는다. 이는 일종의 타성적 사고가 우리를 방해하기 때문이다. 그러나 성실함에 관련된 문제는 매우 중요하다. 잘못을 발견하고도 제때 고치지 않으면 착오와 모순이 심화되고 결국은 고칠 수 없는 지경에 이르게 된다.

STEP 1 될 수 있는 한 잘못을 저지르지 마라

사람들은 사고나 재해를 미연에 방지해야 한다고 말한다. 잘못을 저지른 뒤 고치기보다는 애초에 될 수 있는 한 잘못을 저지르지 말고 완벽한 성실함을 갖추도록 노력해야 한다. 이는 당신의 인생에 큰 도움이 될 뿐만 아니라 더욱 쉽게 근성을 갖추도록 만든다.

STEP 2 잘못을 했으면 즉시 고쳐라

잘못을 일부러 저지르는 사람은 없다. 동시에 그 누구도 잘못을 저지르지 않기란 불가능하다. 그러므로 잘못을 저질렀을 때는 즉시 잘못을 고쳐서 그 영향이 확대되는 것을 막는 게 중요하다.

STEP 3 부주의한 태도 때문에 근성을 무너뜨리지 마라

대부분 근성은 사소한 부분에서 드러난다. 그렇기 때문에 사람들이 소홀히 하기 쉽다. 우리의 입에서 아무렇게나 나오는 한마디의 말이 바로 그렇다. 당신은 어떤 일을 약속하고 곧바로 잊어버릴지도 모르지만 상대방은 기억하고 있다. 약속을 이행하지 않으면 당신은 신용을 잃게 된다.

상대방이 약속을 이행하라고 당신을 찾아온다면 알겠다고 대답은 해도 분명 기분이 편하지만은 않을 것이다. 이렇게 난감한 상황을 마주했을 때 우리는 도대체 어떻게 해야 할까? 우리는 근본적인 문제를 해결해야 한다. 바로 자신이 한 모든 약속을 중요하게 생각하는 것이다. 부주의한 태도 때문에 당신의 근성을 하루아침에 무너뜨려서는 안 된다.

삶의 철학이 되는 한 줄 인문학

사람은 누구나
자신의 아이가 똑똑하기를 바라지만
나는 똑똑해서 일생을 망쳤다.
소식

성실은 일체의 지혜보다 뛰어나며
지혜의 기본 조건이다.
임마누엘 칸트

인간관계에서 제일 중요한 것은 진실이다.
이는 내면에서부터 우러나야 한다.
진실은 우리가 사회에서 살아갈 때
모든 것을 돌파하게 해 주는 칼 한 자루와 같다.
그러므로 어디를 가든지 가지고 다녀야 한다.
싼마오

신용을 얻기는 힘들지만 잃기는 쉽다.
십 년 동안 공들여 쌓은 신용도
종종 한순간의 언행으로 잃어버릴 수 있다.
이케다 다이사쿠

실수를 했다 하더라도
당신은 금방 다시 일어설 수 있다.
그러나 신용을 잃으면
영원히 만회하기 어려울지도 모른다.
벤저민 프랭클린

양심은 우리 모든 사람의
마음을 지켜 주는 보초다.
그것은 마음속에서 보초를 서며
우리가 위법적인 일을 하지 않도록 감시한다.
윌리엄 서머싯 몸

유연한 리더십

하버드 사람들은 대부분 책임감을 가지고 있다. 만약 운 좋게 하버드 대학의 개교기념일 행사에 참석하게 된다면 당신은 제너럴 일렉트로닉의 사장, 미국의 대통령, 미국 재정부 장관, 내로라하는 은행의 대표 등 하버드 대학을 졸업한 각계의 대단한 인물을 만날 수 있을 것이다. 이렇게 한 나라와 기업, 분야를 주관하고 있는 걸출한 인물들의 책임감은 세계적으로 유명하다. 그들의 능력은 하버드에서 배양되었음이 분명하다.

하버드 사람들은 책임감과 리더의 근성을 어떻게 배양할 수 있었을까? 왜 하버드 사람들은 그토록 대단한 호소력을 지닌 것일까? 하버드 사람들의 인격적인 매력은 도대체 어떻게 단련된 것일까? 당신을 위해 여기에 그 비결을 공개한다.

리더십이 바로
책임감이다

　누군가 당신에게 수많은 사람 중 깊은 인상을 남기는 사람이 어떤 사람이냐고 묻는다면 뭐라고 대답할 것인가? 내 생각에 사람들의 답은 모두 비슷할 듯하다. 분명 자신의 일에 책임을 지는 사람이라고 대답할 것이다. 간단하게 말해서 바로 리더다. 사람들은 리더에게는 리더만의 근성이 있고, 이것이 인상 깊은 근성 중 하나라고 이야기한다.

　그렇다면 우리는 리더의 근성을 어떻게 배양할 수 있을까? 우선 리더십을 가져야 한다. 리더십이란 유한한 권력의 범위 안에서 가지고 있는 자원을 이용해 현재 맡은 일에 최선을 다하고 최대의 수익을 얻는 것이다. 일반적으로 리더십이 강한 사람은 근성도 출중하다.

　본질적인 면에서 본다면 리더십이란 책임감을 뜻한다. 개인의 득실을 따지지 않고 앞장서서 사람들을 이끌며 용감하게 일을 맡는 책임감이라 할 수 있다. 이런 능력이 있는 사람은 개인적인 매력도 출중할 뿐더러 군중 속의 초점 인물이 된다. 그러므로 리더십을 갖추고 개인적인 매력을 높이고 싶다면 무엇보다도 먼저 책임감을 이해해야 한다. 그래야만 비로소 진정한 근성을 갖춘 사람이 될 수 있다.

케네디 대통령은 다음과 같이 말했다.

"국가가 당신을 위해 무엇을 해 줄지 묻지 말고 먼저 당신이 국가를 위해 무엇을 할 수 있을지 생각하라."

조국에 공헌하는 정신이 있었기 때문에 그는 미국을 이끌어 가는 대통령이 될 수 있었다. 이것이 책임감이다. 남에게 책임을 전가하지 않고, 일일이 계산하지 않는 것이 리더의 매력적인 근성과 도량이다.

당신의 책임을 남에게 전가하지 마라

솔직히 말해서 책임이라는 말과 친숙해지고 싶은 사람은 별로 없다. 분명 책임은 종종 어느 정도 귀찮은 일을 불러일으킨다. 책임감이 커질수록 귀찮은 일도 많아진다는 사실은 결코 부인하지 못한다. 때문에 나는 누구나 책임이 가진 다른 한 면, 즉 권력을 좋아한다고 믿는다. 사람들은 통상적으로 권력이 클수록 얻을 수 있는 이익도 많아진다고 생각한다.

동시에 권력과 책임은 절대 뗄 수 없다. 권력을 원하면 반드시 상응하는 책임을 져야 한다. 그리고 당신의 책임을 다하면 자연스레 더 큰 권력을 손에 넣을 수 있다.

리더를 맡으면 책임을 질 필요가 없다고 생각하는 사람들이 많다. 책임을 지는 것은 부하가 할 일이고 리더는 가만히 앉아서 남의 성과를 누리기만 하면 된다고 말이다. 하지만 나는 이런 생각을 가진 사람은 십중팔구 평생 부하의 위치밖에 오르지 못한다고 감히 내기를 할 수도 있다. 설령 리더가 되었다고 하더라도 분명 자신이 맡은 일을 감당하지 못할 것이다.

권력과 책임은 결코 떨어질 수 없다. 리더가 다른 사람을 진심으로 감복시키려면 반드시 그들 앞에서 남들이 하지 않는 일을 해야 한다는 사실을 알아야 한다. 그래야만 부하직원이 진심으로 당신을 따르고 복종한다.

하버드 대학 사람들은 오래 지속되는 성공은 조화로운 인간관계를 바탕으로 성립된다는 사실을 잘 알고 있다. 한 단체 내에서의 조화로운 인간관계는 성공한 리더에 의해 유지되어야 한다. 이때 리더의 책임감은 유대적인 작용을 한다. 대가를 치르면 수확을 얻는 것처럼 책임을 졌을 때도 수확을 얻을 수 있다. 당신은 책임에 상응하는 다른 사람의 존경을 받게 되고 리더십은 점점 강대해질 것이다. 현대사회에서는 대가를 치르기만 하면 보답을 얻을 수 있다. 그러므로 당신은 자신이 치른 대가에 아무런 보답이 없을까, 자기가 다른 사람을 위해서 사서 고생을 한 것은 아닐까 걱정할 필요는 없다.

한번 생각해 보자. 일을 할 때는 꾀를 피우면서 월급을 받을 때는 다른 누구보다 적극적인 사람이 성취를 이룰 수 있을까? 반면 평소에 묵묵히 맡은 일을 하는 사람은 마지막에 일정한 성과를 거둔다. 여기서 볼 수 있듯이 우리는 극히 적은 이익만을 위해 자신의 책임을 포기하지 않도록 노력해야 한다. 그러면 분명 보답을 받을 수 있다. 그러나 자신의 책임을 다하지 않고 계속해서 남에게 전가한다면 마지막에 어떤 결과가 다가올지 아무도 모르는 일이다.

리더가 되려면 리더십이 있어야 한다. 리더십의 가장 기본이 되는 것은, 반복해 말하지만 책임감이다. 자신이 해야 할 일은 반드시 자신이 하고, 어떠한 이유로도 자신의 일을 미루지 않는 것, 이것이 리더가 갖추어야 할 책임감이다. 하지만 이를 갖춘 사람은 많지 않다. 대부분 눈앞의 작은 이익만 보고 현재를 즐기면 그만이라고 생각하기 때문에 미래를 고려하지 않는다. 이는 매우 잘못된 생각이다. 현재나 미래 모두 우리는 자신의 책임을 소홀히 해서는 안 된다. 만약 당신이 청소부라면 자신이 맡은 구역을 깨끗이 청소한 다음에야 다른 일을 할 수 있는 것이다. 이것이 책임감이고 평범한 사람과 위대한 사람과의 차이점이다.

군중 속에서 특별히 다른 사람의 신임을 받거나 무슨 일이 있으면 다들 찾는 사람이 있는가 하면, 모두들 멀리하는 사람도 있다. 이렇게 차이가 나는 이유가 바로 리더십과 책임감 때문이다. 책임감을 가진 사람은 다른 사람의 일을 기꺼이 도와주고 문제가 생겨도 남을 탓하지 않기 때문에 다들 그와 일하고 싶어 한다. 그런 사람에게는 책임감이 드러난다. 책임을 전가하지 않고 기꺼이 맡는 사람만이 근성을 논할 자격이 있다. 그렇지 않으면 설령 겉으로는 근성을 느낄 수 있다 하더라도 그것이 무슨 소용이 있겠는가?

직업에는 귀천이 없고, 책임에는 대소가 없다. 자신이 맡은 일이 중요하지 않다고 생각하거나 소홀히 하지 마라. 자기 집조차 다스리지 못하는 사람이 어떻게 천하를 다스릴 수 있겠는가? 사소한 책임도 최선을 다해 감당하지 못하는 사람이 어떻게 큰일을 감당할 수 있겠는가?

성공하고 싶다면 누리려고만 해서는 안 된다

명나라 말기에 영웅들의 정권 다툼이 벌어졌다. 이자성은 청나라가 세워지기 전에 먼저 산해관중국 허베이 성에 위치한 군사 요충지 -역주에 들어간 사람이었다. 그의 휘하에 운집한 장군과 그 군대는 세력이 대단했다. 그렇다면 천하를 제패하는 게 당연하지만 이자성은 오히려 청나라에 대패하고 말았다. 많은 학자들이 이자성의 실패 원인에 대해 연구를 진행했고, 민간에서도 추측해 전해져 오는 이야기가 있다. 수많은 추론 중에서도 내 생각에는 다음과 같은 설이 가장 가능성이 있는 듯하다.

전해지는 바에 의하면 이자성은 수도에 입성한 뒤 열여드레 동안이나 설을 쇠라는 명령을 내렸다고 한다. 그때는 그가 황위에 오른 지 180일밖에 안 된 시기였다. 이 이야기는 성공하고 싶다면 우선 누릴 생각을 하지 말라는 이치를 담고 있다. 당신의 능력과 지위가 일정한 정도에 다다랐을 때 그것을 누릴 수 있는 자격이 있는 것이다. 아직 천하를 제패하지도 못한 상태에서 황제의 지위를 누리려 하는 게 패배의 전조가 아니고 무엇이겠는가?

성공을 하려면 대가를 치러야 한다. 이 세상은 공평하므로 원하는 바를 손에 넣으려면 반드시 상응하는 대가를 치러야 한다. 리더가 되어 다른 사람의 존경을 받고 싶다면, 리더의 근성을 갖고 싶다면 그저 누릴 생각만 해서는 안 된다.

진정한 리더십과 책임감을 지닌 사람은 자기가 어떤 대가를 치르고 어떤 것을 버려야 하는지 확실히 안다. 리더십을 가진 사람이 되고 리더가 되기 위해서는 이러한 정신을 가져야 한다. 그리고 대가를 치러야 수확이 있다는 이치를 깨달아야 한다. 그래야만 다른 사람의 진정한 존경과 추대를 받을 수 있고, 진정한 리더십을 갖게 된다.

근성을 갖춘 사람은 누리는 것만 생각하지 않는다. 그들은 눈앞의 이익이 전부인 것처럼 여기는 편협한 생각을 하지 않기 때문이다. 리더십을 가진 사람에게 가장 중요한 바는 원대한 포부와 자신이 무엇을 원하는지 아는 일이다. 그래야 작은 이익에 현혹되지 않을 수 있다. 마음가짐을 바르게 하고 목표를 완성한 후에야 그들은 비로소 조금의 휴식을 취한다. 그러나 마음가짐은 항상 앞을 향해 나아간다.

하버드 대학교의 도서관에는 다음과 같은 말이 쓰여 있다.

'오늘 우리가 헛되이 보낸 시간은 어제 죽은 이가 그토록 원하던 내일이다.'

'행복에는 순서가 없을지 모르지만 성공에는 반드시 순서가 있다.'

이는 성공을 하려면 누리는 일만 생각하지 말고 먼저 대가를 치르는 법을 알아야 한다는 사실을 우리에게 이야기해 준다. 사람들은 천재에게는 노력이 필요 없다고 생각하지만 사실 천재는 다른 사람보다 훨씬 더 노력하고 있다.

성공하기 위해서는 흔들리지 않는 정신을 가지고 열심히 노력해야한다. 그리고 이는 당신의 독특한 근성에서 비롯된다.

이것이 진정한 리더십이자 근성이다. 패기가 있는 사람은 지금 성공하지 못했다 하더라도 움츠러들지 않는다. 책임감은 사람이 가진 위대한 능력이자 담력이며 일종의 패기다. 자신의 책임과 의무를 잘 알고 있으면서도 책임을 이행할 용기가 없는 사람이 많은데, 그래서 그들은 보통 사람으로 평범하게 살아간다.

진정한 리더십을 지닌 사람은 다르다. 그들은 자신의 책임과 의무를 잘 알고 있을 뿐만 아니라 이를 대담하게 마주하고 떠맡는다. 힘든 일을 감당할 수 있어야 좋은 리더가 된다. 리더십이란 당신에게 속한 모든 책임을 짊어질 수 있는 능력이다. 리더십을 갖추면 설령 맡은 일에 좋은 결과를 얻지 못하더라도 다른 사람이 당신을 충분히 우러러볼 것이다.

성공한 사람은 항상 부지런하고 땀 흘려 일한다. 가만히 앉아 다른 사람의 성과를 거저먹거나 높은 지위를 손에 넣지 않는다. 작은 성과 하나를 얻었다고 누리려고만 생각하는 사람은 절대 성공할 수 없다. 분명 조만간 실패할 것이다. 진정한 리더십을 가진 사람은 끊임없이 노력하고 진취해야만 더욱 큰 성공을 얻을 수 있다는 사실을 알고 있다.

리더십을 갖추고 싶다면 반드시 책임감을 키워라. 당신에게 속한 책임을 다 떠맡을 수 있다면 성공으로 가는 길은 이미 반쯤 지나온 셈이다.

하버드 근성 배우기

리더가 되고 싶어 하는 사람은 많다. 그러면 대부분 자신이 원하는 바를 얻을 수 있기 때문이다. 반면 리더가 된 후에 다른 사람을 위해 무엇을 할지 생각하는 사람은 거의 없다. 다른 사람을 위해 무엇을 할지 생각하는 소수의 사람이 영웅이 되고, 남은 대다수는 평범한 사람이 된다. 근성은 자신이 맡은 일을 회피하거나 도망치지 않는 태도에서 드러난다. 당신은 자신의 책임을 회피하지 말고 반드시 책임져야 한다. 지금 당장은 손해를 보는 듯해도 이러한 경험은 언젠가 생각지도 못한 보답을 가져다줄 것이다.

STEP 1 리더십은 용감하게 책임지는 것이다

리더십은 다양한 근성 가운데서도 가장 독특한 근성이다. 리더의 근성을 갖춘 사람은 다른 사람을 믿고 따르게 만든다. 이러한 사람은 극소수이지만, 사실 리더의 근성을 배양하기는 간단하다. 용감하게 책임을 지고 다른 사람들을 이끌 줄 알면 그걸로 된다.

STEP 2 평범한 사람만이 어떻게 하면 꾀를 부릴지 생각한다

많은 사람이 종종 학업이나 업무 중에 꾀를 부려 작은 성과를 얻고
는 득의양양한 태도를 취한다. 그러나 이런 사람은 자신이 가진 힘을
충분히 발휘하지 못하고, 절대 근성을 가질 수 없다. 어리석은 사람은
일을 조금이라도 더하는 데에 사람에게 큰 의미가 있다는 사실을 알지
못한다.

하버드 대학에서 사람들은 종종 이렇게 이야기한다.

'인재는 바쁘더라도 일을 잘 처리하고, 융통성이 없는 사람은 잔꾀를
부려 이득을 취하려고 한다.'

STEP 3 성공과 노력은 뗄 수 없는 관계다

성공과 노력의 관계에 대해 하버드에서는 다음과 같은 격언을 빌려
서 이야기한다.

'만약 당신이 한 층 높이 올라가려면 다른 사람의 예상을 초월하는
일을 해야 한다.'

그렇기 때문에 하버드 사람들은 잠시도 쉬지 않고 학업과 업무에 열
중한다. 그들은 노력을 하지 않으면 조만간 다른 사람에게 추월당한다
는 사실과 성공과 노력은 정비례한다는 사실을 잘 알고 있다.

공로를 논하기 전에 먼저
잘못한 것이 없는지 살펴라

우리는 대외적으로 자신을 소개할 때 먼저 자신의 부족한 점을 이야기한 다음 좋은 점을 이야기해야 한다. 겸손은 사람이 가진 뛰어난 품격이다. 어쩌면 누군가는 매번 겸손하게 행동하는데 왜 별다른 훌륭한 점을 갖추지 못하느냐고, 진심에서 우러나는 겸손을 가진 사람은 드물지 않느냐고 생각할지도 모른다.

진심으로 자신에게 문제가 있다고 생각하는 사람은 매우 드물다. 우화에서 말하는 것처럼 신은 사람을 만들 때 두 개의 주머니를 주었다. 하나는 다른 사람의 잘못을 담는 주머니인데 이는 가슴 앞에 달려 있다. 그리고 다른 하나는 자신의 잘못을 담는 주머니인데 이는 몸 뒤에 달려 있다. 때문에 사람들은 다른 사람의 문제점만 발견하고 자신의 잘못은 잘 보지 못하는 것이다.

어쩌면 우리는 자신의 부족한 점을 이야기할 때 천성적으로 진실을 감추려는 경향이 있는지도 모른다. 이는 우리가 일상생활에서 개선하기 위해 주의해야 할 점이다. 겸손한 사람은 넓은 도량을 지녔고, 마음씨도 선량하고 사심이 없다.

자만과 자신감은 다른 것이다

많은 사람이 자신감이란 무슨 일을 하든 자신이 옳다고 믿는 것이라고 생각한다. 나는 그것은 자신감이 아니라 자만이라 말하고 싶다. 자신감은 일종의 미덕이고 성공의 밑바탕이 되는 반면, 자만은 사람을 부패하게 만든다. 이것이 자신감과 자만의 차이점이다.

하버드에서 공부하는 지니는 '매번 최선을 다해 과거의 성과를 초월하도록 노력하면 신속하게 주위 사람들을 뛰어넘을 수 있다'는 것이 하버드에서 배운 가장 중요한 점이라고 생각한다. 그래서 그녀는 어떤 성과를 얻으면 우선 이를 완성하는 과정에서 잘못을 저지르지는 않았는지 스스로 살핀다. 그런 다음 잘못을 시정하고 나서야 자신이 어떤 공로를 세웠는지 생각한다. 지니는 과거의 영광에만 빠져 있으면 다른 사람에게 뒤쳐진다는 사실을 잘 알고 있다.

잘못을 검토하고 공로를 생각하는 것은 한 가지 임무를 완성한 후에 시행하는 총결산 같은 과정이다. 그 순서에 대해 많이 생각해 볼 필요가 있다. 공로를 먼저 생각하는 사람은 전형적으로 자만하는 타입이다. 그들은 종종 자신이 잘못을 잘 저지르지 않는 편이라 생각한다. 설령 잘못을 저질렀다고 하더라도 외부적인 원인 때문이라고 생각한다. 그래서 어떤 일을 결산할 때 그들은 무의식적으로 문제점을 회피하고 좋은 것만 알리고 나쁜 것은 알리지 않는다. 그러다가 마지막에 가서야 전체적으로 큰 지장을 주지 않는 작은 문제점을 그럴듯하게 꾸며서 말한다. 그러나 진정한 문제점이 벌써 그들을 집어삼키고 있다.

그들은 매우 위험한 상태에 처해 있지만 정작 본인은 알지 못한다. 자신의 문제점이나 결점을 보기는커녕 늘 스스로 완벽하다고 생각하기 때문이다. 그래서 그들은 잘못을 반복적으로 저지른다. 이는 그들 자신과 다른 사람들에게 적지 않은 민폐를 끼친다.

잘못을 검토할 줄 모르는 사람들은 자신의 장점만 이야기한다. 어떤 의미에서 그들은 가증스러운 사람이라 할 수 있다. 자신을 해칠 뿐만 아니라 다른 사람도 해치기 때문이다.

반대로 자신의 잘못을 돌아볼 줄 아는 사람은 큰 지혜를 가진 사람이다. 그들은 모든 일이 완벽할 수는 없다는 사실을 알고 있다. 사람이 어떤 일을 할 때는 반드시 문제점이 생기기 마련이므로 두려워할 필요는 없다. 우리가 진짜로 두려워해야 할 일은 자신의 문제점을 모르거나 알고도 책임지려 하지 않는 것이다.

세상에 완벽한 일은 없다. 우리가 하는 모든 일은 완벽하지 않다는 가정 아래 되도록 완벽하려 최선을 다하는 것이다. 이때에도 우리는 먼저 자신의 잘못을 돌아본 다음 성과를 확인해야 한다. 그러지 못하면 맹목적으로 자만하게 된다.

사람의 관점은 시간의 흐름에 따라 변화한다. 당시에는 문제가 없다고 생각되었던 일도 어느 정도 시간이 흐른 뒤 각도를 바꾸어 다시 살펴보면 문제점이 매우 많다는 사실을 발견할 수도 있다. 그러므로 우리는 어떤 일을 끝내면 즉시 잘못을 살펴야 한다. 모든 일을 이렇게 할 수 있다면 당신의 전반적인 능력과 도량은 신속하게 향상될 것이다.

반대로 매번 좋은 점만 보고 공로만 생각하면 절대 장족의 발전을 이룰 수 없다. 심지어 점점 퇴보하게 될 것이다. 물의 흐름을 거슬러 배를 젓는 일처럼 앞으로 나아가기는커녕 되레 뒤로 물러나는 형국이다. 당신이 앞으로 나아가지 못하는데 다른 사람들은 모두 앞으로 나아가고 있다면 이는 당신이 퇴보하고 있음을 의미한다. 시간이 흐르면 당신은 분명 도태될 것이다.

모든 일은 우선 잘못을 살펴야 한다. 당신은 이때의 부족한 점이 다음 번 일을 할 때 귀감이 된다는 사실을 발견할 수 있을 것이다. 그러면 갈수록 성과도 좋아지고 당신의 능력은 업그레이드된다. 성공한 사람들은 대부분 이러한 과정을 통해 단련되었다. 앞서 말했듯이 한 가지 일을 마치면 반드시 먼저 잘못된 점을 살핀 다음 공로를 논해야 한다.

먼저 자신의 잘못을 살피는 것은 일종의 겸손이라 할 수 있다. 그리고 자신의 잘못을 살피는 사람은 다른 사람들 눈에 도량이 매우 넓은 사람으로 보인다. 이는 한 사람의 전반적인 이미지와 근성을 높일 수 있는 좋은 기회다. 사람들은 누구나 겸손한 사람을 좋아한다. 자기 혼자 잘났다고 떠드는 무분별한 사람을 좋아하는 사람은 없다.

당신이 좋아하지 않는 것은 다른 사람 또한 좋아하지 않는다. 먼저 스스로 어떤 사람이 싫은지 생각해 보고 그런 다음 자신에게서 그런 점을 발견할 수 있는지 살펴보라. 이렇게 자기를 돌아보면 언젠가 당신의 이미지와 근성은 자연스레 더욱 완벽해질 것이다.

겸손은 가장 갖추기 힘든 근성이다

일반적으로 다른 사람이 갖지 못한 장점을 가지고 있는 사람은 이를 자랑스럽게 생각한다. 이는 사람으로서 당연한 일이다. 그럼에도 불구하고 겸손을 유지하는 사람은 품행이 뛰어나고 다른 사람에게는 없는 근성을 소유한 사람이라 할 수 있다. 소크라테스는 말했다.

"겸손은 땅속에 숨겨진 달콤한 뿌리와 같다. 모든 숭고한 미덕은 그렇게 발아하고 성장한다."

겸손은 사람에게 가장 고귀한 품성 중 하나이고, 다른 사람 눈에 비치는 당신의 인상을 좋게 만든다.

올해 갓 졸업을 한 조지는 공무원이 되었다. 그는 부서의 신입이었기 때문에 손님이 오면 접대하는 일을 맡아야 했다. 원래 조지는 자신의 일에 열정을 가득 품고 있었다. 그런데 부서 사람들은 좀 거만한 편이어서 조지 같은 신입을 거들떠보지도 않았다.

시간이 흐르자 젊은이 특유의 자신감을 지닌 조지는 답답한 기분이 들었다. 자신의 업무에 열정을 지닌 그에게는 매일 다른 사람에게 무시당하는 일이 참으로 받아들이기 힘들었다. 그래서 자신이 맡은 업무를 점점 대강대강 하게 되었다. 방문한 사람들을 비록 웃는 얼굴로 맞이하기는 했지만 그 웃음 속에는 진실한 마음이 담겨 있지 않았다.

어느 날 낯선 손님 두 명이 업무차 조지의 부서를 방문했다. 그는 자신의 책임을 다해 손님을 맞이했다. 속으로는 좀 귀찮다고 생각했지만 태만하지 않고 나름 성의껏 차를 대접했다. 하지만 무뚝뚝한 표정의 두 손님은 고맙다는 말도 하지 않았다. 조지는 마음이 다시 언짢아졌다.

주말에 조지는 협력 기관의 친한 친구와 함께 식사를 하게 되었다. 이야기를 나누다 조지가 손님을 대접한 이야기가 나왔다. 그런데 친한 친구가 갑자기 조지가 놀랄 만한 이야기를 했다. 그 두 명의 손님은 협력 기관의 리더였는데, 비록 그날 겉으로는 경솔하게 웃거나 이야기하지 않았지만 조지의 태도를 마음에 들어 했다고 말이다. 돌아간 후 자신의 부서에서 조지가 사람을 친화적으로 대하고 겸손하다는 칭찬을 했다는 것이었다. 게다가 조지의 상사에게 승진할 기회를 주라고 제안까지 했다고 한다.

조지는 자신의 노력이 헛되지 않았다는 사실을 깨달았다. 다른 사람들이 대놓고 말하지는 않았지만 자신이 일하는 태도를 보지 않았던 것이 아니라는 사실을 말이다.

지금 당신의 노력과 일거수일투족은 당신의 미래에 깊은 영향을 끼친다. 위의 일을 통해 조지는 겸손하게 다른 사람을 대하는 것이 얼마나 중요한지도 알게 되었다. 그가 당시에 자신의 책임을 다하지 않고 손님에게 냉담하게 대했다면 나중에 칭찬도 받지 못했을 것이고, 더욱 분발하는 일도 없었을 것이다. 우리 주위에는 조지 같은 사람이 한둘이 아니다. 대부분의 경우 겸손은 당신의 삶에서 매우 중요한 위치를 차지하고, 큰 영향을 끼친다.

하버드에서 교만한 사람들은 어느 정도의 학습을 거쳐 겸손해진다. 뛰는 놈 위에 나는 놈 있다는 게 무슨 뜻인지 알게 되기 때문이다. 우리는 영원히 가장 위대한 사람이 될 수 없다. 실제로 제일 위대한 사람이란 존재하지 않는다. 우리는 겸허한 마음으로 이 세상을 대하고, 오만한 태도로 다른 사람을 대해서는 안 된다.

다른 사람을 겸손하게 대하는 사람은 일을 결산할 때 먼저 잘못을 살핀 다음 공로를 논한다. 이는 당신에게 손해인 것처럼 보이지만 실제로는 커다란 이익을 가져다준다.

사람들은 누구나 존경을 받고 싶어 한다. 당신이 겸손한 태도로 다른 사람을 대할 때 그 사람은 존경을 받고 싶은 욕구를 만족하게 된다. 이는 다른 사람에게 도움을 주는 것과 마찬가지라고 할 수 있다. 당신이 겸손한 태도로 다른 사람을 대하면 그 사람도 자연스레 마찬가지 태도로 당신에게 보답하게 된다. 이는 모두에게 좋은 일이 아닌가?

먼저 잘못을 살피고 공로를 논하는 것은 당신을 단련시키는 일이다.

이로써 당신은 결코 자만하지 않는 사람이 된다. 어떻게 해야 다른 사람에게 자신의 공로를 자랑할지 생각하기만 한다면 당신은 발전할 수 없다. 자신의 잘못된 점을 살피고 스스로를 더욱 견고한 사람으로 만들어야 비로소 진정한 성공을 얻을 수 있다. 이러한 사람이야말로 진정한 리더의 근성을 갖추었다고 할 수 있다.

🔅 하버드 근성 배우기

작은 성공을 거두었다고 해서 눈앞의 일시적인 성공에 현혹되어서는 안 된다. 미래에는 더욱 많은 일들이 우리를 기다리고 있기 때문이다. 우리는 일을 할 때 먼저 잘못을 살피고 그런 다음 공로를 논해야 한다. 그래야만 항상 올바른 정신 상태를 유지할 수 있고, 눈앞의 영광에 사로잡혀 자신을 잃지 않는다.

STEP 1 자신의 잘못을 직시하라

대부분 우리는 자신에게 문제점이 있다는 사실을 알고 있지만 그것을 직시하려 들지 않는다. 그러면 분명 잘못을 정정할 기회가 있는데도 불구하고 그 기회를 안타깝게 놓쳐 버리게 되고, 문제점은 더욱 커진다. 그러므로 자신의 잘못을 직시하는 일은 근성을 배양하는 과정에서 반드시 거쳐야 하는 단계이다.

STEP 2 하루 종일 명예만 생각하지 마라

사람들은 누구나 명예를 원한다. 그러나 매일같이 어떻게 하면 더욱 큰 명예를 얻을 수 있을지 생각하는 일은 비현실적이다. 설령 어느 정도 명예를 얻었다고 할지라도 일시적인 작은 성취에 이성을 잃어서는 안 된다. 이는 식견이 부족함을 드러내는 행동이다. 이런 사람은 종종 근성과 좋은 인연을 맺지 못한다.

STEP 3 반드시 먼저 잘못을 살핀 다음 성과를 생각하라

잘못을 살피기 전에 먼저 성과를 얻은 자신을 칭찬한다면 진짜로 잘못된 점을 발견해도 제대로 보지 못할 것이다. 반대로 먼저 자신이 어떤 잘못을 저질렀는지 살펴본 다음 성과를 생각한다면 당신은 지금보다 더 좋은 성과를 얻게 된다.

잘못을 반성할 때는
우선 자신부터 시작하라

사람은 누구나 잘못을 한다. 이는 피할 수 없다. 이러한 상황에서 잘못을 인식하고 자신을 반성하는 일은 매우 중요하다. 특히 즉시 잘못을 인정하고 반성하는 게 가장 중요하다. 리더는 반드시 가장 큰 잘못이나 대부분의 책임을 누가 질 것인지 심각하게 고려해야 한다. 만약한쪽으로 치우친 생각을 하면 치명적인 타격을 받는다.

진정한 리더의 근성을 가진 사람은 문제가 생기면 잘못을 자기가 떠맡는다. 자신의 관할 범위에서 벌어진 일이라면 원래의 책임이 누구에게 있는지 따지지 않고 반드시 자신이 대부분의 책임을 진다.

하버드 교수들은 종종 다음과 같이 말한다.

"지혜로운 자는 자신이 하고자 하는 바 외에 하고자 하지 않는 일도할 수 있는 사람이다."

당신이 잘못을 저지른 뒤 그것을 다른 사람 탓으로 돌린다면 당신의 인품은 틀림없이 의심을 받게 된다. 사람들은 당신의 도량이 넓지 않다고, 조그만 일에 얽매여서 큰일은 생각하지 못하는 사람이라고 생각할 것이다. 문제를 다른 사람의 탓으로 돌리는 것은 근성을 갖추려 하는 사람이 반드시 피해야 할 행동이다. 리더라면 어떤 상황에서든지 우선 자신의 문제점을 검토해야 한다. 이는 당신에게 불리한 일이 아니라 반대로 매우 큰 이익이 된다.

공정한 판단은 리더에게 요구되는 기본적인 자질이다

사람의 마음은 한쪽으로 치우치기 쉽다. 세상에는 원래 공평한 일이란 그다지 없는 법이다. 좋은 리더가 되기 위해서는 한쪽으로 치우치거나 두둔하지 말고 공정하게 판단해야 한다. 사람들은 공정함이 좋은 리더가 갖추어야 할 기본적인 자질이라고 생각하기 때문에 반드시 이를 지켜야 한다.

포청천은 중국인들에게 매우 익숙한 인물이다. 아마도 포청천에 관련된 이야기는 다들 여러 번 들어 귀에 익숙할 것이다. 전해지는 바에 의하면 포청천은 어려서부터 부모의 사랑을 받지 못하고 형수의 손에 자랐다고 한다. 그래서 그는 형수를 '형수 엄마'라고 불렀다. 포청천의 형수에게는 포면이라는 이름의 아들이 있었는데 포청천과 마찬가지로 고위 관리가 되었다. 그러던 어느 날 포청천은 명을 받아 횡령 안건을 조사하다가 그 안건의 배후 인물이 자신의 조카 포면이라는 사실을 발견하게 된다.

포면의 어머니, 즉 포청천의 형수가 무릎을 꿇으면서 포청천에게 포면을 풀어 달라고 부탁했지만 포청천은 결연하게 포면을 사형에 처했다.

포청천이 고향 노주에서 지주知州를 맡고 있을 때 친한 친구들이 그를 만나기 위해 연이어 찾아왔다. 혹시나 포청천의 덕을 볼 수 있지 않을까 생각해서였다. 그러나 포청천은 문을 닫고, 찾아오는 손님들을 사절했다. 친척들마저도 문전박대를 당했다.

한번은 포청천의 외삼촌이 죄를 저질렀다. 외삼촌은 자신의 조카가 지주로 있으니 그를 찾아가면 죄를 감싸 줄 거라 생각했다. 그렇지만 포청천은 조금도 망설이지 않고 외삼촌의 곤장을 때렸다. 오늘날까지 여주 지방에는 포청천에 대해 다음과 같은 말이 전해져 오고 있다.

"조카가 외삼촌을 때리다니, 불효막심한 사람."

비록 많은 사람이 인지상정에 어긋나고 친지를 나 몰라라 하는 포청천의 태도를 욕하기는 했지만 오히려 그런 태도 덕분에 오랫동안 칭송받을 수 있었다.

포청천은 시를 한 수 읊어서 자신의 태도를 표명했다.

'깨끗한 마음으로 나라를 다스리는 것이 근본이며, 정도를 지켜 제

몸을 도모해야 한다. 곧게 자란 나무는 기둥이 되고, 정밀하게 단련된 쇠는 갈고리로 쓰이지 않는 법이다. 창고가 가득 차면 쥐와 참새가 기뻐하고, 풀이 다하면 토끼와 여우가 근심한다. 역사책에는 교훈이 있으니 앞으로 올 후세에 부끄러움을 남겨서는 안 된다.'

이러한 정신이야말로 진정한 리더의 정신이자 근성이다.

리더는 전체의 이익을 고려해야 한다. 만약 리더인 당신과 가까운 사람이 잘못을 저질렀다면 더욱 엄중한 벌을 내려야 한다. 그래야만 당신의 이미지에 오점을 남기지 않을 수 있다. 그러지 않고 자신과 친한 사람에게 치우친 판단을 내리면 사람들은 더 이상 당신을 신임하지 않는다. 많은 사람들에게 신임을 잃기보다는 작은 것을 희생하고 큰 것을 보전시키는 편이 낫다.

진정한 리더가 되고 싶다면 절대 한쪽 편을 들어서는 안 된다. 진정으로 천하를 마음에 품고, 오로지 다른 사람을 위해 생각하고 사심이 없어야만 리더의 역할을 잘 맡을 수 있다. 높은 지위에 있는 사람이 모두 권세에 빌붙어 이익을 꾀하며 오늘날의 자리를 차지했다고 생각해서는 안 된다. 그들 중 대부분은 자신의 올바른 마음에 의지해 인생의 최고점에 오른 것이다.

우리는 편파적인 사람을 질책할 수는 없다. 그것은 기본적인 인성이기 때문이다. 당신이 가까운 사람조차 포용하지 못한다면 당신은 인지상정에 어긋난 사람처럼 보일 것이다. 그러니 우리는 정도를 지키는 문제를 생각해야 한다. 과도하게 한쪽 편을 들면 많은 사람들이 마음의 균형을 잃게 되고 당신의 대중적인 지지 기반은 사라져 버린다.

성공하기 위해서는 반드시 많은 대가를 치러야 한다. 자신의 견해만 고집하고, 대가를 치르지 않으면서 좋은 것을 얻으려 하는 리더는 오래가지 못한다. 리더는 항상 자신을 먼저 반성해야 한다. 이는 남들에게 보이기 위한 허세가 아니라 일종의 태도이자 너그러운 근성이다. 자기 자신을 반성하지 않는 사람이 어떻게 리더가 될 수 있겠는가?

자신을 반성하는 일은 바보짓이 아니라 커다란 지혜이다

어쩌면 사람들 눈에는 먼저 자신을 반성하는 사람이 바보 같아 보일지도 모른다. 리더 혹은 라이벌 앞에서 결점을 드러내면 좋지 않은 인상을 남길 것이 분명하기 때문이다. 그러나 그들은 자신이 조소를 터뜨리고 있을 때 소위 말하는 '바보 같은 사람'이 상상할 수 없는 속도로 성장하고 있다는 사실을 알지 못한다. 확실히 대다수의 사람들은 자기 반성이 바보 같은 짓이라고 생각한다. 왜 자신의 문제점을 대놓고 모두에게 드러내는 것일까? 일반적인 사람이라면 자신의 문제점은 재빨리 감춰야 한다고 생각한다.

습관적으로 잘못을 다른 사람에게 떠넘기고 잠재의식 속에서 자신은 완벽하다고 생각하는 사람이 많이 있다. 하지만 완벽한 사람은 없다. 당신이 한 모든 일에는 문제와 잘못이 생길 수 있다. 따라서 우리는 문제가 생기면 왜 먼저 자신을 반성해야 하는지 알아야 한다.

첫째, 인상과 관련되기 때문이다. 자신을 반성하면 다른 사람들은 이를 보고 당신이 책임을 남에게 전가하는 무책임한 사람이 아니라는 인상을 받게 된다. 이러한 인상이 확립되면 설령 당신이 잘못을 저질 렀다 하더라도 무의식적으로 당신을 덜 질책하게 된다. 반대로 항상 책임을 다른 사람에게 전가하면 지켜보는 사람들은 당신이 이치가 통 하지 않고 능력 없는 사람이라고 인식하게 된다. 이에 당신에 대한 평 가도 하락한다. 진짜로 당신에게 별다른 책임이 없다고 해도 다른 사 람들은 당신도 반드시 책임을 져야 한다고 생각하게 될지 모른다.

둘째, 마음가짐의 문제이다. 이는 자신의 심리 상황에서 출발해 보 아야 한다. 사람들은 누구나 잘못을 저지른다. 죽어도 뉘우치지 않는 사람은 결국 커다란 괴로움을 맛보지만, 철저히 고치는 사람은 조금씩 진보한다.

절대 뉘우치지 않는 사람은 평생토록 큰 발전을 이루지 못한다. 그 들은 낡은 것을 파괴하지 않고는 새로운 것을 세울 수 없다는 게 무슨 뜻인지 알지 못하기 때문이다. 과거의 결점을 고쳐야만 우리는 장래에 장족의 발전을 이룰 수 있다. 스스로 자신이 완벽하다고 생각하면 당 신을 기다리고 있는 것은 훼멸적인 타격뿐이다.

자신의 잘못을 먼저 반성하는 사람은 다른 사람에게 좋은 인상을 심 어 줄 수 있다. 이는 그 사람의 앞으로의 발전에 매우 중요한 영향을 끼칠 것이다. 자기반성을 얕잡아 봐서는 안 된다. 그것은 당신의 성격과 기백을 드러낸다. 뉘우치지 않는 사람은 아무것도 이루지 못하지만 반성에 능한 사람은 큰 성과를 거둔다.

괴테의 명작 『파우스트』에는 다음과 같은 이야기가 나온다.

새로운 삶을 얻을 수 있기를 기대하던 연금술사 파우스트는 악마 메피스토와 계약을 했다. 그 계약에는 파우스트가 제시하는 모든 조건을 메피스토가 만족시켜야 한다고 규정하고 있다. 그렇지만 파우스트가 스스로 만족감을 느낄 때 메피스토는 그의 영혼을 데려갈 수 있었다.

메피스토는 파우스트가 세상의 모든 아름다운 것을 감상하게 만들었다. 어느 날 자신의 인생이 완벽하다고 느낀 파우스트는 자기도 모르게 만족스럽다는 말을 해 버린다. 이에 메피스토가 나타나 파우스트의 영혼을 가져가려고 했다. 하지만 다행히도 마침 천사가 내려와 그를 구해 낸다.

주위를 둘러보면 파우스트처럼 조그만 일에도 만족을 느끼고 향상하려 생각지 않는 사람이 많이 있다. 그들은 자신을 반성하거나 잘못을 검토할 줄 모른다. 또한 그들은 이러한 상황이 계속되면 자신의 영혼이 썩어 버린다는 사실을 모르고 있다. 자기반성을 통해서만 근성과 소양이 단련되고 더욱 강대한 사람이 될 수 있다.

💡 하버드 근성 배우기

누군가 잘못을 저질렀을 때, 만약 그 사람과 매우 친하다 하더라도 한쪽 편만 들어서는 안 된다. 때로는 자신과 가까운 사람이기 때문에 더욱 먼저 나서서 잘못을 책임져야 한다. 리더는 언제 어디서든지 먼저 자신의 잘못을 조사해야 한다. 그런 다음 가까운 사람의 문제점을 조사하고 잘못을 다른 사람에게 떠넘기지 말아야 한다. 그러지 못하면 책임감이 부족하다는 사실이 여실히 드러나게 된다.

STEP 1 잘못을 책임지는 것을 두려워하지 마라

실패는 앞으로 다가올 성공의 밑거름이다. 그렇기 때문에 일시적인 실패를 두려워하지 말라고 이야기하는 것이다. 에디슨은 1만 번의 실패를 거쳐 전구를 발명했다. 그처럼 실패는 걱정할 필요가 없다. 단지 일반적인 사람은 종종 한 번의 실패로도 포기하므로 일반적인 사람으로 남고, 에디슨 같은 사람은 한 명에 불과한 것이다. 잘못을 책임지는 것은 나쁜 일이 아니다. 당신을 더욱 빨리 성장하게 해 주기 때문이다.

STEP 2 책임을 전가하는 행동은 근성의 결함을 의미한다

근성을 갖춘 사람은 절대 책임을 전가하지 않는다. 그들은 한 사람이 어떻게 해야 성공에 더욱 가까이 다가갈 수 있는지 잘 알고 있다. 근성은 추상적인 존재이지만 생활 속의 다양한 부분에 드러난다. 일이

생길 때마다 책임을 전가하는 사람은 책임감을 잃게 되고, 그동안 쌓아 온 근성도 사라지고 만다.

STEP 3 자신을 반성해야 발전할 수 있다

자신을 반성한다고 해서 또 잘못과 문제를 자신이 떠맡는다고 해서, 아무런 이익이 없는 일이라고 생각해서는 안 된다. 자신을 반성하는 일은 당신의 발전을 의미한다. 자신의 잘못을 확실히 바라봐야만 비로소 조금씩 고쳐 나갈 수 있기 때문이다. 매번 자신의 문제점을 소홀히 하고 공을 가로챌 생각만 하면 당신은 언제나 같은 자리에서 벗어나지 못한다.

잘못의 인정은 상사부터, 공로 칭찬은 부하직원부터 시작하라

평범한 사람과 리더 사이에는 한 가지 중요한 차이점이 있다. 리더는 앞장서서 군중을 이끄는 일이 무엇인지, 공로를 탐하지 않는 것이 무엇인지 이해한다는 점이다. 리더십을 갖추려면 반드시 그에 상응하는 책임을 져야 한다. 도피는 문제를 해결해 주지 못하므로 용감하게 맞서야만 당신에게 도움이 된다. 잘못을 저질렀어도 용감하게 책임을 지면 진정한 리더십을 가질 수 있다.

당신이 이미 다른 사람보다 많은 권력을 가지고 있다면 일련의 공로는 부하 직원들과 나누어야 한다. 모든 공로를 자신에게 돌려서는 안된다. 공로는 당신에게 있어서 금상첨화일 뿐이고 있어도 좋고 없어도 그만인 것이지만, 다른 사람에게는 평생의 궤적에 영향을 끼칠 수 있다. 그러므로 우리는 모든 공로를 손에 넣으려 하지 말고 다른 사람에게 돌리는 법을 배워야 한다. 이로써 당신의 도량을 드러낼 수 있고, 좋은 이미지를 형성하는 데도 도움이 된다.

잘못의 책임을 떠맡고 공로를 사양하면 손해를 보게 된다고 생각하지 마라. 대부분의 경우 손해는 행복이라는 사실을 알아야 한다. 인생지사 새옹지마라 했다. 자신이 한 일이 복이 될지 아닐지 누가 알겠는가? 많은 것을 잃은 듯 보여도 실제로는 훨씬 좋은 것을 얻을 수도 있다. 이를 이해하면 당신은 이미 성공한 리더로서의 자질을 갖춘 것이다.

부하 직원의 잘못은 리더의 잘못이다

많은 리더가 흔히 저지르는 한 가지 잘못이 있다. 그것은 문제가 생기면 다른 사람에게 떠넘기거나 혹은 될 수 있는 한 자기는 결백한 척 한다는 점이다.

모두들 아마 이것이 정상적인 반응이라고 생각할 것이다. 당신이 평범한 사람이라면 이러한 행동을 취해도 별다른 문제가 되지 않는다. 그러나 자신의 분야에서 발전하기를 원하고 리더십을 갖기 원한다면 이는 절대 옳지 않은 행동이다.

소위 리더란 사회 조직에서 직무를 맡고, 책임을 지고, 직책을 이행하는 사람이다. 그들을 리더라 부르는 이유는 그들이 주로 부하 직원을 이끌고 지도하는 책임을 지고 있기 때문이다. 리더의 의의는 부하 직원들에게 이런저런 일을 시키는 데 있는 것이 아니다. 부하 직원들의 일을 정확하게 지도해서 그들이 맡은 업무를 제대로 완성하도록 하는 데 있다.

따라서 부하 직원의 잘못이 50퍼센트 이상 리더의 탓으로 돌아가는 것은 당연하다. 부하 직원이 일을 제대로 할 수 있도록 지도하지 않은 것은 리더의 잘못이기 때문이다. 많은 사람이 사회나 조직이 하나의 집단이라는 사실을 의식하지 못한다. 당신은 집단의 일원이고, 다른 사람의 모든 행위는 실제로 당신에게 영향을 끼친다. 그러나 많은 사람이 다른 사람의 일은 다른 사람의 일이고, 자신과는 관계가 없다고 생각한다. 이는 완전히 틀린 생각이다. 하나의 집단 속에서 다른 사람의 일은 바로 당신의 일이고, 서로 깊은 관계가 있다.

특히 리더로서 부하 직원을 제대로 지도하지 못해 큰 잘못을 저지르게 만들었다면 이는 당신 업무상의 과실이다. 어떤 연구 기관이 조사를 진행해 다음과 같은 결론을 얻었다. 좋은 상사가 되려는 사람은 반드시 교육자, 양성자, 지지자, 훈련자로서의 네 가지 역할을 담당해야 한다는 것이다. 즉, 직무를 담당할 만한 리더는 반드시 부하 직원과 긴밀한 관계를 유지해야 하며 분리되어서는 안 된다. 그러면 당신은 부하 직원의 마음을 헤아리고 그들이 맡은 일을 더 효과적으로 지휘할 수 있다.

부하 직원이 잘못을 저질렀을 때 리더인 당신이 맡아야 하는 책임은 당신에게 커다란 영향을 끼치지 않는다. 원래부터 리더의 책임인 것이다. 하지만 책임을 부하 직원에게 떠넘긴다면 부하 직원에게 상처를 주게 된다. 이런 상태가 오래 지속된다면 그 누가 당신에게 진심으로 복종하겠는가. 이런 상태에서 당신은 큰 성과를 이룰 수 있겠는가?

자신과 부하 직원을 긴밀하게 연결하지 못하는 리더는 직무를 담당할 수 없다. 부하 직원과 리더는 일체가 되어야 한다. 부하 직원의 잘못에 대해 책임을 지려는 마음이 없는 리더는 직책을 담당할 자격이 없다.

하버드에서는 리더가 먼저 잘못을 책임지지 않는 것은 정상이 아니다. 그들은 다음과 같은 말을 믿고 있기 때문이다.

'당신이 줄곧 현재 상태를 유지한다면 10년 뒤에는 어떻게 되겠는가?'

그러므로 그들은 기꺼이 먼저 자신에게서 문제점을 찾는다.

다른 사람이 당신을 위해 일하게 하려면 당신에게는 중요한 시기에 부하 직원을 도와 책임을 지는 패기가 필요하다. 이런 패기가 없으면 중요한 시기에 아무도 당신을 돕지 않는다. 사람들은 부하 직원이 잘못을 저지르는 이유는 리더가 제대로 지휘하지 못했기 때문이라고 생각한다. 이러한 관점에서 볼 때 부하 직원이 잘못을 저지르면 리더가 책임을 지는 것은 당연하다.

공로를 자기 한 사람에게만 돌리지 마라

———

일을 할 때는 앞으로 나서지 않지만, 일이 끝나고 공로를 받을 때는 제일 앞장서는 사람을 누구나 본 적이 있으리라 생각한다. 이런 사람은 주위에서 흔히 볼 수 있다.

조지와 케이티는 대학 동창이다. 두 사람은 사이가 좋은 편이었다. 졸업 후 둘은 같은 회사에 들어가게 되었고 둘 다 업무 능력도 뛰어났다. 회사에서는 두 사람 중 한 사람을 뽑아 중요한 임무를 맡기려 하고 있었다. 누구나 높은 지위에 오르고 싶어 하고, 이는 조지와 케이티도 예외는 아니었다. 다른 사람들 눈에 조지는 과묵한 사람이었고 심지어 말주변이 없다고 생각될 정도였다. 반대로 케이티는 말도 많고 활약을 많이 하는 듯 보였다.

조지가 억척스레 일에 몰두할 때, 상사 앞에서 처세하는 법을 터득한 케이티는 일은 적게 하면서도 많은 칭찬을 받았다. 평소에 두 사람 사이가 좋았기 때문에 케이티는 조지에게 너무 열심히 하지 말라고, 아무리 열심히 해도 소용없다고, 차라리 리더와 함께 몇 번 밥을 먹는 편이 훨씬 낫다고 충고했다.

조지는 케이티의 호의적인 의견을 한 귀로 듣고 한 귀로 흘렸다. 그저 열심히 일에만 몰두했다. 나중에 리더는 두 사람의 능력을 살펴보기 위해 두 사람이 함께 책임져야 할 일을 맡겼다. 그리고는 누구의 능력이 더 출중한지 가늠해 본 다음 뛰어난 사람을 발탁하려 했다. 원래 사이가 좋았던 두 사람 사이에 미묘한 분위기가 흐르게 되었다.

일을 하는 과정에서 열심히 노력한 사람은 예상대로 조지였다. 케이티는 입과 손을 놀리는 데 많은 시간을 허비했다. 그러나 케이티는 리더가 업무의 진척 상황을 물을 때마다 자기가 나서 대답하면서 업무를 책임지고 노고를 마다하지 않는 사람인 척했다. 케이티는 그렇게 하면 리더가 분명 자신을 발탁할 것이라고 생각했다. 게다가 그는 매번 아무 생각 없이 리더 앞에서 조지의 업무 평가를 폄하하는 발언을 했다.

그런데 모두의 예상을 깨고 케이티가 아닌 조지가 업무 담당자로 발탁되었다. 너무 놀란 케이티는 리더를 찾아가 도대체 어떻게 된 일이냐고 물었다. 그러자 리더는 자기가 장님은 아니라고, 평소에 누가 열심히 일을 하는지 확실히 보고 있었으며 잔꾀를 부린다고 남을 속일 수 있는 것은 아니라고 대답했다. 케이티는 공을 가로챌 생각만 하고 조지는 완전히 뒷전이었다. 하지만 포부나 기개가 조금도 없는 것처럼 보이던 조지는 어떤 일을 하든지 케이티를 생각했다. 이렇게 비교를 하자 두 사람의 우열은 즉시 명확해졌다. 그래서 리더는 케이티가 아닌 조지를 발탁하기로 결정한 것이다.

우리 주위에는 케이티 같은 사람이 매우 많다. 거의 없는 곳이 없다고 할 수 있다. 어쩌면 우리 자신일수도 있다. 그러나 당신이 어떤 목적을 품고 있든지, 눈앞의 일이 얼마나 중요하든지 간에 기억해야 할 것이 하나 있다. 그것은 근성을 갖추려면 먼저 도량을 갖추어야 하고, 도량을 갖춘 사람은 다른 사람의 공로를 잊지 않는다는 점이다.

우리는 종종 진퇴양난의 상황에 빠지곤 한다. 우리가 공로를 나누는 것을 선택하면 어쩌면 우리는 손해를 볼지도 모른다. 그렇지만 공로를 나누지 않으면 우리의 내면은 고통을 받을 것이다. 나는 이러한 상황에서 조금의 망설임도 없이 전자를 선택할 것이라고 생각한다. 공로를 나누면 나눌수록 다른 사람의 탄복과 높은 평가, 칭찬이 돌아오기 때문이다. 공로를 나눌 때, 우리가 얻을 수 있는 수확은 치러야 할 대가보다 훨씬 많다.

리더로서 일에서 성과를 얻기 위해서는 공로를 독차지하지 말고 부하 직원과 나누는 법을 배워야 한다. 그래야 당신의 리더십은 더욱 오래갈 수 있다. 어느 날 부하 직원이 당신의 상사가 되었다고 가정해 보자. 당신은 그가 당신의 은혜에 감사하고 있기를 바라는가 아니면 원망을 가득 품고 있기를 바라는가? 상사로서 공로를 부하 직원과 나누는 일은 당연하다. 굳이 부하 직원과 사사건건 공을 다툴 필요는 없다. 그러면 당신 자신도 지치는 것은 물론이고 다른 사람도 당신을 원망하고 분노하게 된다.

그러므로 리더로서 합격점을 받기 위해서는 반드시 잘못의 인정은 상사부터, 공로의 칭찬은 부하 직원부터 시작된다는 점을 기억해야 한다. 문제가 생겼을 때 잘못을 인정하고, 성과와 공로를 나누는 일은 당신에게 그 어떤 악영향도 끼치지 않는다. 오히려 당신의 인격이 비약적으로 승화될 것이다.

하버드 근성 배우기

부하 직원의 잘못은 항상 리더와 관련이 있다. 상사가 제대로 이끌어 주면 부하 직원은 잘못을 저지르지 않을 것이다. 상사가 이를 인정하기를 거부하고 부하 직원의 잘못은 그들 자신의 문제이며 명예는 리더의 것이라고만 생각하면, 그의 사업은 절대 발전할 수 없다.

STEP 1 리더는 반드시 자신의 문제점을 인정해야 한다

많은 사람이 리더가 되면 자신의 잘못을 인정할 필요가 없다고 생각한다. 잘못은 부하 직원의 몫이라고 말이다. 그러나 리더는 절대 그렇게 생각해서는 안 된다. 리더로서 기꺼이 자신의 잘못과 부족한 점을 살펴야만 앞으로 발전할 가능성이 있다. 그렇기 때문에 하버드 대학에서는 그 누구도 자신의 잘못을 회피하지 않는다. 그들은 잘못을 회피하는 사람에게는 전망이 없다고 생각한다.

STEP 2 부하 직원과 공로를 다툴 필요는 없다

리더는 부하 직원과 공로를 다툴 필요가 없다. 부하 직원이 성과를 거두면 리더도 자연히 성취감과 명예감을 느낄 수 있다는 사실은 재차 강조할 필요가 없다. 하지만 다른 사람들 눈에 당신이 공적과 이익을 과도하게 탐내는 사람으로 보여서는 안 된다. 왜 직접적으로 부하 직원이 빛날 수 있게 해 주지 않는가? 분명 그는 당신의 부하 직원이다.

그의 성공은 당신의 성공을 의미한다.

STEP 3 단체의 발전은 곧 당신의 발전이다

이 세상에서 자신의 성공에 다른 사람의 도움이 전혀 필요 없다고 말할 수 있는 사람은 아무도 없다. 단체의 협력은 매우 중요하다. 소위 말하는 리더의 근성이란 단체를 조화시키는 능력이다. 리더가 자기보다 현명하고 능력 있는 사람을 시기해서 단체가 발전하지 못하도록 저해해서는 안 된다.

권한과 책임을 합리적으로
분배하고 철저하게 구분하라

하버드 대학교에서 많은 교수들은 다음과 같이 학생들을 지도한다. "협력은 반드시 리더에서부터 시작되어야 한다. 효율도 마찬가지다."

그러므로 하버드를 나온 학생은 모두 어떻게 하면 리더의 역량을 운용하고 합리적으로 권한과 책임을 분배해서 단체를 더욱 순리적으로 돌아가게 만들 수 있을지 잘 알고 있다.

처음으로 리더의 자리에 오르면 자신이 모든 일을 컨트롤해야 한다고 생각해 혼란스럽기 그지없는 하루하루를 보내는 사람이 많다. 실제로는 어떻게 해야 효율적으로 업무를 전개할 수 있을지 모르고 있는 까닭이다. 이는 다른 사람의 눈에 당신이 능력 없는 사람으로 보이게 만들어 책망을 받기 쉽다. 업무를 질서 정연하게 진행시키고 될 수 있는 한 빨리 업무에 적응하기 위한 간단한 방법은 업무의 권한과 책임을 확실하게 구분하는 것이다.

그렇게 하면 문제가 생기더라도 그 책임을 맡은 사람을 찾아 쉽게 해결할 수 있다. 시간도 절약되고 업무 효율도 높일 수 있다. 리더로서 모든 권력을 손에 넣으려고 하지 마라. 개인의 능력에는 분명 한계가 있다. 바빠지기만 할 뿐 모든 일이 엉망진창으로 뒤얽혀 버려 당신에게 이로울 것이 없다.

권한과 책임을 합리적으로 분배하는 것은 상사에게 필요한 기술이다. 일을 제대로 분배하지 않으면 결국 고생을 하게 되는 건 당신 자신이다.

권한과 책임을 합리적으로 분배하는 것과 리더십을 높이는 것은 보완적인 개념이다. 일을 할 때는 둘 중 하나라도 부족해서는 안 된다. 이는 우리가 근성을 배양할 때 소홀히 할 수 없는 중요한 부분이기도 하다.

부하 직원을 이해하는 것은 물론
일단 사람을 쓰면 의심하지 마라

한 가지 임무를 부하 직원에게 맡겼다면 일이 진행되는 과정에 과도하게 참견하지 말고 그의 능력을 믿어라. 어차피 리더 한 사람이 그의 모든 임무가 완성되게 도울 수는 없다. 업무가 더 순조로이 진행되게 하려면 리더는 부하 직원의 업무 능력을 믿어야 한다. 일을 맡겨 놓고도 안심하지 못한 채 하루 종일 계속 물어보면 부하 직원도 마음이 불편할 것이다. 또한 업무를 제대로 완성시키는 데 전혀 도움이 되지 않는다.

하버드 대학에서 많은 교수들은 학생들에게 과제를 맡기고 전혀 상관하지 않는다. 모든 것을 학생들 스스로 분담하게 한다. 이는 자유방임처럼 보이지만 이를 통해 학생들을 믿고 단련시키는 교수의 리더십이 드러난다.

일단 사람을 쓰면 의심하지 말라는 것은 맹목적으로 신임하라는 뜻이 아니다. 업무를 분배할 때 당신은 반드시 부하 직원을 충분히 이해해야 한다. 그리고 그들의 재능과 장점에 따라 업무를 합리적으로 분배해야 한다. 또한 당신은 부하 직원들의 능력과 책임감을 확실히 파악해야 한다. 그렇지 않으면 업무가 더욱 엉망진창이 된다.

남송 시대 장준이라는 이름의 무장이 있었다. 하루는 그가 뒤뜰에서 산책을 하다가 일하기 싫은 듯 누워서 햇볕을 쬐고 있는 노병을 보았다. 장준은 그가 게으름을 피우는 것이라 생각하고는 매섭게 발로 차며 왜 여기 있느냐고 물었다. 노병은 할 일이 없어서 어쩔 수 없이 누워 있는 것이라 대답했다.

장준은 그에게 무엇을 할 수 있느냐고 물었다. 노병은 어느 것이든 조금씩은 할 줄 아는데 특히 무역에 재능이 있다고 대답했다. 장준은 노병이 일에 대해 전반적인 고려를 하고 있고, 근성도 보통 병사와 다르다는 사실을 한눈에 알아보았다. 그래서 노병에게 물었다.

"내가 만약 자네에게 일만 냥을 주면 자네는 나를 도와 해외로 가서 장사를 할 수 있겠는가?"

노병은 액수가 너무 적다고 말했다. 장준은 액수를 점점 높이다 10만 냥까지 불렀고 노병은 그제야 마지못해 충분하다고 대답했다. 그리하여 장준은 노병에게 10만 냥을 주고 장사를 시켰다. 그는 노병에게 돈을 어떻게 쓸 거냐고 묻지도 않았다. 돈을 받은 노병은 호화로운 대형 선박을 사들이고는 이것을 타고 해외로 나갔다. 그러나 출항한 지 꼬박 1년이 되었는데도 아무런 소식이 없었다. 사람들은 모두 노병에게 분명 사기를 당한 것이라고 이야기했지만 장준은 조급해하지 않았다.

그로부터 얼마 지나지 않아 노병이 화물을 배에 가득 싣고 돌아왔다. 이는 장준에게 거대한 부를 안겨 주었다. 노병은 장준에게 몇십 필이나 되는 준수한 말도 가져왔다. 당시 남송의 군대에는 말이 매우 부족했는데 오직 장준의 군대만이 강한 군사와 말을 가지게 되어서 그의 군대에 대적할 자가 없어졌다.

이러한 성과를 얻을 수 있었던 까닭은 장준이 부하와 직접적인 관계를 가지고 전적으로 믿었기 때문이다.

부하를 믿고 업무를 합리적으로 분배하면 리더의 부담을 덜 뿐만 아니라 일단 문제가 생겼을 때 신속하게 문제의 근원이 어디 있는지 찾을 수 있다. 허둥지둥 당황하지 않아도 되고 업무도 엉망이 되지 않는다.

그러나 여기서 강조하고 싶은 것은 반드시 부하 직원의 능력과 책임감에 대해 충분히 이해해야 한다는 점이다. 그렇지 않으면 간결하고 효과적인 방법도 결국에는 큰 지장을 초래하게 된다.

권한과 책임을 분명히 나눠 업무를 간단히 하라

권한과 책임을 분명히 나눈다는 것은 글자 그대로 자신과 타인의 권한과 책임을 명확하게 나눈 다음 업무를 진행한다는 뜻이다. 그렇게 되면 전체적으로 효율적이고 질서 정연하게 업무를 진행할 수 있다.

매우 간단한 예를 들어 보자. 새로운 〈식품안전법〉에는 보건부, 농림부, 품질감독 관리국, 공상국, 관리국 등 각 부문의 권력과 책임이 분명하게 나누어져 있다. 이에 업무 분배표를 본 사람들은 자신의 식탁이 안전하다는 믿음을 가질 수 있다.

이처럼 권한과 책임을 분명히 나누면 효과적으로 일을 할 수 있을 뿐만 아니라 다른 사람을 안심시킬 수 있다.

하지만 권한과 책임을 분명히 나누는 일은 과학적인 체계를 갖추어야 한다. 기업 관리에서는 직원들 간의 합리적인 배분에 신경을 써야 한다. 예를 들어 관리자와 기술자가 함께 일을 할 때 권한과 책임을 나누면 관리자의 관리 경험과 기술자의 기술력이 결합되어 업무를 더욱 간단하고 효과적으로 진행할 수 있다. 그룹의 본사와 자회사의 경우에는 각 자회사에 설치된 기구와 책임에 따라 업무를 분류하고 관리해야 한다. 이는 전체 그룹의 업무 효율에 명확한 향상을 가져다줄 것이다.

그러나 권한과 책임을 분명히 나눈다는 것이 리더가 일에서 손을 떼고 아무 상관하지 않는 책임자가 된다는 의미는 아니다. 반대로 리더의 일은 더욱 세부적일 필요가 있다. 리더는 항상 전체 업무 과정이 진척되는 정도를 파악해야 한다. 일의 대소에 관계없이 전체적으로 관심을 가져야 한다. 그래야만 업무 중의 잘못을 제때 발견하고 수정할 수 있다. 이미 문제가 발생해 좋지 않은 영향을 받은 다음에 부랴부랴 해결해야 하는 상황을 방지할 수 있는 것이다.

권한과 책임을 분명히 나누는 관리 방식을 진행하는 과정에서 좋은 리더가 반드시 해야 할 일은 실행 가능한 문책 제도를 만드는 것이다. 일단 문제가 생기면 구체적인 책임자를 추궁해야 한다. 그래야만 부하 직원들이 맡은 일에 자연스레 더욱 노력을 기울인다. 기껏 열심히 일을 분배해 놓고도 문제가 생겼을 때 처벌이 분명하지 않으면 아무리 노력하는 부하 직원이라 하더라도 점점 꾀를 부리게 된다. 직원이 마음을 다하지 않고 책임을 지지 않는다고 질책하지 말고 우선 자신이 리더로서 책임을 다하라. 그러면 당신의 리더십도 배양될 것이다.

리더는 모든 부하 직원을 이해하고 그들의 특성을 바탕으로 각각 업무를 분배해야 한다. 그런 다음 업무가 진행될 때는 너무 나서지 않으면서도 전체적인 국면을 파악해야 한다. 이를 제대로 처리할 수 있는 리더는 최고의 경지에 올랐다고 할 수 있다. 또한 진정한 리더십과 리더의 근성을 가진 사람이라 할 수 있다.

 하버드 근성 배우기

상사로서 금기해야 할 사항은 무엇이든지 독점하는 것이다. 그렇게 되면 일이 더 혼란스러워진다. 이상적인 업무 형태는 부하 직원의 능력과 특성에 따라 합리적으로 업무를 분배하는 것이다. 이렇게 하는 당신도 홀가분해질 뿐만 아니라 업무의 효율도 적지 않게 향상된다. 뿐만 아니라 리더로서 당신의 이미지도 상승된다.

STEP 1 부하 직원을 믿어라

기껏 업무를 부하 직원에게 나누어 주고도 마음을 놓지 못하는 리더가 많다. 또 부하 직원이 어떤 일을 하는지 처음부터 끝까지 알려고 든다. 굳이 그럴 필요는 없다. 당신은 업무를 분배하기 전에 반드시 부하 직원을 이해해야 하고, 일을 맡긴 다음에는 믿어야 한다.

STEP 2 업무를 합리적으로 분배하라

아무리 부하 직원을 믿는다고 해도 부하 직원 각자의 특색과 재능에 따라 업무를 분배하도록 주의해야 한다. 그래야만 좋은 효과를 거둘 수 있다. 업무를 합리적으로 분배하지 못하면 모든 부분에 문제가 출현할 가능성이 있기 때문에 일을 제대로 진행하기가 어려워진다.

STEP 3 권한과 책임을 분명히 나누는 데 주의한다

또 하나 주의해야 할 점은 권한과 책임을 분명히 나누는 것이다. 책임을 모든 사람에게 적절히 분배해야 문제가 생겼을 때 제대로 해결할 수 있다. 단순히 업무만 분배하고 상응하는 상벌 조치를 취하지 않으면 업무를 분배하는 의미가 없어진다.

논쟁을 일으키는 것을 겁내는
사람에게는 안 된다고 말하라

하버드에서 우리는 사람들이 자기의 의견을 견지하며 끝까지 논쟁을 벌이는 장면을 쉽게 볼 수 있다. 설령 상대방이 매우 강대하더라도 하버드 학생들은 조금도 양보하지 않고 자신의 의견을 고수한다. 그들은 '두려움은 악마가 가진 최대의 무기이자 인류 최대의 적이다'라는 사실을 잘 알고 있기 때문이다. 또한 하버드 학생들은 '의식이 뚜렷한 사람은 두려워할 것이 없다'라고 굳게 믿고 있다.

논쟁을 두려워하는 사람에게 진실을 드러내는 것은 리더십의 일종인 패기라 할 수 있다. 당신은 혼란한 틈을 이용해 진실을 숨기려고 시도하는 사람에게 패기 있게 안 된다고 말해야 한다. 그래야만 진정한 리더십을 갖출 수 있고, 근성이 무엇인지 진정으로 이해하게 된다.

소심하고 논쟁이 두려워 잘못을 드러내지 못하는 사람은 감싸 주지 말고 단호하게 지적해야 한다. 그러는 편이 모두에게 좋다. 다른 사람의 잘못을 지적할 때 우리는 반드시 자신의 입장을 확고히 해야 한다. 그러지 못하면 후회하는 것은 당신 자신이다. 자신의 입장을 확고히 하는 것은 근성을 배양하는 데 꼭 필요한 과정이라는 사실을 기억하라.

자신의 생각을 용감하게 말하는 것이 리더의 근성이다

리더가 갖춰야 할 중요한 요소 중 하나는 패기이다. 패기가 있는 사람은 용감하게 자신의 진짜 생각을 드러낸다. 특히 논쟁을 일으키는 것을 겁내는 사람들 앞에서 더욱 패기가 있어야 그들이 현실을 마주하고 문제를 해결하는 데 도움을 줄 수 있다.

하버드에는 다음과 같은 말이 전해져 온다.

"두려워하는 사람은 영원히 부유할 수 없다."

성공하고 싶다면, 리더의 근성을 갖고 싶다면, 당신은 그 누구도 두려워해서는 안 된다. 또한 평화로운 상황을 유지하려고만 해서도 안 된다.

용기가 없다면 당신은 리더십을 가진 사람이 되기 어렵다. 용기와 패기조차 없는 사람이 어떻게 인생의 풍파에 맞설 수 있단 말인가? 또한 리더가 되려면 남들보다 침착한 근성과 대담한 식견을 가지고 있어야 한다. 그래야만 당신은 자신과 타인에게 자신감을 심어 줄 수 있고 부하 직원은 당신을 신임하게 된다. 그러면 당신의 일은 더욱 잘 풀리게 될 것이다.

덩샤오핑은 리더가 할 일은 서비스라고 말했다. 그의 말처럼 리더는 서비스의 질을 보장할 수 있어야 한다. 이를 무엇으로 보장할 것인가? 바로 패기다. 사람들은 어떤 일이 옳지 않고 문제가 있는지는 잘 알고 있다. 그러나 소심한 탓에 두루뭉술하게 수습하고 문제를 이야기하기 원치 않는다.

분명히 이는 옳지 않다. 리더십이 있는 사람에게는 다수에 맞서는 정신이 필요하다. 망설이지 않고 자신의 의견과 생각을 말해야만 진정한 근성과 패기를 갖춘 사람이 될 수 있다. 대부분의 상황에서 반드시 큰소리로 자신의 생각을 말할 수 있어야 한다.

때로는 리더인 당신이 말을 하지 않으면 아무도 말을 하지 않는다. 일이 그렇게 흘러가다가는 앞으로 누군가가 당신에게 큰 고민을 안겨 줄지도 모른다. 이 세상에서 가장 쓸모없는 말은 바로 '진즉에 알았더라면……'이다. 그 순간에 왜 그렇게 하지 않았는가? 이렇게 말할 거라면 차라리 아무 말도 하지 않는 편이 낫다.

문제가 있으면 즉시 이를 언급하고, 소심해서 논쟁을 두려워하는 사람에게 문제의 본질을 들추어내야 한다. 이는 리더의 패기를 드러내고 앞으로의 일에 방해를 받지 않게 해 준다.

우리는 앞으로 어떤 일이 벌어질지 알 수 없으므로 오늘 발생한 사소한 문제를 홀시하지 말아야 한다. '천 리에 달하는 큰 제방도 개미구

멍 하나로 무너진다'는 말처럼 오늘의 사소한 문제가 개미구멍일지 어떻게 아는가? 일이 수습하지 못할 정도가 되었을 때 보완하기보다는 아직 괜찮을 때 결점을 보완하는 편이 훨씬 낫지 않은가?

이 세상에는 좋지 않은 일이 매우 많다는 사실을 알아야 한다. 오늘 당신이 한 가지 일을 적당히 타협하면 장차 모든 일에 대한 발언권이 사라질 수도 있다. 당신의 인생이 그로 인한 제약을 받는 것보다는 지금부터라도 큰소리로 당신의 생각을 말하는 편이 낫다.

당신에게 영향을 끼칠 수 있는 문제를 용인하지 마라

하버드 대학에는 이런 말이 있다.

'두려움이 생겨도 망설이지 말고 전진하면 두려움은 바로 사라질 것이다.'

당신이 전진하는 길을 가로막는 장애물은 모두 당신의 마음에서 비롯된다. 그러므로 자신만의 근성을 배양하려면 우리 자신과 일을 방해할 가능성이 있는 요소를 제거해야 한다.

많은 사람이 일을 대할 때 '아무렇게나' 대한다. 그들은 영원히 자신의 일을 완벽하게 처리할 수 없고, 이는 그가 속한 집단 전체에 영향을 끼친다. 우리는 일을 할 때 이러한 사람을 만날까 두려워한다. 당신은 일단 이런 사람을 만나면 그들의 태도를 올바르게 변화시켜야 한다.

그리고 그들에게 당신이 어떠한 잘못도 용인하지 않을 것임을 단호하게 이야기해야 한다.

용인하지 않는다는 것은 어떠한 불량한 행위나 습관을 용서하지 않는다는 뜻이다. 설령 규정을 경미하게 어겼다고 할지라도 말이다. 이는 미국의 학자가 제시한 '깨진 유리창 이론'과 일맥상통한다.

미국의 한 학자가 실험 하나를 했다. 그는 미국의 두 지역에 각각 똑같은 자동차를 가져다 놓았다. 한 대는 상대적으로 고급 지역에, 다른 한 대는 상대적으로 혼잡한 지역에 가져다 놓았다. 혼잡한 지역에 놓인 차는 순식간에 부품을 도난당했고, 차 전체가 고물이 될 정도로 너덜너덜해졌다. 그러나 고급 지역에 놓아둔 차는 아무도 건드리는 사람이 없었다.

그러자 학자는 고급 지역에 놓은 차의 한쪽 창문을 때려 부쉈다. 그 결과 일주일도 안 되어 그 차는 혼잡한 지역에 놓인 차와 별 차이가 없게 되었다. 연구를 통해 그는 한 가지 결론을 얻었다.

그것이 우리가 흔히 말하는 깨진 유리창 이론이다. 만약 누군가 잘못을 저질렀는데 벌을 받지 않는 것을 본 사람들은 무의식적으로 자신이 같은 잘못을 저질러도 벌을 받지 않을 것이라 생각한다는 것이다.

마찬가지 도리로 당신이 문제를 한 번 용인하면 어쩔 수 없이 같은 문제를 더 많이 용인하게 된다. 심지어는 더욱 심각한 잘못도 용인하고 만다. 하지만 당신이 처음부터 조금도 용인하지 않으면 다른 사람들도 당신의 태도를 보고 같은 잘못을 다시는 저지르지 않게 된다.

리더십을 기르고 리더로서 합격점을 받으려면 당신에게 좋지 않은 영향을 끼칠 수 있는 문제에 대해 단호하게 "안 돼"라고 말해야 한다. 일시적으로 마음이 약해져서 눈감아 주는 관용을 베풀면 안 된다. 이는 당신이 처세나 인간관계뿐만 아니라 리더가 되는 법을 근본적으로 이해하지 못했음을 의미한다. 현대사회에서 리더십을 갖추려는 사람은 문제를 직시하는 법을 배워야 한다. 어떤 문제든지 절대 간과해서는 안 된다.

이를 인지상정에 어긋난다고 생각하지 마라. 오히려 잘못을 바로잡고 앞으로 당신의 일을 더욱 순조롭게 만들 것이다. 당신이 소심한 사람 혹은 조직을 줄곧 용인한다면 상황은 점점 심각해질 것이다. 그리고 당신의 일은 발전하기 힘들어진다. 반대로 처음부터 문제점을 드러내고 지적하면 그들은 다시 잘못을 저지르고 싶어도 아마 그럴 기회가 없을 것이다.

🔆 하버드 근성 배우기

리더로서 합격점을 받을 수 있는 근성은 그 어떤 것도 두려워하지 않는 정신이다. 특히 계속해서 앞을 향해 나아가는 것은 리더의 중요한 근성 중 하나이다. 두려움이 당신의 앞길을 가로막게 해서는 안 된다. 잘못을 저지른 부하 직원에게 용감하게 진실을 드러내야 한다. 하버드에서 유행하는 '당신의 두려움을 자신에게 남겨 두라. 다른 사람에게는 그만의 두려움이 있다'는 말처럼 말이다.

STEP 1 자신의 신념을 고수하라

리더에게 중요한 것은 자신의 신념을 고수하는 일이다. 자신의 신념을 고수할 수 있는 사람만이 리더의 근성을 갖춘 사람이다. 다양한 이유로 자신의 신념을 포기하면 당신의 성공은 기약 없이 막연해진다.

STEP 2 공개화와 투명화를 힘써 추구하라

잘못을 저지르고도 소심한데다 논쟁이 두려워 말을 하지 않는 사람을 대하는 간단한 방법은 어떤 일이든지 될 수 있는 한 공개하고 투명화를 추구하는 것이다. 그렇게 하면 잘못을 저지른 사람에게 변명거리도 없어지고, 당신의 관점을 모든 사람이 알아줄 것이다.

삶의 철학이 되는 한 줄 인문학

목표를 제시하는 것은
관리자의 주요한 책임이다.
조지 버나드 쇼

살아가면서 책임을 지는 고통을 알아야
책임을 다하는 즐거움을 알 수 있다.
량치차오

우리의 지위가 상승할수록
책임감은 더욱 무거워진다.
그리고 권력이 확대될수록
책임감도 가중된다.
빅토르 위고

생명과 시대의 숭고한 책임은
함께 연결되어 영원히 사라지지 않는다.
니콜라이 가브릴로비치 체르니솁스키

우리는 일생을 헛되이 보내서는 안 된다.
반드시 내가 할 수 있는 일을
이미 다 했노라고 말할 수 있어야 한다.
마리 퀴리

명성은 움직이는 다리와 같아서
사람을 위험한 지경에 빠뜨릴 수 있다.
당신은 물론 자신의 웅장한 뜻을 격려해야 한다.
나는 당신이 탁월하고 대단한 능력이 있다고 믿는다.
그렇지만 당신이 그것을 오직 나를 위해 발휘한다면
모두의 행복을 위하는 것만 못하다.
당신은 내 눈에만 위대하게 보일 뿐이다.
오노레 드 발자크

하버드 고전 어록 1

과거의 한 페이지는 넘길 수 없고 넘길 필요도 없다. 그저 책장의 먼지만 눈에 들어올 뿐이다. 특별한 장점이 없는 사람이라도 그를 대신할 사람은 아무도 없다. 절대 떨어지지 않겠다고 맹세한 사람도 이미 아득히 먼 곳으로 떠나갔다. 마음을 추스르고 계속해서 걸어가자. 꽃을 놓쳤다고 해도 당신은 비를 얻을 수 있고, 하나를 놓치면 다른 것을 얻을 수 있다.

하버드 고전 어록 2

어리석은 사람은 멀리서 기쁨을 찾고, 지혜로운 사람은 자신의 주위에서 기쁨을 배양한다. 우리의 삶 속에는 사소한 부분마다 기쁨이 잠재해 있다. 당신이 그것을 느낄 수 있는지 없는지에 달려 있을 뿐이다. 기쁨을 가진 사람은 모든 일에서, 그리고 모든 사람에게서 자신을 기쁘게 하는 요소를 발견할 수 있다. 이러한 사람은 기쁨을 확대시키고, 주위 사람을 격려하고 영향을 준다.

우리의 마음이 지치는 이유는 종종 끝까지 지속하는 것과 포기하는 것의 사이를 배회하며 주저하기 때문이다. 우리가 고민하는 이유는 기억력이 너무 좋아서 기억해야 할 것도, 잊어야 할 것도 모두 기억하기 때문이다. 우리가 고통스러운 이유는 추구하는 것이 너무 많기 때문이다. 우리가 기쁘지 않은 이유는 가진 게 너무 적어서가 아니라 너무 많은 것을 계산하기 때문이다.

인생의 여정에서 사람들은 끊임없이 다가왔다 떠나간다. 낯선 이름이 낯익은 이름이 되기도 하고, 낯익은 이름이 기억 속에서 점점 흐려지기도 한다. 한 가지 이야기의 결말은 다른 이야기의 시작을 의미한다. 끊임없는 만남과 교차 속에서 우리는 결국 깨닫게 된다. 우리는 주위 사람들과 함께 가까운 혹은 먼 길을 걸어왔을 뿐 평생을 함께할 수 없다는 사실을. 그리고 평생을 함께하는 것은 자신의 이름과 뚜렷한 혹은 흐려진 이름이 가져온 감동이라는 것을.

하버드 열정은 잠들지 않는다

하버드 공붓벌레들의 잠들지 않는 열정과 근성

초판 인쇄 2020년 11월 25일
초판 발행 2020년 12월 2일

지은이   싱한
옮긴이   장윤철
펴낸이   김상철
발행처   스타북스
등록번호   제300-2006-00104호
주소   서울특별시 종로구 종로1가 르메이에르 920호
전화   02) 735-1312
팩스   02) 735-5501
이메일   starbooks22@naver.com
ISBN   979-11-5795-567-1 03190